Taller Aprende a escribir un cuento

Heberto Gamero Contín

Taller aprende a escribir un cuento
©Primera edición, 2014

©de la obra:
Autor: **Heberto Gamero Contín**, 2015
hebertgam@gmail.com

Diseño de portada: ENZOft Ernesto Valdes
Maquetación: ENZOft Ernesto Valdes

ISBN-13: 978-1517799625
ISBN-10: 1517799627

Todos los derechos reservados. Bajo las sanciones establecidas en el ordenamiento jurídico, queda rigurosamente prohibido, sin autorización escrita del autor del copyright, la reproducción total o parcial de esta obra por cualquier medio o procedimiento, comprendidos la reprografía y el tratamiento informático, así como la distribución de ejemplares mediante alquiler o préstamo públicos.

ÍNDICE

TALLER APRENDE A ESCRIBIR UN CUENTO

SESIÓN 1   15
Hoja en blanco, punto de vista del
narrador y otros detalles

SESIÓN 2   33
Elementos o fundamentos básicos del
cuento, definición y demás luces

Brevedad	33
Personajes	38
Personajes principales	39
Personajes secundarios	40
Cómo elegir al personaje	42
Retrato de un personaje	43
Voz del personaje	49
Conflicto	51
Qué origina el conflicto	53
Digresiones	59
Escenario	60
Tiempo interno	61
Descripciones	62
Cambio del protagonista	67
Estructura	68
Palabras abstractas	76
Palabras concretas	77
El tema	78

Adjetivos	80
Tono	81
Conjugaciones	82
Finales	83
Definiciones varias de cuento o relato breve	86
SESIÓN 3 A los cuentos (análisis)	91
La muerte de un funcionario público. Antón Chéjov.	93
El álbum. Antón Chéjov.	110
El viejo en el puente. Ernest Hemingway.	125
La noche de los feos. Mario Benedetti.	141
Vecinos. Raymond Carver.	157
No oyes ladrar a los perros. Juan Rulfo.	175
Ser infeliz. Franz Kafka.	191
Continuidad de los parques. Julio Cortázar.	205
Felicidad clandestina. Clarice Lispector.	213
A la deriva. Horacio Quiroga.	223
La valla. Eduardo Liendo.	235
Un día de estos. Gabriel García Márquez.	245
Crimen ejemplar. Max Aub.	257
SESIÓN 4 Decálogos	263
Para los más curiosos	273
Otras obras del autor publicadas en Amazon	277
BIBLIOGRAFÍA	283

A los alumnos, ex alumnos e instructores de FAEC (Fundación Aprende a Escribir un Cuento), y a todos aquellos organismos públicos y privados que han hecho posible nuestra labor.

A Krina Ber, Alessandra Hernández, Blanca Miosi y Oscar Montenegro; y a Iris Verastegui, por supuesto, mi copiloto.

...cualquier persona de cualquier edad es capaz de escribir cuentos, pues en su espíritu están grabadas historias de distintos tipos; lo que necesita es tener a la mano herramientas literarias que le permitan descubrirse escritor de esas historias —que a veces desconoce y hace falta atraparlas— para convertirlas en cuentos.

GUILLERMO SAMPERIO.

Con gran presunción creo que es posible aprender el camino que lleva a esa gran corriente creadora, a conectarse con ella. Y con mayor engreimiento aún, pienso que tal vez organice un Gymnasium literario, para enseñar a escribir... Tengo la convicción de que el talento es un largo entrenamiento. Aunque puedes aprender de muchos, nadie te evitará el esfuerzo. Pero alguna vez, en algún lugar, pondrás en alguna página un punto final y dirás satisfecho: «Lo conseguí».

JOSÉ ANTONIO MARINA, ÁLVARO POMBO.
O ISMAEL, QUIEN DICE SER AMBOS.

De qué va el cuento

Los interesados en aprender a escribir cuentos podrán encontrar en este taller un resumen teórico y práctico del género breve, la experiencia de decenas de cursos impartidos, el bagaje literario resultante del análisis de cientos de cuentos aplicados a los trece que se analizan en este libro. Años de experiencia que comparto con ustedes con el mayor gusto.

Sesión 1
Hoja en blanco, punto de vista del narrador y otros detalles

Luego del saludo de rigor, de las presentaciones y de hacer un resumen lo más detallado posible de lo que nos espera en las próximas cuatro sesiones, lo primero es pedirle a los participantes que saquen una hoja en blanco —usted también lo puede hacer ahora mismo, amigo lector, como uno más de los que han compartido con nosotros la ilusión de convertirse en cuentista— y escriban en ella lo primero que se les ocurra (sobre ustedes o sobre otras personas o cosas): lo mucho que se divirtieron el fin de semana, el comentario que les hizo el vecino sobre el aumento del costo de la vida, la ola de calor que nos ha azotado en los últimos días, la película del domingo, el cuento que aún no ha terminado, en fin, cualquier cosa, por sencilla que parezca, que se les ocurra poner sobre el papel... Algunos comienzan de inmediato, muy animados, a plasmar su idea;

otros se quedan mirando el techo, mordiendo el lápiz, a la espera de que tal vez una musa curiosa se haga presente y le sople unas cuantas palabras. Ah, la musa. «La más asustadiza de las vírgenes. Se sobresalta al menor ruido, palidece si uno le hace preguntas, gira y se desvanece si uno le perturba el vestido», dice Ray Bradbury (Digo: «dice», en presente, porque, aunque Bradbury ya falleció, cada vez que leo algo que le pertenece a cualquier escritor lo escucho a viva voz dentro de mis oídos). Pero «la inspiración —nos dice la investigadora y escritora española Ana Ayuso— parece ser un momento excepcional en el que se abren las puertas de nuestra percepción, un instante de lucidez glorioso, un estado particular de la mente que no se alcanza por voluntad propia». Es cierto, pero a las musas también hay que animarlas un poco, buscarlas, atraerlas —obligarlas si es necesario—, por lo que cuando veo a la chica del *piercing*, por ejemplo, o al de la corbata, o al flaco de barba, con aquella mirada lánguida y perdida, me les planto enfrente e intento que se concentren, que traten de atrapar a una de esas estilizadas vírgenes que revolotean tímidas y escurridizas sobre nosotros.

—Ánimo, son apenas unas pocas líneas —digo. El de la barba sonríe y me mira con cierta timidez—. Ánimo —insisto con la firme intención de lograr el objetivo.

—No es tan fácil —murmura el aludido todavía con el lápiz entre los dientes y la mirada en busca de auxilio—. Por otro lado —agrega—, me da vergüenza cometer algún error ortográfico o de puntuación y poner la torta.

—Lo mismo me pasa —interviene la del *piercing*.

Observo al de corbata y parece estar pensando en lo mismo.

—No —les aclaro—. Nadie corregirá lo que escriban, no por ahora. Es sólo un ejercicio en el que cada uno de ustedes leerá sus líneas —el de barba duda un poco; observo al de la corbata y a la del *piercing*, todos en primera fila, y les digo—: No veré su texto, se los aseguro; así que, si eso es lo que les preocupa, adelante, pueden comenzar con toda tranquilidad.

—Bien, escribiré algo entonces —dice el joven de barba. Los demás le siguen.

Esta breve escena me permite advertirle al lector que es imprescindible dominar a fondo todo lo que se refiera a ortografía y puntuación. Esto nos ayudará a trabajar sin miedo, a mejorar nuestra narrativa, a dejarnos llevar por las musas sin interrupciones técnicas que puedan distraernos... También a perder el miedo escénico, a estar seguros de lo que escribimos, de que, al menos desde este punto de vista, nuestro texto va con todas las de la ley. Otro aspecto interesante en esta escena es el uso de los guiones para el diálogo entre los personajes. El guión de diálogo debe ser largo y estar ubicado en el centro de la palabra. Hay que estar atentos a la forma en que se intercalan entre las frases. En los libros que leemos rutinariamente —digo rutinariamente porque no puede pretender escribir bien quien no haya leído un montón de buenos libros— los podemos encontrar en abundancia, y analizándolos con detalle los dominaremos antes de que llegue la hora de ponernos el pijama.

Bien, cuando a los pocos minutos doy por finalizado el corto ejercicio y les pregunto a los participantes si alguien ha dejado de escribir al menos una línea —por supuesto que con un facilitador tan insistente se puede adivinar el resultado—, me miran con esa expresión satisfecha de los que salen airosos de su primera tarea en un nuevo proyecto. Los felicito (aunque sin evaluar la parte gramatical de este primer ejercicio) y de inmediato les pregunto cuál es el mayor temor que enfrenta la mayoría de los escritores cuando se sienta a escribir. Algunos no saben qué responder, pero siempre hay alguien que ha escuchado sobre esa ya famosa expresión y contesta: «La hoja en blanco, profesor». Obsérvese que en este caso me olvido del guión y utilizo las comillas para expresar lo dicho por otro. ¿Por qué lo hago? Para variar, solo por eso, para darle un poco más de dinamismo a la narrativa y hacer menos rígida la lectura, más musical, por decirlo de una manera armónica... También puedo olvidarme de las comillas y escribir: La hoja en blanco, profesor, dijo el de corbata, y sigo como si nada. ¿Válido? Claro que sí, búsquenlo en los buenos libros —aunque soy de los que piensan que no hay libro malo ya que de todos se aprende algo, aunque sean las cosas que no debemos hacer— y encontrarán pilas de ejemplos. (A propósito, esta es otra función del guion largo, es decir, servir de paréntesis. ¿Cuándo usarlo como guion y cuándo como paréntesis? Es difícil saberlo. Es indiferente, diría alguien un poco a la buena de Dios. Lo cierto es que cuando estemos seguros de usar de modo adecuado el uno o el otro seguramente ya seremos unos muy buenos escritores. Yo, debo reconocer, todavía tengo dudas al respecto).

Esto de encontrar lo que se busca no se aplica solo a las pequeñas marcas que organizan nuestras lecturas, por supuesto. El mejor ejemplo que se me ocurre ahora es el de un amigo que estaba empeñado en comprarse un Mustang del 68. Yo le dije David, pero si ese coche ya no existe —aquí me comí los dos puntos antes del nombre y me lancé completamente desnudo a una piscina sin agua—. Ayúdame a encontrar uno, me dijo, dándome un par de palmadas en el hombro. Bastó que yo estuviese atento a ellos en calles y avenidas para que, en apenas un día, al menos una docena de estos coches pasara ante mis ojos; la mayoría en buen estado, pero ninguno a la venta; lástima por mi amigo, aunque poco después se salió con la suya. De la misma forma en los libros encontraremos las respuestas a muchas de nuestras inquietudes literarias, solo hay que estar atentos a la salida del sol para disfrutar del amanecer. Eso sí, busquemos con calma, preferiblemente en libros ya leídos para que el interesante tema no nos aparte de nuestro objetivo de conocer los secretos del autor o, muy posiblemente, los del corrector editorial, solitario personaje que nos facilita las cosas. Así será más sencillo concentrarnos en guiones, puntos y seguido, y aparte, paréntesis, dos y tres puntos y las temibles comas, que mal usadas pueden ser nuestras peores enemigas: piedras que impiden nuestro libre tránsito por carreteras y autopistas, que pueden cambiar por completo lo que estamos diciendo o queremos decir.

Entonces, al escuchar lo de la hoja en blanco, los demás estudiantes asienten como recordando a la famosa dama resplandeciente que se planta altiva frente al escritor y se resiste a ser poseída. Es cuando los felicito por no formar parte de ese amplio grupo de autores frustrados y los aliento a repetir el ejercicio en sus casas, con la diferencia de que en lugar de ser el profesor quien aplique la presión para que escriban algo, serán ellos mismos los que deban forzarse a escribir las primeras palabras, una y otra vez, aunque tengamos que borrarlas y rehacerlas más veces de lo planeado, hasta que, sin darnos cuenta —es algo casi milagroso—, todo comience a fluir como cuando aprendimos a caminar o a leer, y al final del día llamemos a nuestro mejor amigo, muy satisfechos del esfuerzo realizado, para contarle lo productivo que fue la jornada y leerle quizás un pedazo de nuestra creación. Pero, para ello, insisto, hay que dominar primero y al dedillo el «Arte de hablar y escribir correctamente una lengua, y libro en que se enseña», como define el concepto de «Gramática» la Real Academia Española. Sobre este aspecto John Gardner, en su libro *El arte de la ficción,* es muy claro: «Nadie puede aspirar a escribir bien si antes no domina —si no domina absolutamente— los rudimentos: la gramática y la sintaxis, la puntuación, la dicción, la variedad de las frases, la estructura de los párrafos, etcétera».

Son innumerables los estudiantes que no saben dónde poner un acento, un punto y seguido; ignoran cuándo se hacen oportunos los dos puntos o los puntos suspensivos, el paréntesis, un guion de diálogo o uno corto… Y para esto hay que estudiar, amigos míos, regresar a los libros de la escuela primaria si es necesario; volvernos especialistas de la gramática en general, del vocabulario y del estilo y, sobre todo, leer y releer cuanto libro caiga en nuestras manos porque, como anota Isabel Cañelles en su libro *La construcción del personaje literario:* «Es difícil sortear, en el camino hacia la creación literaria, el paso previo de la lectura… Saltarse, pues, este paso, por impaciencia o desdén, supone sumergirse en una búsqueda a ciegas. Empezar a escribir sin haber aprendido a disfrutar de la lectura, aunque ésta acabe por no ser plenamente satisfactoria, es salirse del camino —algo embarrado, eso sí— de la exploración artística y perderse en la selva engañosa de la sinrazón». Y, por supuesto, siguiendo el consejo que Chéjov le dio a su amiga María Kiseliova, en Moscú, el 29 de septiembre de 1886: «¡Escriba lo máximo que pueda! Escriba, escriba, escriba... hasta que los dedos no aguanten más...». Estas serán a fin de cuentas las herramientas fundamentales para convertirnos en escritores y conquistar con éxito a nuestra amiga de blanco, a quien ya le habremos perdido el miedo porque nos habremos fortalecido ante ella, la habremos enamorado con nuestro aprendizaje; será nuestra aliada, nuestra amiga, tanto, que dentro de poco no le pediremos permiso para recorrer las múltiples líneas que lenta y pausadamente se irán haciendo visibles ante nuestros ojos.

Los participantes me escuchan con atención, pensativos, llegando a la conclusión quizás de que es más fácil vencer a la hoja en blanco que dominar la gramática española. Es probable. Pero no podemos pretender conquistar a la bella dama con un ramo de flores marchitas. Así que no basta escribir solamente para vencer a la chica de blanco, se trata a final de cuentas de abordarla con calidad literaria, con oraciones brillantes que nos permitan sumar líneas brillantes y párrafos brillantes. Por lo tanto no se puede aprender a escribir cuentos si antes no se aprende a *escribir* en el sentido más estricto de la palabra. Lo obvio a veces no es tan obvio.

Ahora bien, ¿es posible aprender a escribir más allá de lo básico? No es una pregunta fácil, pero parte de ella está respondida en los epígrafes al comienzo del taller. Por otro lado, cualquiera que se haya interesado en este libro o inscrito en un taller literario lo ha hecho porque tiene una inquietud, un talento dormido que desea despertar; ese talento puede estar a ras de tierra o enterrado a uno, diez, cincuenta o cien metros de profundidad; en ese caso tendrán un peso determinante valores como la constancia, la disciplina y la voluntad para llegar a ellos, traerlos a la superficie y disfrutar de sus mieles con la satisfacción del minero que después de mucho excavar da con la ansiada veta. ¿Talento? Sí, es importante, pero no más que la disciplina y la constancia porque, ¿qué hacemos con ser poseedores de un gran talento si no soportamos la rutina de sentarnos unas cuantas horas diarias frente al ordenador? En mi opinión el talento es apenas visible sin la disciplina y la constancia, en cambio estas dos grandes cualidades, aliadas, pueden lograr lo que al talento por sí solo le sería imposible. Recordemos el viejo refrán: el genio es un diez por ciento de inspiración y un noventa por ciento de transpiración. En definitiva, si nos entrenamos a diario, tal vez no lleguemos a ganar una medalla olímpica en natación, pero seguramente figuraremos en el grupo de los nadadores más destacados.

El segundo requisito que subrayamos del ejercicio que pedimos a los amigos del taller es que lean las primeras líneas de su escrito con la finalidad de definir *la persona* que utilizaron para la breve historia que iniciaron en sus cuadernos. Es curioso notar que la mayoría escoge la primera persona del singular para comenzar su narración. Es el momento de aclarar que el hecho de que se escriba en primera persona no quiere decir que se refieran a sí mismos. Es un personaje y no el alumno de barba quien habla. Cuando se está claro en este detalle —es decir, no soy yo ese que habla en primera persona sino un personaje que narra su historia, no la mía, la del autor, insisto— se escribe con más soltura, con más confianza, se ponen de lado los escrúpulos y la timidez no entorpece nuestra fluidez narrativa.

Es recomendable entonces, antes de comenzar nuestro cuento, definir desde qué punto de vista vamos a contarlo porque de esto depende en gran parte el carácter del relato, su esencia vital. Recuerdo cuando me inicié en la lectura. No entendía por qué mientras algunas historias me parecían cercanas, íntimas, cómplices, veía otras un poco más frías, parcas, lejanas... No caí en cuenta de qué fenómeno incidía en mi apreciación hasta el día en que la profesora de castellano nos explicó con deliberado énfasis el tema de los pronombres personales. Recordemos entonces aquella gran pizarra donde nuestra maestra (la mía se llamaba Socorro; tenía el cabello corto, usaba vestidos de flores y siempre tenía las manos empolvadas de tiza), con lujo de detalles, nos enseñaba los secretos de nuestro idioma:

Yo (primera persona del singular)

Tú (segunda persona del singular)

Él / ella / ello (tercera persona del singular)

Nosotros / nosotras (primera persona del plural)

Vosotros / vosotras / o ustedes (segunda persona del plural)

Ellos / ellas (tercera persona del plural)

A partir de ese mágico día, cada vez que inicio una lectura —ya es una involuntaria costumbre— lo primero que hago es ver cuál es el narrador predominante en la historia, es decir, el que lleva la batuta, el que marca el paso (es bueno aclarar que en cuentos y novelas por lo general se mezclan todas las personas, pero siempre hay una que sobresale, que dirige al ejército de palabras montada sobre un vigoroso corcel blanco abriéndose paso entre montañas y llanuras). Entendí entonces de qué se trataba todo: es muy diferente cuando alguien nos cuenta su propia historia —siempre un personaje, como ya dijimos— a cuando ese alguien nos relata la historia de otro ajeno a él. Veamos algunos ejemplos:

Primera persona del singular (Yo): «Para ello debía contactar a uno de esos mafiosos especialistas en pasaportes falsos, en la calle Smith. Tomaría mi auto e iría a la calle Smith, caminaría entre los vendedores de licor, drogas, juegos de azar y prostitutas que frecuentan el lugar. A cualquiera de ellos le podría preguntar quién puede falsificar un pasaporte. O tal vez no debería de ser tan directo y decirle simplemente que me gustaría ir a mi país con otra identidad porque como Nabokov tengo prohibida la entrada. La prostituta o el contrabandista me mirará de pies a cabeza, a los ojos, a ver si por el vestir o por la expresión pueden adivinar si soy o no policía. Se darán cuenta de que no represento ningún peligro, de que sólo soy un exiliado que añora su país, uno más de los muchos extranjeros que han venido a esta tierra en busca de un poco de paz y prosperidad...».

Podemos imaginar entonces que el narrador en primera persona (cualquier narrador, muy lejos de ser el escritor ruso, por supuesto) está sentado con nosotros en un café o en un banco del parque y nos cuenta una historia, ésta o cualquier otra, que asume como si fuese su protagonista y la viviera en carne propia. Podría, por ejemplo, estar eufórico porque finalmente le publicarán su primera obra literaria o cabizbajo porque, una vez más, alguna editorial le dijo que no, que la crisis, que sólo están publicando a escritores en catálogo o cualquiera de esas excusas que se dan a los autores todavía desconocidos cuando las ganancias no están aseguradas. Es un narrador que está dentro de la trama, un narrador protagonista que nos cuenta su propia historia, lo que piensa, lo que hace, lo que siente, lo que sueña, lo que observa, su punto de vista acerca de lo que lo rodea, de la conducta o comportamiento de otras personas, de política, de religión, etc., pero nunca será un narrador omnisciente. Consideremos asimismo que si solo nos cuenta lo que hace y observa, entonces su narración será objetiva y orientada hacia fuera. Pero, si además de eso habla consigo mismo, nos cuenta sus sentimientos y todo aquel drama entonces su narración será subjetiva y orientada hacia dentro. De cualquier modo, sea externa o interna, objetiva o subjetiva, nuestro narrador es el que vive la historia y suele combinar ambas posiciones en el transcurso del relato. Y el hecho de que nos mire a los ojos, nos ponga la mano en el hombro y nos cuente parte de su vida como si compartiésemos un café en la Plaza Mayor de Madrid, nos da esa sensación de cercanía e intimidad de la que les hablaba, una cercanía que notamos desde las primeras líneas del relato.

Segunda persona del singular (Tú): «No debería de

afectarte. Siempre fuiste una mujer fuerte, de convicciones, segura de sí, que actuó como quiso a lo largo de su vida. En un mundo dominado por los hombres, por los prejuicios y las mezquindades, saliste adelante, no te sometiste, no limitaste tu proceder a otras voluntades o al qué dirán de los incautos. Así que no debería de afectarte, se supone, al menos no tanto; ser viejo es una circunstancia, un ejercicio de interpretación al que debemos resignarnos con la misma naturalidad con la que nos levantamos de la cama en las mañanas. ¿Errores? No creo que los hayas cometido. Viviste. Viviste como quisiste hacerlo. Sin negarte a lo que te daba satisfacción. Sé que fuiste señalada. Ya no importa. Fuiste auténtica. Reconocías la belleza en dondequiera que estuviera, sin importar de dónde viniera o quién la ofreciera...».

Por supuesto que este Tú, como las otras personas, aparece también en todos los escritos, pero no es común verlo como voz cantante en cuentos y novelas. Se trata también de una conversación muy íntima entre dos personas. Tal vez comparten impresiones en los pasillos de una librería mientras deciden qué libro comprar, o caminan tomadas del brazo mientras la fresca brisa de finales de otoño hace ondear sus bufandas... Fijémonos que quien habla no lo hace de sí mismo sino de la persona que le acompaña. ¿Le da ánimos, la aconseja, le recuerda cosas, le ayuda a superar una situación adversa? En todo caso el Tú es preponderante en esta narración, es el objeto del escrito. También puede tratarse de un monólogo interior, alguien que se habla asimismo como si no fuera él; le habla a un Tú figurado que le sirve de interlocutor. O puede ser que el personaje se encuentra frente al espejo y dice cosas como: «Ya veo que decidiste escribir un libro de cuentos. Respira profundo, llénate de entusiasmo y ponte a trabajar como una mula», como aconseja Stephen King. La novela corta *Aura*, de Carlos Fuentes, es un buen ejemplo de una narración donde predomina la segunda persona del singular, un maravilloso ejercicio del notable escritor mexicano.

Tercera persona del singular (Él / Ella): «Cerca de él un soldado malherido se quejaba. Hemingway sangraba por ambas piernas. Tomó un vendaje y apretó con fuerza una de sus rodillas maltrechas (la otra podía resistir un poco más). Como pudo bajó de la ambulancia de la Cruz Roja que había estado conduciendo hasta que los proyectiles le hicieron perder el control. Miró a lo lejos, la mano como visera, los ojos casi cerrados por el ardiente sol de julio, los cañones de la artillería austriaca hacían que la tierra lloviera sobre su casco y uniforme. Observó al herido. Parecía en mal estado. Clamaba por Dios como si se tratara de un amigo a quien se le ruega un favor. Más allá, tal vez a unos cuarenta metros, estaba la trinchera aliada donde estarían a salvo. Se arrastró hasta él temiendo no poder ponerse en pie. El soldado pensó que Dios había oído sus ruegos y se aferró al brazo de Hemingway con toda la fuerza que le quedaba…».

Es una de las personas narrativas más usadas que compite con la primera persona del singular. ¿Cuánto de una y cuánto de otra? Es difícil decirlo, no conozco ninguna estadística sobre el tema pero me atrevería a decir que hoy por hoy tal vez un sesenta por ciento de los cuentos están escritos en tercera persona y un cuarenta en primera. ¿Por qué? También es difícil saberlo. Quizás se deba a la libertad narrativa que otorga la tercera persona: el narrador juega a ser Dios (narrador omnisciente), conoce lo que hacen todos y cada uno de sus personajes, lo que piensan, lo que sienten, sus anhelos e inquietudes, su pasado, su presente, sus secretos, virtudes y defectos… En cambio el que narra en primera persona no lo puede saber todo y se limita a contar su historia y a lo comprobable con respecto a los demás. Este narrador en tercera persona a veces se convierte en un «casi Dios», es decir, no lo sabe todo, se limita a mirar a escondidas a través del pequeño hoyo que hay en la pared o se divierte detrás de una cámara filmando a sus personajes y al mismo tiempo nos va contando todo lo que ve: el escenario, las condiciones del tiempo, los olores, lo que hacen los actores, la forma en que van vestidos, su aspecto físico… Pero, a diferencia del narrador omnisciente total, nunca podrá entrar en sus mentes, no sabrá lo que piensan ni las cosas con las que sueñan. El narrador en tercera persona no mete el dedo en el postre, quiero decir, nos cuenta todo con cierta frialdad, sin involucrarse, sin dar su opinión, si hace falta hacerlo entonces lo hace a través de la voz de los personajes mediante diálogos o monólogos interiores. Es lo usual. Puede resultar gracioso si está en presencia de una historia jocosa o humorística, o muy triste si nos habla de la muerte de Hemingway o la de Quiroga, o lleno de rabia y frustración si nos habla de un personaje que por error borró de su ordenador el cuento que llevaba más de un mes escribiendo, siempre con la distancia del que observa, muchas veces parco y lejano.

Primera persona del plural (Nosotros / Nosotras): «Nunca lo imaginaron... en aquel castillo... nunca imaginaron que allí naceríamos... en aquel castillo de Normandía... un par de locos... qué más se podía esperar de los hijos de un mujeriego y de una madre permisiva y soñadora... lo traíamos en los genes, traíamos la locura en los genes, Guy... mamá, sin embargo, soñaba con que fuéramos diferentes a papá: grandes artistas, poetas con el genio de su hermano, muerto antes de poder demostrarlo. No lo logramos. De nada le valió soportar el libertinaje de nuestro padre con el sueño de que algún día pudiéramos compensar su amargura con la pluma de un verdadero escritor. No... no lo lograste. O tal vez sí, un poco. Tampoco yo... tampoco yo logré complacerla...».

Se trata de una persona que habla de sí pero no como una individualidad sino en conjunto con otra persona o de un grupo de personas que lo acompaña en el desarrollo de la historia, que vive la misma problemática. En el cuento prevalece lo que nos pasó (a nosotros) en un momento dado. Quien cuenta destaca en su narración, por ejemplo, el día que cayó aquella tormenta, las calles se inundaron, el tráfico se hizo infernal y los presentadores llegamos tarde al bautizo del libro del renombrado escritor... En otras palabras, el narrador nos cuenta lo que le pasó a esas dos víctimas de la tormenta o a cientos de personas (depende de la historia), donde siempre está él involucrado.

Segunda persona del plural (Vosotros / Vosotras/ Ustedes): «Las grandes casas victorianas se veían un poco más abajo. La ligera neblina ya había desaparecido de las calles, techos y chimeneas, y la cruz de la iglesia sobresalía como un sereno guardián entre las casas y las torres... Vengan, siéntense a mi lado. ¿Té? Los vi pasar frente a mi ventana sin que voltearan el rostro. Ah, ustedes, siempre con esa tristeza que abruma, parecían flotar en el aire como lánguidos fantasmas. Caminaban cabizbajos por los senderos de Campden Hills. Tú llevabas botas y un sombrero de ala ancha que te cubría la mitad del rostro, y tú, Richard, un suéter azul de cuello alto, un bastón en tu mano y lentes de sol. No se puede negar que están hechos el uno para el otro. Lo saben, o al menos lo intuyeron desde la primera vez que se vieron. Deben persistir. Ya vendrá, no se preocupen, ya llegará ese retoño que tanto desean. Me distraje contemplándolos desde mi ventana. De vez en cuando se detenían y se decían cosas. Tú llorabas, Anna, y Richard intentaba consolarte. No pierdan las esperanzas. Son jóvenes aún y en cualquier momento... Los observé hasta muy tarde, hasta que la luz se despidió del día y una suave brisa hacía mecer las copas de los árboles. ¿Un poco más de té?».

Esta persona que narra (aunque participa y habla en primera persona) hace prevalecer lo que les sucedió a Vosotros (Ustedes), esas otras personas que están presentes (o leen una carta dirigida a ambos) y que escuchan atentamente lo que este narrador les dice. No hay duda de que el narrador, en este caso también es un narrador testigo: cuenta lo que ve, lo que esos dos hicieron en su caminata por el bosque, pero es un testigo parcial; está lejos y no puede escuchar lo que dicen, sin embargo los conoce y sabe cuál es el conflicto que les aqueja. El «Vosotros (o Ustedes)», aquí presente, lleva el peso de la historia, y yo, amiga, madre o abuela, les relato un pasaje cualquiera y trato de reconfortarlos en su problema. Son similares situaciones a la de la segunda persona del singular, sólo que el narrador les habla o les escribe a dos o más personas que, o bien están presentes escuchando a alguien que rememora sus andanzas o comparten la lectura de una carta, aunque sea en momentos diferentes. Obsérvese cómo se combinan otras personas narrativas, pero en este caso predomina el «Ustedes» como eje central de la historia.

De cualquier forma, es realmente difícil encontrar una narración completa bajo este punto de vista. Lo usual es verla de forma parcial y esporádica, no preponderante en cualquier relato que encontremos. Sin embargo sí es usual escucharla hasta el cansancio en discursos políticos tales como: «Ustedes, que son la fuerza de un país, deben unirse contra los opresores. El futuro está en sus manos... Ustedes tienen el poder y ustedes me darán ese poder para hacer sus sueños realidad...».

Tercera persona del plural (Ellos / Ellas): «Se conocieron en Grez, Francia. Ella, aunque diez años mayor que él, combinaba en su rostro la lozanía de una mujer más joven con la seguridad de un gesto maduro y sosegado, y eso debe de haberlo cautivado desde el primer momento. Él aún no había publicado *La isla del tesoro* o *El extraño caso del doctor Jekyll y el señor Hyde*. Así que de Robert Louis Stevenson no le pudo haber atraído su fama literaria ni la fortuna que ésta le habría dado. Seguramente ella se sintió atraída por su porte de caballero, su expresión juvenil y despierta, sus ademanes finos y elegantes. Quizás él percibió en ella el pasaporte a una vida más larga, y ella en él unas manos que no podían ser otras que las de un escritor. Pudieron haberse encontrado en un café o en una terraza, a las diez de la mañana o a las cuatro de la tarde, con el sol brillante o con el cielo nublado, en una noche estrellada o quizás de lluvia: poco importa el escenario para dos almas predestinadas a encontrarse...».

Aquí los personajes no están presentes ni leen la carta que alguien les escribió; el narrador nos cuenta la historia de dos personas que se aman y que comparten un objetivo común. El autor centra su atención en Ellos: qué hacen, de qué hablan, cómo piensan, cómo visten o reaccionan ante la vida, qué planes tienen... Yo, él, ella, nosotros, nosotras o ustedes no llevan el peso de esta narración, los protagonistas son Ellos: dos amantes, dos amigos, dos hermanos, los pasajeros de un tren o los niños que asisten al circo.

Para no dejar cabos sueltos no nos olvidemos de **Ello**. No lo percibo como un pronombre personal en el sentido estricto de la palabra, pero si estamos de acuerdo en que los pronombres personales son los que sirven de sujeto en una oración cualquiera, entonces no hay duda de que lo es. Lo usamos a diario cuando decimos por ejemplo: «Ello me tiene sin cuidado» o «Todo ello se trata de una mentira». Se refiere más a una cosa, situación u objeto que a una persona... No dudo tampoco que en los libros especializados encontremos una detallada explicación del tema. Ello es seguro.

Analicemos el Punto de vista del narrador desde otra perspectiva, aunque es posible que repitamos algunos conceptos.

Narrador Omnisciente: Como Dios, lo sabe todo: lo que piensan los personajes, el pasado que vivieron, el futuro que les espera, las cosas que dejaron de hacer, lo que soñaron, sus manías, pasiones, los deseos reprimidos, lo que los demás piensan de él o de sí mismo... Penetra en el alma de los personajes sin límites ni restricciones. No existen secretos para él.

Narrador Casi Dios: Sabe todo lo que hacen los personajes por su actuación, pero desconoce lo que piensan y lo que sienten; puede imaginarlo o sugerirlo pero nunca tendrá la certeza de sus apreciaciones. El narrador va tras la cámara, como un director de cine, y nos cuenta todo lo que ve: si el personaje baila, corre, lee, escribe, bebe, se trasnocha... Pero no entra en su mente, no nos explica sus emociones, permite que el lector saque sus propias conclusiones. Guarda cierta similitud con el narrador testigo, pero se diferencia de este en que no está allí, en la escena, o más bien no está dentro del universo de la obra; es un personaje, es un autor o narrador que nos cuenta la película desde lejos, desde su pequeño escritorio invadido de libros y notas, y deja que nosotros interpretemos las emociones de los actores según logre penetrar en nuestros sentimientos.

Narrador principal o protagonista: El protagonista nos cuenta su historia, lo que hace, lo que piensa, lo que ve. La historia gira alrededor de él al igual que los personajes que lo acompañan. Sabe todo acerca de él, claro, pero ignora lo que piensan los demás, aunque pueda imaginarlo, pero, como en el caso del «casi Dios», nunca estará totalmente seguro de sus afirmaciones, que no llegarán más allá de ser hipótesis de posible posterior confirmación.

Narrador presente, testigo o que da testimonio: Se trata de un personaje secundario (amigo, familiar, vecino, a veces hasta un desconocido que observa de incógnito) que nos cuenta la historia del protagonista. La historia se va develando lentamente en la medida en que ese narrador se va enterando de las cosas que hace, que dice o que le cuenta el personaje principal del relato o algún otro secundario que disfrute del cotilleo o documento que caiga en sus manos. Recordemos al doctor Watson cuando nos cuenta las aventuras de Sherlock Holmes. (Por cierto que Arthur Conan Doyle odiaba cuando alguien se le cruzaba por la calle y le decía: «Cómo está, señor Holmes». Tal vez no se molestaría tanto si lo saludaran como el doctor Watson).

En resumen, el narrador presente nos cuenta todo lo que hace nuestro mejor amigo porque está allí, con él, pero desconoce lo que piensa, aunque puede intuirlo analizando sus gestos y expresiones.

Y si queremos ser aún más precisos (o amplios, como se quiera ver) en todo esto del Punto de vista del narrador, si queremos abarcar toda la cancha de tenis desde la privilegiada posición del juez y gozar de su certeza y del rigor de sus decisiones, diremos que independientemente de la voz narrativa que usemos el peso de la historia puede recaer en la primera, segunda, o tercera persona del singular o del plural, todo depende del manejo que le dé el autor. Si estamos atentos a estos detalles, en nuestras lecturas veremos cómo un narrador experimentado salta de una persona a otra casi sin que los lectores nos demos cuenta (tal vez el mismo autor no lo note en su ensimismamiento narrativo) y la historia se desarrolle con esa sutil elegancia y originalidad que nos envuelve en una extraña sensación de creatividad y placer.

Otro aspecto fundamental en esto del punto de vista del narrador es el que nos señala David Lodge, escritor y académico inglés, quien anota: «Puede afirmarse que elegir el o los puntos de vista desde el cual o los cuales va a contarse la historia es la decisión más importante que el novelista (o cuentista) debe tomar, pues influye enormemente sobre la reacción, tanto emocional como moral, de los lectores frente a los personajes ficticios y a sus acciones». El autor inglés amplía nuestra visión de la importancia de la acertada escogencia del punto de vista del narrador cuando, por ejemplo, escribimos el relato de un adulterio como tema central. Con toda razón nos dice que «nos afectará de modo distinto según si es presentado principalmente desde el punto de vista de la persona infiel, o del cónyuge traicionado, o del amante…». Como podemos intuir serían relatos totalmente diferentes.

En conclusión, futuros cuentistas, definir el Punto de vista del narrador es vital no solo a la hora de escribir nuestro cuento de acuerdo a la trama que queramos desarrollar, al tono que queramos imprimirle, etc., sino también para cualquier relato que leamos: nos ayuda a entender mejor la historia, a valorarla mejor, a aprender de ella… Sabemos que son cuatro los grandes temas que comprenden la literatura universal: la vida, la muerte, el amor y la guerra, y todos forman parte de un edificio de infinitos apartamentos donde muchos autores han tocado puertas; algunas se han abierto pero muchas permanecen cerradas. El definir a conciencia el Punto de vista del narrador nos ayuda a llegar con más prontitud a una de esas puertas y encontrar la luz encendida al abrirla.

Al cierre de este capítulo es hora de informar a los participantes que los elementos o características básicas del cuento que veremos a continuación se aplican a todo tipo de cuentos: infantiles, de adultos, realistas, policíacos, de terror, psicológicos, de ciencia-ficción, humorísticos, fantásticos... La chica del *piercing* en su labio inferior da unas cortas palmadas de emoción porque ya vamos a entrar en materia y tiene un par de cuentos sin terminar a los que quiere darle forma, el de la barba se alisa los pocos y largos pelos que tiene a cada lado de la cara (más parecidos a unos jugadores listos para comenzar un partido de fútbol que a una barba como tal) y el amigo de la corbata y cabello cano respira profundo porque, ¡por fin! vamos a ver algo nuevo, más allá de los pronombres y toda esa carpintería ortográfica y gramatical que seguramente domina desde la infancia.

Sesión 2

Elementos o fundamentos básicos del cuento, definición y demás luces

Brevedad

Llegados a este punto suelo preguntarles a los que me acompañan en el taller cuál es la característica fundamental del cuento. Siempre hay uno que levanta la mano al mismo tiempo que dice *Lo corto, profesor.* Es cierto, le respondo, la brevedad, la economía de palabras, el decir solo lo justo, lo necesario, lo imprescindible, es la principal característica del cuento, donde están demás las abundantes descripciones de escenarios, ambientes, naturaleza, apariencias físicas o de personalidad, y donde se desaconsejan las digresiones, las recomendaciones del tipo autoayuda, moralistas, sociales, políticas o económicas. Esto nos ayudará a concentrar la historia, a escribir sobre lo que verdaderamente le interesa al lector cuando se dispone a leer un cuento, a lograr esa efectiva brevedad de la que hablaba Edgar Allan Poe (considerado por muchos el padre del cuento moderno) en su ensayo titulado *Filosofía de la composición*, donde entre otras cosas sostiene que un cuento no debe ser demasiado largo dado que el lector no recibe la impresión general de una lectura continuada. El norteamericano pone al género narrativo breve incluso por encima del poema, pues pensaba que el ritmo y la belleza abstracta limitan el poder de razonamiento y el acercamiento a la verdad. Al respecto decía: «Si me pidieran que designara la clase de composición que llene mejor las demandas del genio, me decidiría sin vacilar por el cuento». Recomendaba que un cuento debiera poder leerse entre media hora y dos horas cuando mucho, porque al leerlo por partes, como generalmente se hace con las novelas, se pierde el efecto único, objetivo fundamental de todo cuento. No obstante esta afirmación de Poe, la que comparto casi ciento por ciento (limitaría la lectura a una hora por cuento), veamos una clasificación generalmente aceptada:

De 0 a 20.000 palabras se considera cuento.

De 20.000 a 50.000 palabras, novela corta o *nouvelle*.

Y de 50.000 palabras en adelante, novela.

Luego vienen las sagas o series de novelas conformadas por varios títulos.

Bien, ya me parece ver a uno de ustedes poniendo sus ojos en la primera línea, riendo y murmurando entre dientes que no es posible que exista un cuento sin palabras. Tiene razón, en parte, literalmente hablando. Pero existe un reconocido cuentista mexicano que escribió un cuento con cero palabras. Se llama Guillermo Samperio y su cuento se titula *El fantasma*. Por supuesto, al ser un cuento fantasma, no tiene palabra alguna que lo conforme. Obviamente, esto sólo lo puede hacer alguien que haya escrito muchos buenos cuentos y goce de un prestigio a toda prueba. Como aquel famoso pintor que apuñaló el lienzo donde se disponía a trabajar (ahora no recuerdo su nombre) y luego lo vendió por una fortuna; claro, al pie de la puñalada llevaba su firma y eso era garantía de que su «obra de arte» no fuera tirada a la basura. Pero al margen de este guiño no carente de jocosidad que nos hace Samperio existe una especie de subgénero (para darle un trato generoso ya que ha sido poco estudiado) que engloba a los cuentos muy cortos, cuentos de muy pocas palabras cuyo significado por lo general va mucho más allá de las escasas líneas que lo integran.

Veamos en este gráfico cuál podría ser la trascendencia, efecto o significado de un relato según su extensión. No es algo científico, por supuesto, ni una fórmula matemática, física o química de inexorable cumplimiento, pero podemos constatarlo con frecuencia en muchos de los cuentos que leamos:

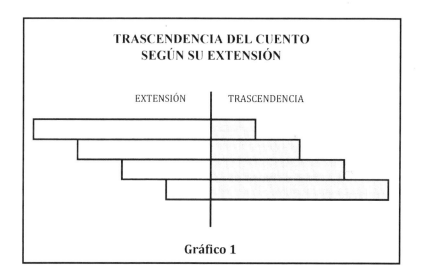

A estos pequeñines de menor extensión se les llama de diferentes formas: cuento hiperbreve, minicuento, minificción, microcuento, embrión de cuento, minitexto, microrrelato y pare de contar. *El dinosaurio*, uno de los más famosos, del guatemalteco Augusto Monterroso —premio Príncipe de Asturias de literatura y uno de los padres del minicuento—, dice así: «Cuando despertó, el dinosaurio todavía estaba allí». Aunque muy corto su significado trasciende las pocas palabras que lo integran y se pierde como un ave el horizonte. Si lo analizamos brevemente estaremos de acuerdo en que el narrador nos habla en tercera persona del singular, nos cuenta algo de él o de ella (niño o adulto); más allá de eso podemos pensar que cuando dicho personaje despierta encuentra que aquella gran preocupación que lo asolaba (tan grande como un dinosaurio) sigue vigente, no era parte de una fantasía, es una realidad que sigue allí y que unas horas de sueño no pudieron sacar de su cabeza. Sin embargo, en este tipo de miniaturas, como dije, puede haber muchas interpretaciones y todas muy lógicas y razonables. Veamos este minicuento de Juan José Arreola titulado *Francisco de Aldana*: «No olvide usted, señora, la noche en que nuestras almas lucharon cuerpo a cuerpo». O este de Jorge Luis Borges: «Yo, que tantos hombres he sido, no he sido nunca aquel en cuyo abrazo desfallecía Matilde Urbach». Desconozco quién pudo haber sido esta Matilde, pero no tengo dudas de que debe de haber sido una mujer sumamente atractiva. También Julio Cortázar incursionó en este minigranmundo: «Y después de hacer todo lo que hacen se levantan, se bañan, se entalcan, se perfuman, se visten, y así progresivamente van volviendo a ser lo que no son». Tal vez estos personajes son los mismos de este embarazoso olvido en el minitexto sin título de Carmen Leñero: «La empatía entre los cuerpos lleva a una inercia de imitación: cuando salíamos apresurados del hotel, a media tarde, traías uno de mis aretes puestos». Citemos también esta pequeña bomba de César Vallejo: «Mi madre me ajusta el cuello del abrigo, no porque empieza a nevar, sino para que empiece a nevar». Los invito a elucubrar sobre esta miniatura. Las maletas están listas, la madre asegura el abrigo al cuello del muchacho, luego el suyo, mira a su alrededor —el hombre ebrio aún ronca sobre la cama— observa las fotos sobre la chimenea, los adornos, un último suspiro y abandona todo aquello para nunca más volver e iniciar una nueva vida... Podría ser una entre miles de interpretaciones. Tal vez ni el mismo autor sepa el significado exacto de esta minificción o, si lo sabe, su argumento se sume a las infinitas conjeturas a que da lugar. De eso se trata el microcuento, de crear incógnitas, preguntas, de ver más lejos, pequeños escritos que por afincarse muchas veces en aforismos, ensayos, fábulas, poemas, novelas o relatos ya clásicos —lo que le da un carácter proteico— no son considerados cuentos propiamente dichos.

Ahora bien, ¿son veinte mil palabras una extensión generalmente utilizada hoy en día? Tal vez como tope, sí, pero no en la práctica. Tomemos como parámetro las exigencias en este aspecto de los más importantes concursos de cuentos en España e Hispanoamérica:

- Máximo veinte páginas.

- Tamaño de hoja: Din A4 (o carta)

- Letra *Times New Roman* o similar.

- Tamaño de letra: 12 puntos

- A doble espacio y por una sola cara.

Si llenamos estas veinte páginas (que en realidad son diez a espacios sencillos) tendremos una cifra cercana a las ocho mil palabras (unos cuarenta mil caracteres), y ya esto hoy en día se considera un relato largo, por lo que nuestros cuentos pueden moverse cómodamente en un rango entre quinientas y tres mil palabras y estaríamos en medio de la mayoría, a no ser que queramos divertirnos un poco escribiendo alguno que otro minicuento o intentando ganar un concurso como los que arriba menciono o ponernos como meta escribir un cuento como *El capote*, de Gógol, que debe de estar por el orden de las veinte mil palabras. Es cuestión de gustos. Por ejemplo, a nuestra admirada cuentista Alice Munro —premio Nobel de Literatura 2013—, le encantan estos relatos largos, tanto, que muchos de ellos parecen novelas cortas. La extensión adecuada, a final de cuentas, debe ser en la que nos sintamos más cómodos. Pero leamos lo que nos dice Jorge Luis Borges al respecto: «Desvarío laborioso y empobrecedor el de componer vastos libros; el de explayar en quinientas páginas una idea cuya perfecta exposición oral cabe en pocos minutos». Y cumplió su palabra: nunca escribió una novela. Monterroso es más preciso todavía: «Lo que puedas decir con cien palabras dilo con cien palabras; lo que con una, con una. Pocas cosas hay tan fáciles de echar a perder como un cuento. Diez líneas de exceso y el cuento se empobrece, tantas de menos y el cuento se vuelve una anécdota». El dominicano Juan Bosh dice lo mismo pero con otras palabras: «El cuento es el tigre de la fauna literaria, si le sobra un kilo de grasa o de carne no podrá garantizar la cacería de sus víctimas». En resumen, como ya vemos, la brevedad es muy variable, pero sea cual sea la extensión de nuestro relato debe referirse a un evento único. Veamos cómo se logra esto, algo similar a apretarse el cinturón, un poco cada vez, hasta que ya no queden huequitos disponibles en la faja de cuero y, posiblemente, tengamos que ir al talabartero para que nos abra algunos más. No olvidemos entonces al genial Baltazar Gracián, quien hace ya varios siglos escribió: «Lo bueno, si breve, dos veces bueno».

Y para finalizar esta sección no debemos pasar por alto una aclaratoria que hace Mario Benedetti en su libro *El ejercicio del criterio*, con respecto al cuento versus la novela: «Un cuento no debe ser una novela corta (ni siquiera *una novela depurada en ripios*, como quería Horacio Quiroga), ni una novela, un cuento estirado. Hace más de medio siglo escribía Unamuno en un periódico montevideano: 'Son pues, no pocos cuentos, novelas abortadas, con lo que a menudo ganan. Pero otras veces pierden. Y así un cuento que no sea más que un núcleo de novela, como cuento es imperfecto, como es imperfecta la novela que no sea más que estiramiento de un cuento. No es cuestión de cantidad y extensión tan sólo la diferencia: son dos géneros distintos».

Personajes

Son fundamentales en el relato, sin ellos no hay cuento.

Al respecto el cuentista argentino Roberto Arlt dice: «Todo autor es esclavo durante un momento de sus personajes, porque ellos llevan en sí verdades atroces que merecen ser conocidas». Bien, de eso se trata el cuento, de descubrir eso que le aqueja al personaje, cómo lo enfrenta y qué resulta de todo ello; son los que mueven la historia, los que la hacen avanzar, los que tienen éxito o fracasan en la consecución de sus sueños, los que ríen, los que lloran, los que reflexionan y se comunican; en fin, los que hacen que un cuento se defina como género literario. Es oportuno aclarar que cualquiera, persona o cosa, siempre que muestre características humanas, podrá ser un personaje. Así podemos encontrar a un árbol que sufre porque llegado el invierno pierde sus hojas, a un farol risueño porque estrena bombillo, a un conejito que corre lleno de miedo porque un lobo lo persigue, una mano que actúa por su cuenta, un cabello que cae al piso y se siente perdido para siempre, una cucaracha que quiere convertirse en mariposa o el beso frustrado porque no encuentra la boca deseada... En fin, atribuyámosle sentimientos a una piedra y allí tendremos a un personaje.

Personajes principales

Ahora bien, como seguramente ya sabemos, hay diferentes tipos de personajes en un relato: principales y secundarios. Sobre nuestro personaje principal recae todo el peso de la historia, él es el centro del tiovivo, el eje, el más importante, la columna alrededor de la cual giran los caballitos de colores, la fuerza que agrupa a todos los demás elementos y los hace funcionar en su provecho, un dinamo sin el cual el cuento perdería toda su fuerza y energía; es un ser vanidoso, soberbio, un individuo (persona o cosa) que no acepta que alguien más ocupe su lugar, es el rey del cuento y como tal hay que tratarlo. Pero, en un cuento, ¿cuántos personajes principales puede haber?, se preguntarán ustedes. Los participantes del taller, que ya me han oído hablar sobre aquello de ajustarse el cinturón se atreven a decir: «Uno, profesor». Los más cautos dicen: «Dos». Y otros, más diplomáticos afirman: «Los menos posibles». Yo los observo a todos y con gran gusto señalo a mi amigo de la incipiente barba (no es un chiste lo que dije antes: la tiene tan escasa que sí, efectivamente, parece un partido de fútbol: once jugadores a cada lado de la cancha) y le digo: «Sí, un solo y único personaje principal es lo recomendable para escribir un cuento». ¿Puede haber dos? Claro, pueden existir dos principales —pareja, hermanos, amigos, enemigos... sin que el cuento pierda concentración— siempre y cuando entre ellos exista una relación tal que los obligue a compartir la misma problemática (desde este punto de vista los tomaremos como un solo personaje. Más adelante aclararemos este punto). ¿Podría haber más? Sí, podrían ser diez, cien, mil o un millón de protagonistas siempre y cuando, como ya señalé, compartan el mismo conflicto, aunque siempre habrá uno o dos que lleven la voz cantante. Así, si se descarrila un tren, las quinientas personas que van dentro serían personajes principales y se escogería a un Bruce Willis para que mediante él (o él y su esposa; o él, su esposa y el pequeño hijo que les acompaña) nos enteremos del sufrimiento y de las angustias de todos los pasajeros. Pero, no lo olvidemos: un solo personaje principal (dos a lo sumo) que vive un único evento o situación, nos ayudará a concentrar la historia y a lograr mejores cuentos.

En conclusión, a diferencia de la novela donde puede haber más de un principal y muchos personajes secundarios, en el cuento debe existir un solo protagonista (salvo las excepciones vistas) y los secundarios deben cumplir una función específica.

Personajes secundarios

Son buenos amigos que sirven de soporte a la trama, al protagonista y por lo general se describen con menos elementos que nuestro personaje estrella. Complementan, le dan verosimilitud a la historia, gravitan alrededor de nuestro personaje principal como los planetas alrededor del sol. Pero, importante: si el cuento se sostiene sin ellos significa que no hacen falta y entonces hay que darles una palmada en la espalda, decirles *Chao*, caro mío, y eliminarlos de plano. En otras palabras, a diferencia del principal, infaltable en todo cuento, el autor puede prescindir de los personajes secundarios cuando no están plenamente justificados. Ahora bien, ¿cuántos personajes secundarios caben en un cuento? Los menos posibles, responde el amigo de la barbita. Es cierto: «los menos posibles» y los necesarios, hay que añadir (seguimos apretándonos el cinturón). Pero esto también es relativo. Si mi personaje principal es el presidente de la asociación que defiende los derechos de las tortugas marinas y da un discurso a sus adeptos, entonces ese auditorio conformado por cien o mil personas, a pesar de que los necesito mencionar, más que personajes secundarios serían una masa, una fotografía sin vida cuya única función es dar la sensación de público, de relleno, de telón de fondo que hace creíble el evento que se desarrolla. Como el profesor universitario que se dirige a los estudiantes o el feroz león que trata de convencer a una jauría de hienas de que él es el rey de la selva. El verdadero personaje secundario, es decir, el que no es considerado parte de una masa, es el que actúa, el amigo a quien le contamos nuestra historia, la novia que nos abandona, el taxista que nos lleva al aeropuerto, el mesonero que nos sirve el vino, el perro que se alegra al vernos llegar a casa, el machete de Horacio Quiroga que parece tener vida propia... Tienen diferentes roles, unos de más peso que otros pero nunca, nunca, un secundario puede superar a nuestro protagonista. Si esto sucede tendríamos que replantearnos el cuento o comenzarlo de nuevo. ¿Puede esto suceder? Claro que sí. Los personajes nos hablan al oído y algún secundario puede seducirnos con su tierna voz, deleitarnos con su delicioso susurro y apoderarse de la historia sin que nos demos cuenta; comienza a actuar fuera de la trama principal, diciendo o haciendo cosas que nada tienen que ver con el cuento, lo que daña el texto y suprime todo interés por parte del lector que se distrae y confunde tratando de encontrarle un sentido a lo que el narrador quiere decir. Es entonces cuando se nos enreda la historia y debemos revisar el trabajo completo y hacer los ajustes que hagan falta para, o bien convertir a este secundario en el principal, o bien halarle las orejas, recortarle las alas y ponerlo en su sitio. Así, hay que cuidar ciertas complacencias cuando escribimos, algunas pueden llevarnos por senderos fangosos.

Sí, le respondo a la mirada interrogante de la chica del *piercing*, y repito que complacerse es distraerse, salirse del tema, engolosinarse con una idea que nos hipnotizó y nos llevó por un camino equivocado, por un camino que nada tiene que ver con el relato que estamos escribiendo; es dejarse llevar por una idea que, aunque quizás conscientes del error, nos resistimos a dejarla y caemos como en un placentero sueño a la espera de que salga el sol para despertar, pero ya es tarde cuando abrimos los ojos y nos damos cuenta de que hemos dañado (o cambiado) el cuento, que debemos hacerle ajustes. ¿Me ha pasado? Sí, muchas veces, pero como ya conozco al charlatán, lo dejo fluir, consciente de sus efectos; luego, como un samurái que cobra venganza, lo corto de un tajo (no sin antes copiarlo en un archivo con la esperanza de encajarlo o incorporarlo en otro cuento) y vuelvo a mi historia original. Es cierto, a veces estas complacencias resultan tan interesantes que ellas por sí mismas abren las puertas de nuevos relatos, por lo que les recomiendo no tirarlas sino guardarlas en el estante de las cosas que no tienen fecha de vencimiento, al lado de un foco de luz.

Cómo elegir al personaje

Bien, ya tenemos una idea de la extensión que tendrá nuestro cuento, de que un personaje principal nos ayudará a concentrar la historia y de que los personajes secundarios serán solo los indispensables. Procederemos entonces a escoger a esos personajes según la historia que tengamos en mente. Así, si estamos pensando en una trama que se desarrollará entre los empleados de una oficina bancaria, entonces seleccionaremos como protagonista a un joven, chica o chico, que usa uniforme, corbata o pañuelo, va bien peinado y es sumamente delgado, como la mayoría de los empleados bancarios. De la misma forma, si nuestro cuento trata sobre el profesor de Historia quizás debamos escoger como principal a un hombre de lentes, cincuentón, medio calvo, gordito, coloridas corbatas tipo pajarita y zapatos negros siempre llenos de polvo. Aprovecho este punto para decir que es válido escoger a gente conocida para describir a nuestros personajes. Ya sé que esto es síntoma de una gran flojera, pero agiliza mucho el trabajo porque si necesito describir a un obrero de la construcción, por ejemplo, nada más tengo que recordar la facha, el físico y las expresiones del hombre que estuvo la semana pasada en casa remodelando la sala de estar. Y así con otros personajes: el carpintero que vino a añadir un tramo a mi biblioteca, o la vendedora que tocó a la puerta para ofrecerle a mi mujer unas cremas que la harían lucir como de veinte... La elección de estos personajes, como ya dije, siempre debe ir acorde con la historia que queramos contar. ¿Excepciones? Siempre las hay. Recuerdo a un profesor de Historia que usaba sandalias, cola de caballo, franelas manga corta y el tatuaje de un dragón en su brazo derecho. ¿Válido? Claro que es válido si la historia lo amerita. Sobre todo si nuestro profesor es un rebelde sin causa, un revolucionario que está en contra de cualquier convencionalismo... Podemos concluir entonces que si vamos a romper la norma, ese quiebre debe estar bien sustentado para que sea creíble y el lector no lo vea como algo ilógico y nos mande a la mierda. (Odio las palabras desagradables, pero no las descarten cuando la trama se las pida.) Sobre la elección de personajes, el argentino Adolfo Bioy Casares recomendaba: «...por ejemplo, si hasta este momento tengo a un profesor moreno, que venga un plomero rubio. Hay que distinguir un personaje de otro. Si uno se llama Eduardo, más vale que el otro no se llame Ricardo, y la amiga, Bernarda. Además no deben ser todos de igual profesión».

Retrato de un personaje

Se refiere a las diferentes formas con las que contamos para dar a conocer a nuestros personajes, tratando en lo posible de evitar los calificativos. En otras palabras, para que un personaje represente lo que queremos decir hay que usar elementos de su comportamiento que sirvan para reforzar la historia y no como simples elementos decorativos. Veamos varias formas de lograrlo.

Por lo que hace. Si queremos significar que nuestro personaje es educado, entonces mostremos una escena donde nuestro compañero de barba escasa cede su asiento a una dama, ayuda a un anciano a cruzar la calle, escucha con atención cuando alguien le habla… Y si es violento no digamos que lo es sino mostremos la forma en que dio un portazo cuando salió de casa, o del salón de clases, o la patada que le propinó al perrito del vecino porque no paraba de ladrar… «No lo digas, muéstralo», decía Henry James, un gran consejo aplicable a todos los géneros literarios de ficción.

Por lo que piensa. Somos lo que pensamos, dice el dicho. En los cuentos escogeremos con pinzas lo que esta declaración significa. Describir lo que pasa por la mente del personaje —bien sea mediante un monólogo interior o porque un narrador omnisciente nos lo cuenta— nos ayudará a conocerlo mejor, a saber qué le preocupa, qué lo hace feliz, cuál es su posición y actitud ante la problemática que enfrenta. Esta opinión que tiene el personaje de sí mismo, hacia las cosas y personas que lo rodean, siempre en función a la historia que contamos, será vital para el éxito de nuestro relato. Así, por ejemplo, si nuestra amiga del *piercing* piensa que no será capaz de terminar su carrera de Letras, entonces en alguna parte de nuestro cuento debe justificarse esta consideración. Si el amigo de barba escasa es leal y buen amigo, esos valores deben salir a relucir en algún momento de la historia. Si el de la corbata es arrogante y malhumorado, así será a lo largo del relato (ya hablaremos en detalle sobre los cambios o transformaciones que debe experimentar nuestro protagonista). En resumen, si nuestro personaje es de los que cree posible que el mar se convierta en Coca-Cola, entonces su comportamiento debe ser acorde, siempre buscando que la verdad surja de la ficción y convenza de forma inequívoca al lector, establecer una especie de contrato de verosimilitud entre la obra y el lector. Todo debe estar concatenado a una lógica, a un sentido común que regirá sobre toda la trama. No nos interesa resaltar un valor o un aspecto del pensamiento de nuestro principal, o de cualquier secundario que lo amerite, si el mismo no tiene nada que ver con la esencia del cuento que desarrollamos. Esto debe quedarnos muy claro, y es la base de la credibilidad que tanto buscamos demostrar. Y continuamos apretándonos el cinturón cuando decimos que estos elementos a destacar sobre lo que nuestro amigo piensa deben ser unos pocos (tal vez con uno sea suficiente), pero que esos pocos se justifiquen y basten para los fines que perseguimos.

Por lo que dice. De la misma forma que en el punto anterior, todo lo que diga el personaje nos servirá para retratarlo, para saber cómo es, qué opina sobre la problemática que lo aqueja o cómo actuará ante ella, siempre con una lógica que lo haga creíble, incluso cuando mienta. Para ser más específicos, si nuestro amigo de barba dice cosas incoherentes, tal vez pase por un mal momento; si dice que nadie lo quiere, que es un estúpido bueno para nada, puede que tenga problemas de autoestima; si dice que esta vida no tiene sentido, que ya nada le importa, entonces podría ser un suicida en potencia… De nuevo, todo lo que diga nuestro personaje principal, de una u otra forma, tiene que tener relación con la historia que contamos. Puede que esta relación sea más o menos intensa, más o menos evidente, pero nunca debe faltar, y si falta hay que suprimir el parlamento, cortarla o, si nos gusta mucho, copiarlo y archivarlo en otra carpeta, donde tal vez un día pueda servirnos para otro cuento.

Por una peculiaridad. También nuestro personaje puede darse a conocer por un detalle, una peculiaridad que lo distinga, algo que acostumbra a hacer o a decir que lo diferencia de los demás. Por ejemplo si el individuo es nervioso podemos dibujarlo comiéndose las uñas, lo hace con fruición y lo repite con frecuencia a lo largo del cuento hasta que el gesto llega a identificarlo plenamente; si es un campesino muy humilde quizás mientras habla se pisa un pie con el otro como si tuviera ganas de orinar… Cualquiera sea el personaje puede tener la manía de rascarse el cuello con insistencia, subir los hombros sin razón aparente, abrir y cerrar un ojo con exagerada frecuencia, batir el pie mientras está sentado, hacer aros de humo cuando fuma, sonarse los dedos, ver el reloj cada segundo… Sea cual sea esa manía o peculiaridad debe ser constante a lo largo del cuento; sin abusar de este recurso, claro, y con una de ellas es más que suficiente.

Por la relación que mantiene con otros personajes. Sin duda, de acuerdo a la forma de actuar que le asignemos a nuestro amigo con respecto a otros nos enteraremos de los aspectos más relevantes de su personalidad; los que sean indispensables para nuestra historia, obviamente. Si nuestro protagonista marca las cartas con las que juega con sus amigos sabremos que es tramposo; si obedece a su mujer todo el tiempo (no sé por qué me siento aludido), pensaremos que es un personaje sumiso; si regala cosas a todo el mundo, entonces será generoso… Y así sucesivamente, siempre tratando de huirle a los adjetivos por medio de escenas que, por mucho, serán siempre más efectivas que las palabras aisladas. En definitiva, podemos preparar la actuación del personaje para que este refleje con exactitud lo que nos interesa.

Por lo que digan de él. Esta es otra forma de conocer a nuestro mejor amigo en la historia que queremos contar. Los demás murmuran, dialogan, dicen cosas de él, lo analizan, lo critican, lo alaban, lo calumnian… Y, por supuesto, deberá actuar en consecuencia, a no ser que se trate de una mentira que ya el autor debe encargarse de manejar con fino tacto. Comentario que sin duda hará cualquier personaje secundario y será tan relevante como lo sea el peso o la importancia que le hayamos dado a este secundario que comenta, por ejemplo, sobre lo extraño que luce hoy nuestro joven de barba rala, como si no hubiese dormido en toda la noche y esa actitud de pocos amigos que parece no reconocer a nadie; él, que siempre se muestra tan risueño y comunicativo.

Por lo que de él se publique. Nuestro protagonista bien podría ser un personaje famoso del que se escriben noticias, biografías, entrevistas… y por medio de ellas lo conoceremos, nos acercaremos a él y, una vez más, escogeremos de tales publicaciones o entrevistas lo que más se ajuste a los fines de nuestra historia. Ya imagino al hombre que tranquilamente lee el periódico en su casa y se entera de que su vecino, el de ceño fruncido que nunca saluda, publicó un libro de cuentos. Tal vez eso le sirva para ser más amable, pensó el del periódico. En este breve ejemplo, mediante una publicación, nos enteramos en primer término de que nuestro protagonista es escritor, y en segundo lugar de que es un tipo malhumorado, habría que averiguar el porqué. O, si el vecino que lee el periódico fuera nuestro protagonista y no el escritor, un político de cierta fama, podemos imaginar que encuentra una foto suya en primera plana: viste paños menores y la joven que lo acompaña no es su esposa; ya podemos imaginar también el texto de tal noticia. Podría tratarse también de un desaparecido cuyo aviso de búsqueda aparece en carteleras y postes de luz; o de un delincuente que «Se Busca», con ciertos datos relevantes de su apariencia física.

Por su apariencia física. Es la forma más usual de retratar a un personaje, aunque en infinidad de textos encontraremos que muchos autores prefieren dar a conocer rasgos de su personalidad sin hacer énfasis en su aspecto físico. De todas formas es una práctica común y muy válida a efectos de que nuestro lector, de acuerdo a esta apariencia física, se entere también de los gustos y posibles comportamientos de nuestro mejor amigo en el cuento.

Por su personalidad. Para fijar la personalidad de un individuo se hace necesario que quien escribe sepa todo sobre él, lo conozca cómo puede conocer a un hermano o aun como a sí mismo, aunque el narrador se limite a una visión parcial de la historia. De esa forma podremos exponer con más tino y mayor facilidad las relaciones del protagonista con otros personajes, sus deseos, manías y hábitos, su opinión acerca de las cosas, lo que será capaz o no de hacer. Una mini biografía del personaje, lo más completa posible —aunque para un cuento basten apenas unos pocos detalles—, es recomendable para conocerlo a fondo y lograr que nuestro mejor amigo sea auténtico, creíble, confiable y genere empatía en el lector, fundamental para el éxito del relato. En lo social el narrador deberá saber a qué clase pertenece la estrella de su historia, su raza, su lugar de nacimiento, su religión… En lo físico deberá conocer su sexo, edad, estatura, color del cabello, ojos, etc., o si tiene alguna manía o enfermedad que lo distinga. En el aspecto sicológico es recomendable prefigurar su autoestima, la relación que mantiene con su familia y amigos, su posible reacción ante fatalidades como la muerte, la enfermedad y la quiebra económica; su actitud ante personas que piensen diferente, ante su jefe y compañeros de trabajo que tienen mejores posiciones o mejores ingresos… En fin, el objetivo es conocer muy bien a este protagonista y a los que lo acompañen en la historia. Él (y ellos), como todos, tiene una forma de ser y de actuar, y ésta debe ser constante a través del relato como ya hemos señalado, lógica, sin actuaciones que a media noche, cuando por fin un lector nos tenga en sus manos, lo obliguen a decir: «Esto no es creíble». El protagonista actúa, es cierto, y esa actuación genera cambios, algunos de ellos verdaderamente sorprendentes, pero, aunque así sea, dichos cambios deben estar acordes con la personalidad que le hemos asignado en nuestra pequeña ficha biográfica. Veamos lo que dice la destacada escritora estadounidense Flannery O'Connor: «En la mayoría de los buenos cuentos es la personalidad del personaje lo que crea la acción de la historia… Si se parte de una personalidad real, un personaje real, estamos en camino de que algo pase antes de empezar a escribir, no se necesita saber qué». Cuando dice «personaje real» no se refiere a que sea de verdad, es decir, a que exista en la vida real, se refiere a que sea real en la ficción (lo que a la larga vendría a ser lo mismo), que esté dibujado con suficientes y honestos elementos de forma tal que en su actuación convenza al más incrédulo de que en verdad existe, y de que, por lo tanto, su historia es creíble; estaríamos entonces «en camino de que algo pasé». Y pasará sin lugar a dudas. Una vez que tengamos clara la personalidad de nuestro protagonista, y de que actúe acorde a ella, el narrador deberá ceñirse a lo que este diga como el hilo al borde de la tela, tendrá que escuchar al personaje, respetar su forma de pensar y no escribir lo que le provoque sino lo que el personaje le dicte.

El mexicano Juan Rulfo dice que hay tres elementos importantes que se deben considerar al escribir un cuento: primero crear el personaje, crear el ambiente donde ese personaje se va a mover y por último definir cómo va a hablar ese personaje. Afirma que «en la medida en que el personaje adquiere vida, uno puede ver hacia dónde va; siguiéndolo lo lleva a uno por caminos que uno desconoce. Así se logra crear lo que pudo haber sido, o pudo suceder pero nunca ha sucedido, es una mentira contada como una aparente verdad. Para no poner a los personaje en situaciones inverosímiles debemos definirlos como son, es decir, debemos preguntarnos qué acciones ejecutará y qué otras son imposibles que haga. Las causas de sus acciones y los efectos de las mismas hacen que el personaje sea lo que es. El personaje necesita o quiere lograr algo, pone su voluntad en ello y el logro en sí mismo».

Voz del personaje

Cada personaje debe tener su propia voz —les digo a los amigos del taller que no paran de tomar nota y asentir con la cabeza y esa expresión de estar descubriendo un mundo nuevo—, hablar con sus propias palabras, tan diferentes a las de sus colegas como su nivel social, económico, político, etc., se lo imponga. Y obviamente sus voces serán muy diferentes a la del narrador. Si el personaje es un periodista deportivo, por ejemplo, hablará diferente al pitcher que lanza la pelota a mil por hora o al obrero que corta la grama del estadio. Veamos un ejemplo de Hemingway extraído del cuento *El jugador, la monja y la radio*, donde podremos escuchar tres voces diferentes: la del narrador, la del señor Frazer (que se encuentra enfermo) y la de la hermana Cecilia (la monja) quien lo atiende. Dice así:

«Aquel día la hermana Cecilia entró en la habitación a eso de las diez de la mañana con el correo. Era muy guapa, y al señor Frazer le gustaba verla y oírla hablar, pero el correo, que supuestamente procedía de un mundo diferente, era más importante. No obstante, en el correo no había nada de interés.

—Se le ve mucho mejor —dijo la hermana Cecilia—. Pronto saldrá de aquí.

—Sí —dijo el señor Frazer—. Esta mañana se le ve muy bien.

—Oh, y lo estoy. Esta mañana me siento como si fuera una santa.

El señor Frazer quedó un tanto sorprendido al oírla.

—Sí —añadió la hermana Cecilia—. Eso es lo que quería ser. Santa. Desde muy pequeña he querido ser santa. De pequeña creía que si renunciaba al mundo y entraba en un convento sería santa. Eso era lo que quería ser y lo que pensaba que tenía que hacer para serlo. Esperaba ser santa. Estaba absolutamente segura de que lo sería. Hubo un tiempo en que pensé que lo era. Estaba tan feliz y me parecía algo tan fácil y sencillo. Cuando despertaba por la mañana esperaba ser santa, pero no lo era. Nunca lo fui. Y deseo tanto serlo. Todo lo que quiero es ser santa. Es lo que siempre he querido. Y esta mañana me sentí como si lo fuera. Oh, espero llegar a serlo.

—Lo será. Todo el mundo consigue lo que quiere. Eso es lo que siempre me dicen».

Como se apreciará, las voces de los participantes en este fragmento (personajes y narrador) son totalmente diferentes. La del narrador es un tanto fría y descriptiva, la del enfermo parca y condescendiente y la de la monja, ya lo apreciamos, parece la de una persona fuera de sus cabales. Veamos que el narrador no califica a la hermana Cecilia; no nos dice que está obsesionada con ser santa, simplemente la pone a hablar con el fin de que nosotros, entusiastas lectores, saquemos nuestras propias conclusiones. Razón tiene García Márquez cuando dice que Hemingway no pasó a la gloria por ninguna de sus novelas sino por sus cuentos más estrictos.

Para cerrar este segmento no está demás hacer hincapié en que ningún pensamiento del personaje tendrá sentido dentro del relato si no da lugar a una acción, por pequeña que sea, ya que estas acciones son finalmente las que provocan el cambio que debe sufrir el personaje. Por supuesto que no es necesario que el personaje triunfe siempre frente al conflicto, puede también fracasar, acobardarse, cometer errores o no lograr resolverlo, pero siempre deberá actuar frente a él, ya que incluso la cobardía del personaje, la decisión final de inhibirse, se entenderá como un rechazo a actuar que dará paso al cambio que necesariamente debe sufrir el protagonista con respecto a su comportamiento inicial.

Llegó la hora de introducirnos en el corazón del cuento, es decir, en el conflicto, porque, al igual que no puede haber cuento sin personaje principal, tampoco es posible que lo haya sin conflicto, problema, deseo insatisfecho, preocupación, angustia o sueño que cumplir. Veamos.

Conflicto

Según el *Pequeño Larousse* conflicto es «oposición, desacuerdo, choque, combate, lucha, pugna, apuro, dificultad...». Desde el punto de vista sicológico es el estado de un ser vivo sometido a motivaciones incompatibles. Por otro lado, si buscamos la palabra «Problema», encontramos: «Situación difícil que debe ser resuelta». Nosotros, como cuentistas, definiremos «Conflicto» de una forma aún más sencilla: Es un deseo insatisfecho del personaje

principal de un cuento. Léase bien, «un deseo insatisfecho», un deseo, no dos ni tres ni cuatro. El conflicto siempre es uno y siempre lo padece el que lleva (o los que llevan) el peso de la historia. Puede que existan conflictos secundarios, o conflictillos (ya lo veremos en los cuentos que analizaremos más adelante), pero nunca deben tener el peso del conflicto principal, sobre el que descargamos toda nuestra energía. Si esto no se cumple, si varios problemas aquejan a nuestro protagonista de forma similar, el cuento perderá fuerza, se romperá en pedazos y pasará a formar parte de la larga lista de cuentos que nadie recuerda.

El conflicto entonces aparece cuando nuestro protagonista quiere algo, desea algo que por alguna razón no puede conseguir; se le opone alguna circunstancia que anula, hace imposible que sus aspiraciones sean satisfechas. No hace falta más. Todo relato debe presentar un personaje que vive un conflicto que lo obliga a tomar decisiones, a actuar sobre dicho conflicto con el objeto de intentar resolverlo —podría lograrlo o, por el contrario, fracasar en el intento o desistir— y en ese proceso experimenta un cambio que significa que nuestro personaje piensa diferente, dice lo contrario de lo que decía al principio, se opera en él una transformación que lo lleva a ver las cosas de otra forma. Si el personaje no actúa sobre su conflicto, si no se mueve, si todo le da igual y no trata de resolverlo, entonces no hay cuento, tan sencillo como eso. De la misma forma, si nuestro personaje no tiene conflicto alguno, si ningún problema lo aqueja, si pasa todo el día meciéndose en una hamaca contando las golondrinas que vuelan frente a su balcón, entonces la figura del relato desaparece para convertirse en un ensayo, poema o algo similar, pero nunca en un cuento. En conclusión, el personaje principal y su conflicto son dos elementos imprescindibles en todo cuento, van siempre unidos, casi uno sólo, llave y cerradura, machihembrados, el uno no puede existir sin el otro, se complementan, se dan vida entre sí y alimentan el texto; juntos despiertan nuestras emociones, nos arrancan sonrisas, humedecen nuestros ojos o hacen que se queden fijos al filo de la ventana. Bien lo dice nuestro amigo Monterroso: «El destino de un cuento, como si fuera una flecha, es producir un impacto en el lector. Cuanto más cerca del corazón se clave mejor será para el cuento». Y no hay otra forma de lograrlo que mediante este inseparable par.

Qué origina el conflicto

Cualquier evento inesperado, dice el amigo de la barbita. La del *piercing* dice que la mala suerte, mientras el caballero de corbata se encoge de hombros... Los conflictos, por supuesto, no se originan solos, digo enfático, algo los provoca. Analicemos entonces los tres elementos básicos que generan un conflicto:

> • **La fatalidad.** Es decir, algo fuera de control afecta a nuestro personaje principal: un accidente, por ejemplo (visto este como un suceso imprevisto que altera el curso regular de las cosas o la cotidianidad de las personas. Puede ir desde un impacto en coche hasta la pérdida de un anillo de bodas o la espantosa lluvia que impidió llegar temprano a una cita). No necesariamente tiene que ser algo grave que incluya muertes o largas y sufridas enfermedades, pero grave sí para el personaje que tratará de hacernos sentir la angustia que le genera la pérdida de aquellos lentes tan costosos. Veamos este minicuento de Julio Cortázar titulado Historia verídica:
>
>> «A un señor se le caen al suelo los anteojos, que hace un ruido terrible al chocar con las baldosas. El señor se agacha afligidísimo porque los cristales de anteojos cuestan muy caros, pero descubre con asombro que por milagro no se le han roto. Ahora este señor se siente profundamente agradecido, y comprende que lo ocurrido vale por una advertencia amistosa, de modo que se encamina a una casa óptica y adquiere enseguida un estuche de cuero almohadillado doble protección, a fin de curarse en salud. Una hora más tarde se le cae el estuche, y al agacharse sin mayor inquietud descubre que los anteojos se han hecho polvo. A este señor le lleva un rato comprender que los designios de la Providencia son inescrutables, y que en realidad el milagro ha ocurrido ahora».

En este minicuento el conflicto de nuestro protagonista no es otro que proteger sus anteojos. Intenta hacer algo al respecto. La primera caída es un aviso. Y, cuando actúa, cuando decide «curarse en salud», llega la fatalidad y lo sorprende. ¿Interpretaciones más allá de las letras? Muchas. ¿Cuántas veces nos sentimos satisfechos por algo y al final del día debemos reconocer que estábamos equivocados, que de nada sirvió todo aquel esfuerzo? ¿Es este el mensaje que quiso enviarnos el autor de Casa tomada y de muchos otros admirables cuentos? Es probable. En definitiva, unos lentes que se caen, el coche que no enciende, la abuela enferma, la novia que no llama, los zapatos perdidos, el vuelo cancelado por mal tiempo, el satélite que chocará contra la Tierra, el jardín que no florece, el puente caído, el mar picado… En todas estas circunstancias y en infinitas más el común denominador será la calamidad inesperada o la inevitable adversidad que sufre el protagonista. Él no quisiera que sus lentes se cayeran ni que su coche no encendiera ni que la abuela se enfermara ni perder sus zapatos de correr ni que le cancelaran el vuelo ni que la Tierra fuera despedazada por una gran piedra del espacio ni que su jardín no floreciera ni que el puente se cayera ni que el mar estuviese picado la noche cuando comenzaba su luna de miel en el lujoso crucero por el Caribe… No desea nada de esto, pero la fatalidad, como el pan nuestro de cada día, siempre está ahí para sorprendernos con su infortunio. Situaciones banales, o sin importancia para muchos, deben ser realmente importantes para nuestro protagonista, y el narrador es el responsable de que esto suceda, de convencernos de ello, debe apuntar muy bien para que esa flecha de la que antes hablamos se acerque o, mejor, haga blanco, en el corazón del lector. Viene a cuento destacar que aunque la fatalidad es uno de los elementos que genera conflicto a nuestro protagonista, este no debe ser fatalista, es decir, un individuo que acepta los acontecimientos sin intentar influir en ellos, por el contrario, nuestro buen amigo, como ya se dijo, deberá luchar contra tal fatalidad e intentar, en buena lid, vencerla, resolver su problema, aunque fracase.

• **Otros personajes.** Los hemos visto con frecuencia en novelas, cuentos y películas. Todos los conocemos ya; los llaman Antagonistas. Son personajes secundarios que actúan de forma contraria a los deseos del protagonista, que se oponen, le causan el problema. Veamos este segmento del cuento *El solitario,* de nuestro admirado Horacio Quiroga.

> «Kassim, de cuerpo mezquino, rostro exangüe sombreado por rala barba negra, tenía una mujer hermosa y fuertemente apasionada. La joven, de origen callejero, había aspirado con su hermosura a un más alto enlace. Esperó hasta los veinte años, provocando a los hombres y a sus vecinas con su cuerpo. Temerosa al fin aceptó nerviosamente a Kassim. No más sueños de lujo, sin embargo. Su marido hábil —artista aun— carecía completamente de carácter para hacer una fortuna. Por lo cual, mientras el joyero trabajaba doblado sobre sus pinzas, ella, de codos, sostenía sobre su marido una lenta y pesada mirada, para arrancarse luego bruscamente y seguir con la vista tras los vidrios al transeúnte de posición que podía haber sido su marido...».

Kassim, cuyo deseo no iba más allá de ser amado, respetado y de formar una familia, se encuentra con este secundario que lejos de satisfacer sus anhelos lo agobia con sus exigencias, lo insulta, lo humilla, le crea un verdadero problema y lo lleva a límites a los que quizás nunca imaginó llegar... De la misma forma pueden causarnos conflictos el conductor que maneja ebrio, el vecino que bota la basura en nuestro jardín, el amigo que nos hace doble cara, el correo que nunca llegó, el *Tweet* insultante, el niño que no acepta a su padrastro, el perrito maltratado por su dueño, el delincuente que intenta robarnos, el policía que nos detiene sin razón, las citas incumplidas, los abandonos... En fin, todo personaje secundario que obstaculice el logro de nuestro deseo se convierte en antagónico, muy útiles en cuanto a la creación de conflictos se refiere. Veamos este otro ejemplo, un tanto jocoso, del maestro español Max Aub, *Hablaba y hablaba*:

«Hablaba, y hablaba, y hablaba, y hablaba, y hablaba, y hablaba, y hablaba. Y venga hablar. Yo soy una mujer de mi casa. Pero aquella criada gorda no hacía más que hablar, y hablar, y hablar. Estuviera yo donde estuviera, venía y empezaba a hablar. Hablaba de todo y de cualquier cosa, lo mismo le daba. ¿Despedirla por eso? Hubiera tenido que pagarle sus tres meses. Además hubiese sido muy capaz de echarme mal de ojo. Hasta en el baño: que si esto, que si aquello, que si lo de más allá. Le metí la toalla en la boca para que se callara. No murió de eso, sino de no hablar: se le reventaron las palabras por dentro».

—Bueno, yo en lo personal soy un tipo de pocas palabras, así que nunca le traeré problemas a una protagonista tan exigente como esta. Y tengo la suerte de que, cuando me tomo una copa de más y comienzo a hablar en exceso, mi mujer no usa una toalla, con una mirada le es más que suficiente.

• **El mismo protagonista.** Sí, el protagonista mismo se causa el conflicto. Nosotros los humanos, nunca satisfechos del todo, parecemos complacernos inventándolos y recreándolos como diestros artesanos. Justificados o no, siempre será buen material para elaborar nuestros cuentos. Veamos este ejemplo, también del guatemalteco Monterroso, sobre un personaje que no está contento con lo que es y tampoco está seguro de lo que quiere ser, titulado: La mosca que soñaba que era un águila:

Taller aprende a escribir un cuento

«Había una vez una mosca (nunca comiencen un cuento así, se los pido de rodillas) que todas las noches soñaba que era un águila y que se encontraba volando por los Alpes y por los Andes. En los primeros momentos esto la volvía loca de felicidad; pero pasado un tiempo le causaba una sensación de angustia, pues hallaba las alas demasiado grandes, el cuerpo demasiado pesado, el pico demasiado duro y las garras demasiado fuertes; bueno, que todo ese gran aparato le impedía posarse a gusto sobre los ricos pasteles, así como sufrir a conciencia dándose topes contra los vidrios de su cuarto. En realidad no quería andar en las grandes alturas o en los espacios libres, ni mucho menos. Pero cuando volvía en sí lamentaba con toda el alma no ser una águila para remontar montañas, y se sentía tristísima de ser una mosca, y por eso volaba tanto, y estaba tan quieta, y daba tantas vueltas, hasta que lentamente, por la noche, volvía a poner las sienes en la almohada».

Alejado de las metáforas veamos este otro fragmento de Cortázar extraído de *La barca o Nueva visita a Venecia.*

«Desde joven me tentó la idea de reescribir textos literarios que me habían conmovido pero cuya factura me parecía inferior a sus posibilidades internas; creo que algunos relatos de Horacio Quiroga llevaron esa tentación a un límite que se resolvió, como era preferible, en silencio y abandono. Lo que hubiera tratado de hacer por amor sólo podía recibirse como insolente pedantería; acepté lamentar a solas que ciertos textos me parecieran por debajo de lo que algo en ellos y en mí había reclamado inútilmente…».

El hecho de que parezca, o de que sea, un relato autobiográfico, por supuesto, poco importa, no le quita su calidad de cuento. Siempre que haya un personaje que refleje alguna frustración, algún deseo no cumplido, y haga algo por resolverlo, será el protagonista de un cuento, venga de donde venga la trama. En un corto análisis veremos que este que narra (sin nombre todavía) es el protagonista de una breve historia cuyo conflicto es la frustración que le causa no poder modificar algunos textos que lo han impactado y que, considera, podría mejorar. Está claro que él mismo se provoca el conflicto «por amor», pero también renuncia a satisfacerlo por temor a que sea tomado como una «insolente pedantería». Más adelante haremos análisis más profundos en este y otros aspectos. Así que no temamos escribir nuestras propias historias si estamos dispuestos a compartirlas. Es posible esconder nuestra identidad tras otro nombre y la verdad tras la ficción, siempre teniendo en cuenta que podemos sacrificar la verdad en aras del cuento pero nunca el cuento en aras de la verdad. Por otro lado cuando hablamos de conflicto es necesario alejarnos del análisis de los grandes asuntos o temas existenciales y concentrarnos en los eventos derivados de ellos. Quiero decir que bajo ningún concepto se aconseja entrar a analizar en detalle elementos como la vida, la muerte, la felicidad, el amor, el odio, la ambición, etc. Son temas demasiado ambiguos y abstractos para ser tratados en el género breve; material más para un ensayo que para un cuento. Sin embargo, todo lo que de ellos se derive representa la materia prima de la que se alimenta el cuentista. En otras palabras, no hablaré del amor sino de la forma en que ellos se acarician; no escribiré sobre el odio sino que recrearé escenas donde nuestro protagonista es víctima de un engaño y jura vengarse de ese secundario que le arruinó la vida; no hablaré de la ambición como tal sino haré que nuestro mejor amigo sacrifique principios y valores a cambio de un poco de dinero... Recordemos que en el relato menos es más, y cuando hablamos de la guerra, por ejemplo, estamos cayendo en el terreno del ensayo, algo generalmente largo y tedioso, pero cuando hablamos de lo que vivieron *El viejo en el puente* (de Hemingway, analizado más adelante) y el soldado que lo acompaña, por ejemplo, estaremos hablando de un evento único, de un cuento, y de lo que la guerra significa sin caer en profundas explicaciones filosóficas. Es en esas pequeñas cosas que hay en la periferia de los grandes temas donde el cuento hace de las suyas, donde se luce, donde lo que es menos termina siendo más por su importancia para el protagonista.

Digresiones

Buen momento para hablar de estas enemigas del cuento y verbigracia de los cuentistas. Volvamos a los diccionarios. La Real Academia Española define digresión como: «Efecto de romper el hilo del discurso y de hablar en él de cosas que no tengan conexión o íntimo enlace con aquello de que se está tratando». Más claro no canta un gallo (ups, suena como una digresión): «romper el hilo... hablar de cosas que no tengan conexión». Sin duda que es una herramienta que en un discurso podría lucir simpático, graciosa y hasta recomendable para «romper el hielo», refrescar el tema y mantener la atención de un auditorio. Pero no en un cuento. Las digresiones en el cuento distraen al lector, lo hacen bostezar, lo aburren, no le interesa a este saber qué opina tal o cual personaje sobre otra cosa que no sea el conflicto planteado, que lo aleje de la trama y lo pasee por lugares en los que no desea estar. Cuidémonos entonces de esta piedra en el zapato. Evitemos complacernos cuando se asoma a nuestra cabeza. Sucede cuando en medio de nuestro cuento decimos cosas como: «Así es la vida, nacimos para morir». O, «El trabajo y el pensamiento positivo son la base de la prosperidad». O, «La burocracia es un mal de todos los países». También los refranes son una suerte de indeseables digresiones cuando vienen de parte del narrador. No hay nada peor que leer en un cuento: «El que a hierro mata a hierro muere». O, «Ladrón que roba a ladrón tiene cien años de perdón»... y cosas por el estilo. Así que huyámosle, alejémonos de ellas como si de serpientes en el camino se tratara. ¿Excepciones? Sí, claro que las hay, conozco a varios maestros del cuento que se han dado el lujo de escribir refranes o digresiones y lucen tan propicias que ni cuenta nos damos. Pero, en definitiva, no las recomiendo para principiantes como nosotros.

—Ánimo —dice el de barba con expresión entusiasta—, tal vez lleguemos a ser uno de esos maestros...Mientras más nos esforcemos más cerca estaremos de lograrlo.

—Esa es una digresión —adelanta el de corbata.

—Pero él no está contando un cuento —argumenta la chica del *piercing*.

—Es cierto —dice el de barba.

—Sigue siendo una digresión —insiste el de corbata.

—Así es —dije yo—, sólo que fuera del cuento son frecuentes y a veces muy convenientes.

Escenario

A ver, ¿qué es el escenario? Todos responden satisfactoriamente: «Es el lugar donde se desarrolla el cuento». Hasta allí todo está bien. Pero cuando pregunto cuántos escenarios son convenientes en un relato todavía hay quien tiene dudas. Un escenario, eso es, tal y como usted lo está pensando ahora. Sería lo ideal: un solo escenario donde se desarrolle toda la acción del evento único que pretendemos escribir; un apretón más a la correa que nos ajusta el pantalón, un hoyo más ganado para el éxito de nuestro cuento. Ahora bien, sólo si es estrictamente necesario y ello se justifique, el cuento puede desarrollarse en dos, tres o más escenarios; pero hagámonos un favor e intentemos que sean los menos posibles. Nuestro escenario será entonces la cocina de la casa, la sala, el comedor o la habitación, el autobús, el metro, el salón de clases, la playa, la cabina de teléfono, el riachuelo del bosque, las escaleras de mi piso, el pasillo, la cama, debajo de ella si huyo de alguien... En fin, el lugar (o lugares) donde se lleve a efecto la historia. Es importante señalar que nos referimos al escenario presentado como real, es decir, donde efectivamente se desarrolla el relato, no a los que pertenecen al recuerdo o son recreados por sueños y fantasías; de esos pueden existir miles y pueden ocupar muchas páginas. Por ejemplo, si mi personaje es secuestrado y permanece en un mugroso cuarto a la espera de que un milagro lo salve y en medio de su desespero comienza a imaginarse, o a recordar, el aeropuerto donde conoció a su alma gemela, la terraza donde compartieron un café, los museos que visitaron, las librerías donde compraron tantos libros, las caminatas primaverales... Estos escenarios, como ya dije, no forman parte del escenario «real», son recreaciones que se permite nuestro protagonista mientras está allí, encerrado, en ese único y pestilente escenario.

Tiempo interno

Y seguimos con nuestro empeño en concentrar la historia. Me refiero al tiempo en el que desarrolla la acción de nuestro cuento: segundos, minutos, horas, días, unos pocos meses... ¿Años? Tal vez unos pocos si el cuento lo amerita, pero no olvidemos que el cuento no es una novela que podría durar siglos, millones de años. Nuestro evento único perdería todo sentido si lo estiramos en el tiempo como una liga de saltar en *benji*; perdería fuerza, consistencia, se transformaría en una pizza cuya masa da vueltas en el aire y crece y crece y envuelve al protagonista con su manto blanco hasta que no podemos ver nada de él ni del cuento. Así que para lograr nuestro objetivo nada como narrar un evento que sucede en muy poco tiempo, un momento fugaz, concentradito (aunque al final resulte un relato de diez mil palabras), que nos deje con la sensación de estrechez en la garganta, con las ganas de seguir leyendo; algo que sucede en pocos segundos, tal vez minutos u horas, quizás unos pocos días, semanas o meses, depende de la historia, pero siempre teniendo en cuenta que a más largo sea el tiempo interno «real» más riesgo de perder intensidad tenemos. Al igual que en el escenario, estamos hablando del tiempo objetivo en que se realiza la acción, sin importar los *flash back*, sueños y fantasías que pasen por la mente de nuestro protagonista. Si el secuestrado al que antes hicimos referencia, en vez de recordar diferentes escenarios de su vida rememora pasajes de su niñez o de su adolescencia, por ejemplo, cosas que sucedieron hace diez o veinte años (aunque consuma en ello veinte páginas), ese tiempo no cuenta para este concepto, cuenta el que vive ahora: las horas, los días o las semanas que pasa efectivamente en cautiverio. Por supuesto, cuando nos explayemos en estos recuerdos, sueños o como queramos llamarlos, tengamos siempre en consideración que no debemos olvidarnos de volver al conflicto principal, de reafirmarlo de vez en cuando, de regresar a él como el avión regresa a tierra o la lengua del niño al delicioso helado de vainilla. (Tocaremos esto más a fondo en la *Flor del cuento*.)

Descripciones

Nada como este párrafo de la destacada escritora Natalie Goldberg como introducción a esta sección:

> «Nuestra tarea consiste en decir un sacrosanto sí a las cosas verdaderas de nuestra vida, tal como estas existen; a la auténtica verdad de lo que somos: nosotros, con algunos kilos demás, la calle gris y ventosa allá fuera, las decoraciones navideñas, de los escaparates, la escritora judía sentada en el reservado color naranja frente a su amiga rubia que tiene niños negros. Tenemos que convertirnos en escritores que acepten las cosas como son, que consiguen apreciar el detalle y avanzar con un sí en los labios, de forma que alrededor nuestro ya no hayan más negaciones, negaciones que le quitan valor a la vida y borran estos detalles de nuestro mundo».

Describir es destacar los pormenores de la película que se desarrolla en nuestra mente cuando escribimos un cuento, como en el cine, pero sin las cotufas ni la Coca-Cola ni los chocolates ni el tipo de atrás molestándonos con el pie ni los de la última fila comiéndose a besos. Aquí estamos totalmente solos o, si la soledad nos abruma y queremos darnos un poco de ánimo, digamos que estamos en compañía de los personajes que poco a poco se asoman al lugar donde se hacen visibles. Nos sentamos frente al ordenador y una voz interior grita *Acción* y comenzamos a ver caras, expresiones, conductas, vestimentas; a sentir olores y a escuchar los más variados sonidos: palabras, música, gotas que caen, niños que gritan, perros que ladran... Pero estos sonidos e imágenes que pululan dentro de nuestra cabeza son sólo para nosotros; si queremos compartirlas, si deseamos que el lector vea lo que nosotros vemos en nuestra película, debemos describir lo mejor que podamos todo aquello que nos interese destacar, de forma precisa y escogidos los elementos como diamantes entre vidrios, sin exageraciones que sobrecarguen el texto o lo inunden de datos irrelevantes. ¿Y qué podemos describir? Hay mucho donde escoger: el **Escenario** donde actúan los personajes, su **Apariencia física**, detalles de su **Personalidad**, de la **Naturaleza** en general, incluyendo estado del tiempo, olores, colores, atmósferas, texturas y, por supuesto, todas aquellas otras descripciones o datos extras a los que llamaremos **Abalorios narrativos** y que merecen un aparte especial:

Como sabemos, abalorios son todas aquellas cuentas, mostacillas o diversos tipos de elementos hechos de metal, vidrio, plástico... que unidos entre sí sirven para confeccionar adornos de múltiples formas, colores y diseños, tales como collares, pulseras, gargantillas, zarcillos e incontables objetos de decoración. Estos abalorios narrativos como me complazco en llamar son entonces aquellas otras descripciones o datos adicionales del cuento —monólogos, diálogos, acciones de los personajes, observaciones del narrador...— que no encajan perfectamente dentro de la descripción del escenario, de la naturaleza o de la apariencia física o personalidad de nuestros personajes, pero que son necesarios para que el cuento se realice como tal y se convierta en una obra literaria. Si en este instante pensara en algún ejemplo cualquiera diría que son las ocho y veinte de la noche, que comencé a escribir a las tres de la tarde, pero que mi mujer llegó como a las cuatro con el cura de la parroquia (amable y oloroso a incienso) y estuvimos casi una hora hablando del por qué es bueno bendecir las casas y empapar de buenas vibras el aire que nos rodea. Esparció las maravillosas gotitas sobre muebles, fotos, cuadros, jarrones, libros y, sobre todo, le pedí un par de gotas sobre mi cabeza con el deseo de terminar este libro en el tiempo estipulado y que sirva de algo para los que se inician en este maravilloso género literario. También bendijo a mi mujer, para que Dios le dé paciencia para soportar al escritor que —como dice la esposa de Vargas Llosa: «Mario sólo sirve para escribir...»— vive encerrado en su estudio y debe de estar pensando algo similar porque de alguna manera siento que me está pasando lo mismo; aunque ni en sueños llego a escribir como el laureado peruano, ya no quiero ocuparme de otra cosa... Con la sensación de plenitud que me dejó el sacerdote me encerré de nuevo en mi estudio.

Partes de este párrafo están formados por esas otras descripciones: informaciones extras o abalorios narrativos que se mezclan también con las descripciones convencionales que ya hemos visto y que necesitamos para darle vida y completar al cuento que desarrollamos. Son, en resumen, parte de la narrativa misma, sólo que mostrados en segmentos para visualizarlos mejor, saber que existen y que no los escribimos por simple sentido común o necesidad literaria. Quisiera compararlos (o que nos refiriéramos a lo mismo) con lo que el maestro Augusto Monterroso, en las clases que dictaba, llamaba: «pasajes de tránsito».

Veamos algunos ejemplos: «...y estuvimos casi una hora hablando del por qué es bueno bendecir las casas», «...le pedí un par de gotas sobre mi cabeza con el deseo de terminar este libro en el tiempo estipulado», «También bendijo a mi mujer...». Lo que intentamos con estos abalorios narrativos en definitiva es llenar el cuento, completarlo, quiero decir, que no haya una línea o frase sin definición o concepto. Podríamos cambiar el enunciado y simplemente hablar de narrativa (eso encierra todo), pero me luce muy amplia la expresión a pesar de que sí, es narrativa pura, pero esta narrativa es divisible, se puede fragmentar para entenderla mejor y lograr escritos más depurados, trabajos mejor terminados. Por ello hemos hecho todas estas subdivisiones: personaje, conflicto, escenario, etc. Pero, dentro del aparte de descripciones, insisto, faltaba algo, algo no incluido ni en las descripciones básicas ni en ningún otro de los rubros o secciones ya vistas. Entonces, ¿dónde ubicarlas, qué estatus o título darles? No se nos ocurrió otro que el que encabeza este párrafo: un nombre de amplio espectro, de infinitas posibilidades. De esta forma todas las frases o acciones que forman el relato están identificadas, catalogadas, definidas, sin incógnitas evidentes.

En los cuentos que analizaremos en este taller veremos variados ejemplos de estos abalorios narrativos.

Es oportuno el momento para comentarles que no necesariamente todos estos elementos descriptivos tienen que estar presentes en un cuento. Por lo general el cuentista escoge los que más le interesan y desecha el resto. Así nos encontramos cuentos que no describen al protagonista por su físico sino por su personalidad. Otros se olvidan del estado del tiempo y de los olores del pastel y a otros les importa un bledo las expresiones de sus actores o el escenario que los rodea. Todo depende. Es aquí donde entra aquello del sentido común literario, que sólo se adquiere leyendo mucho y analizando a fondo muchos cuentos. Como dice Stephen King: «Cuanto más leas, menos riesgo correrás de hacer el tonto con el bolígrafo o el procesador de textos». Es una gran verdad. Por otro lado, sean cuales sean las descripciones con las que decidamos apoyar nuestro cuento, éstas deben hacerse de forma sencilla, condensada, reducida (cómo aprieta este cinturón), con pocas pero escogidas palabras que reflejen con fidelidad todo aquello que imaginamos. Veamos lo que aconseja Adolfo Bioy Casares con respecto a esto: «Si uno se pone a describir la boca, la nariz, los ojos, el pelo, las orejas, el cuello... no muestra una persona sino una cantidad de fragmentos que el lector no sabrá cómo reunir. Por lo tanto conviene pensar qué elementos sirven eficazmente para que el lector imagine; y a lo mejor hay que resignarse a que no sea como uno quiere, sino como el lector pueda verlo. La descripción fielmente minuciosa de alguien es una tarea casi condenada al fracaso». Es oportuno mencionar que las descripciones más amplias son las que tienen que ver con la personalidad de nuestro protagonista, tomando en cuenta que estas surgen prácticamente solas, según su actuación en el cuento; así, cada decisión que tome, cada paso que dé o palabra que diga será una manifestación de su personalidad y por tanto un rasgo de su carácter. King es implacable en este aspecto: «A mí, la literatura que describe exhaustivamente las características físicas y la indumentaria de los personajes, me dejan bastante frío». Por otro lado afirma: «Una descripción insuficiente deja al lector perplejo y miope. El exceso de descripción lo abruma con detalles e imágenes. El truco es encontrar un buen punto medio. También es importante saber qué describir y qué descartar en el proceso principal, que es contar algo».

Conviene así mismo que todas las descripciones se concilien, se acoplen o hagan juego con la trama que se desarrolla. Pensemos que si nuestro personaje está triste porque sufre la pérdida de un ser querido, o porque fue reprobado en una materia y eso le impide acceder a una beca, entonces no sería lógico decir que hace un día esplendoroso sino que llueve o se avecina una tormenta, por decir lo más trillado. Tratemos igualmente de huir de los lugares comunes como el que acabo de mencionar, es decir, aquellos de los que ya se ha escrito tantas veces que continuar haciéndolo sería poner en evidencia nuestra flojera literaria o nuestra falta de imaginación. Así que a trabajar. Más vale perder una hora intentando encontrar una descripción nuestra, oportuna, original, única, que avanzar mil palabras a través de parajes ya conocidos.

La intención de las descripciones a fin de cuentas (las precisas) es recrear, hacer que nuestro cuento parezca real, verosímil, creíble. Como dice Ray Bradbury:

«…para convencer al lector de que está ahí hay que atacarle oportunamente cada sentido con colores, sonidos, sabores y texturas. Si el lector siente el sol en la carne y el viento agitándole las mangas de la camisa, usted tiene media batalla ganada. Al lector se le puede hacer creer el cuento más improbable si, a través de los sentidos, tiene la certeza de estar en medio de los hechos. Entonces no se rehusará a participar...».

Cambio del protagonista

Se refiere al cambio que se opera en nuestro personaje principal a través de la historia. El personaje del inicio del cuento no puede ser el mismo que el del final, la experiencia vivida lo hace cambiar: mejora o empeora su percepción de las cosas, se sale con la suya o fracasa, pero definitivamente no será el mismo, al menos no en cuanto a la experiencia vivida. Ya hemos visto que en el cuento le sucede algo a nuestro protagonista, lo aqueja un conflicto y ese conflicto debe hacerlo cambiar, si no, ¿qué sentido tendría contar su historia? La acción arrastra al personaje hasta hacer que vea las cosas de forma diferente, lentamente, con cada palabra, con cada movimiento y cada decisión tomada. Muchas veces tal cambio no es percibido de forma clara por el personaje sino por el lector; es lo que nos importa, lo que le da sentido a la historia. Ese cambio, esa transformación que se opera en nuestro mejor amigo, ese problema que enfrentó y trató de resolver (aunque finalmente no lo haya logrado porque tomó una mala decisión o las circunstancias le fueron adversas) representa el fundamento del cuento. Ahora bien, ¿existen cuentos donde el protagonista no cambia? Sí, los hay, sobre todo cuando no cambiar implica una decisión de vida o cobardía, pero son excepciones a las que se tilda de cuento sólo por su brevedad y no porque en verdad lo sean. Son más bien narraciones o anécdotas a las que le falta algo, sus autores no saben qué, desconcertantes más que convincentes, textos incluso muy hermosos y de alto nivel literario, pero por alguna razón ejercicios que no terminan de cuajar y se bambolean como ramas secas al borde de un precipicio.

Estructura

Digamos que es la manera en cómo las diferentes partes de un cuento están armadas o conectadas entre sí. Nos regiremos por la estructura tradicional de Planteamiento, Nudo y Desenlace (destacando los puntos de giro uno y dos); estructura que luego podemos combinar u ordenar como mejor nos parezca. **Planteamiento:** Es una etapa inicial donde no pasa nada relevante, las cosas suceden con aparente tranquilidad y el conflicto del cuento no se ha manifestado aún. Generalmente en esta parte aparece el protagonista, algún secundario asoma la nariz o una breve descripción del escenario, de la naturaleza o de los mismos personajes nos introduce en la historia. Esta etapa es relativamente corta y todo es felicidad hasta que sucede algo que nos introduce en el área del problema. Este algo lo llamaremos **Punto de giro uno:** un evento que sobresale, un quiebre en la historia que llama la atención, que por su peculiaridad nos crea una alerta, una inquietud, el sonar de los dedos frente a nuestros ojos o la alarma del reloj cuando nos dice que debemos levantarnos. A partir de este punto se inicia el conflicto, la zona más amplia del cuento; todo lo que se diga a continuación debe guardar relación con el deseo insatisfecho que padece el protagonista de nuestro relato: los escenarios, las descripciones, las decisiones, los diálogos si los hay, los monólogos interiores, los recuerdos y sueños de nuestro personaje principal, e incluso los conflictos menores, o conflictillos, como los hemos llamado, que se le presenten a nuestro mejor amigo tendrán que estar ligados al problema central, lo que nos llevará al **Nudo** o punto de máxima tensión del relato, el más álgido o determinante del conflicto y se podría decir que también de la historia entera. Es el punto donde no hay vuelta atrás ni nuevos caminos que lo prolonguen en línea recta, el vértice de la montaña, el clímax, donde dar un paso más significaría descender un escalón o bajar por la vereda. Aquí nuestro personaje se encuentra en plena encrucijada, donde las circunstancias, la fatalidad o un secundario lo han llevado al límite de su problema; o él mismo como ya vimos. Ahora bien, ¿cómo identificar sin equívoco el nudo de un cuento? No es tan difícil, generalmente responde a la pregunta: ¿Qué es lo peor (a veces lo mejor) que le puede pasar a nuestro protagonista con relación, por supuesto, al conflicto planteado? Allí estará el nudo. Luego el inevitable descenso nos llevará al siguiente quiebre o **Punto de giro dos**, donde ocurre otro evento significativo (comparable al primero) que una vez más modifica el hilo del cuento y nos lleva por un nuevo camino que obligatoriamente influirá en el **Desenlace** o final del relato, donde nuestro protagonista resuelve o no su problema, logra el objetivo o por el contrario es derrotado o comprenderá algo que lo lleve a no seguir insistiendo. Veámoslo esquemáticamente.

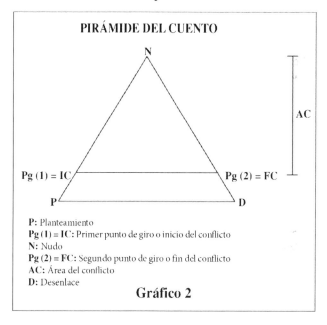

Gráfico 2

Nada como un ejemplo para entender mejor este gráfico que semeja más una fórmula matemática o parte de un proyecto arquitectónico que la estructura de un cuento. Analicemos en detalle este sencillo relato, realista, escrito con fines didácticos, titulado *El atleta*.

Planteamiento. Roberto es un joven de dieciocho años, especialista en cien metros planos y tiene un gran sueño: participar y ganar en las olimpíadas de atletismo que se llevarán a cabo el año entrante. Todos los días se levanta muy temprano y se va al estadio a entrenar. Primero hace una sesión de estiramiento y luego, cuando ya siente el cuerpo caliente y los músculos a tono, comienza a correr los cien metros planos, una y otra vez, cada vez a mayor velocidad, hasta que, cronómetro en mano, el entrenador le dice que está muy cerca de batir el récord olímpico y le da un par de palmadas en la espalda. Él se siente más que satisfecho y con grandes expectativas de lograr el triunfo. Mientras entrena suele imaginarse en la gran olimpíada con los brazos en alto cruzando la meta de primero; el público delira, sus amigos lo felicitan, no cabe dentro de sí; en instantes se ve sobre el podio, en el escalón más alto, recibiendo la ansiada medalla de oro.

Primer punto de giro. Un día, como todos, Roberto se levanta a las seis de la mañana para ir a entrenar. Se asoma a la ventana y por suerte ya no llueve, aunque nubes muy oscuras cubren todavía una parte de la ciudad. Toma un poco de aire, come algo. Luego se va al estadio, hace sus ejercicios de calentamiento y comienza las prácticas. Cuando el entrenador le da la orden de salida, tal vez por un pequeño charco de agua en la pista, tal vez por una mala posición de su pie al arrancar, pisa mal y siente que algo se rompe dentro de su tobillo.

Inicio del conflicto. No puede apoyarlo, se retuerce y aprieta los ojos cada vez que lo intenta. El entrenador corre hacia él, lo ayuda a sentarse, le saca el zapato, la media, le soba el pie una y otra vez pero no hacen efectos los masajes ni el spray: el muchacho no deja de quejarse. De inmediato lo llevan al hospital. El doctor ordena hacerle unas radiografías, le inmoviliza el tobillo y le recomienda reposo. Falta mucho para las olimpíadas, piensa Roberto, por lo que tengo tiempo de sobra para recuperarme. El entrenador le dice que no se preocupe, que pronto estará mejor, que la medalla de oro no tiene otro dueño. Sus amigos lo visitan en casa; también lo animan, le dicen que será el próximo campeón de los cien metros planos, que no hay otro atleta en el mundo más rápido que él. Roberto les agradece sus buenos deseos con la temerosa expresión de quien no está seguro de lo que le espera. La verdad es que no se siente bien, trata de disimular, pero aún sin caminar el dolor lo sofoca.

Nudo. Poco después el entrenador lo pasa buscando para llevarlo al hospital. Las calles están mojadas y el agua gotea de techos y árboles. El médico revisa las radiografías. Las observa con detenimiento, una tras otra, piensa, saca conclusiones y luego de varios minutos dice: <u>«Lo siento, pero no podrá volver a correr»</u>.

Roberto no puede creer lo que escucha. Sus ojos se llenan de lágrimas, esconde su rostro entre las manos... El entrenador, desconcertado, no encuentra cómo consolar al joven atleta. ¿Está seguro?, le pregunta al médico. El doctor entonces, señalando las radiografías, profundiza en detalles, en explicaciones médicas que al parecer no dejan duda de que su conclusión es la correcta. No obstante Roberto no se da por vencido: consulta otras opiniones, visita a otros especialistas, pero no hay nada que hacer, todos coinciden con el primer diagnóstico: debe alejarse de las pistas.

Segundo punto de giro. Cansado de buscar se encierra en las cuatro paredes de su pequeño cuarto. Rechaza hablar con sus amigos y pasa horas con la mirada fija en sus zapatos de correr, en sus shorts, en la visión de la medalla de oro colgada a su pecho, y todas aquellas personas aplaudiéndole por haber impuesto un nuevo record en los cien metros planos... Días después, en medio de toda aquella desolación, recibe la noticia de que su entrenador, un hombre aún joven y lleno de entusiasmo por la vida, tuvo un accidente de tránsito y <u>posiblemente quede inválido</u>.

Desenlace. Roberto entonces se levanta de la cama y, ante la impresión que le causa el ver a su amigo en una silla de ruedas, decide dejar de lamentarse y <u>convertirse en entrenador</u>.

Como vemos, en los puntos de giro ocurre algo que cambia la historia y en consecuencia también a nuestro protagonista. En el primero el hecho de que nuestro amigo se lastime un tobillo, con base en lo descrito en el planteamiento, marca el inicio de su problema. Luego el Nudo: lo peor que le puede pasar a nuestro mejor amigo es que no pueda volver a correr; no hay nada que él lamente más que eso, y así se lo hemos dado a entender a nuestros lectores. Más adelante, cuando piensa que todo está perdido, ocurre algo que lo toca, que lo hace recapacitar con respecto a su propia situación: el accidente que sufre su entrenador, un segundo punto de giro que una vez más hace que la historia tome otro rumbo; en este caso nuestro protagonista se recupera de su depresión e intenta salir adelante. Podría también entregarse a las drogas o al alcohol y tener un final menos rosa, o menos feliz, como usualmente prefieren hoy los autores. Así pues nos hemos abrochado el cinturón tanto como ha sido posible.

De forma muy resumida, si aplicamos todo lo que hemos visto hasta ahora tendremos:

Título: El atleta.

Narrador: Tercera persona (omnisciente).

Personaje principal: Roberto.

Personajes secundarios: Entrenador, médicos, amigos.

Conflicto: Roberto desea participar en las olimpíadas de atletismo y ganar la medalla de oro (En este caso la fatalidad se opone a sus deseos, le causa el conflicto).

Escenarios: el estadio, el hospital, su casa.

Tiempo interno: Pocos días, tal vez dos o tres semanas.

Descripciones: Cortas y específicas.

- **Del escenario.** Charco en la pista.

- **De la apariencia física de los personajes.** Joven de dieciocho años. Se intuye que el entrenador pueda tener unos diez o quince años más, pero no hay más información al respecto.

- **De la personalidad.** Roberto es un joven alegre, entusiasta, soñador y cuando las circunstancias lo ameritan es capaz de sobreponerse y salir adelante. Por su lado el entrenador, con características conductuales similares, a pesar de su terrible accidente, se asume que podría reaccionar de la misma manera.

- **De la naturaleza.** Lluvia, nubes: acordes a la trama que se desarrolla.

- **De los abalorios narrativos.** Como ya mencionamos son aquellas otras descripciones o datos extras que el narrador ofrece para que el cuento forme una figura con sentido lógico. Específicamente en este cuento podríamos destacar ciertos eventos dentro de esta clasificación. Por ejemplo, cuando el narrador dice que Roberto es «especialista en cien metros planos y tiene un gran sueño», «ya siente el cuerpo caliente y los músculos a tono», «suele imaginarse en la gran olimpiada con los brazos en alto», «el entrenador lo pasa buscando para llevarlo al hospital», «debe alejarse de las pistas...». Y como estas podríamos destacar otras informaciones que forman parte de esas otras descripciones o abalorios narrativos que completarán nuestro cuento.

Estructura. Ya indicada en el cuento.

Cambio del principal: Sí, nuestro mejor amigo decide rehacer su vida, es otro con relación al muchacho del inicio del cuento, ha madurado, ve las cosas diferentes. En este caso un conflicto secundario, que afecta a un personaje secundario (punto de giro dos), lo hace recapacitar y tomar otra actitud frente a su propio problema.

Más adelante, en los cuentos que analizaremos a fondo, veremos algunas de las infinitas variaciones que puede haber en esto de escribir cuentos. El ejemplo visto es bastante sencillo, es cierto, pero sea cual sea la dificultad del relato que leamos, lo complicada que sea su estructura, lo erudita o poco entendible que sea su narrativa, siempre, si de un cuento se trata, encontraremos los mismos elementos que lo caracterizan y podremos hacer este análisis. Puede que estos elementos se fundan, que nudo y desenlace se nos presenten como uno solo, que el planteamiento y el primer punto de giro estén abrazados en la primera línea, que otros puntos de giros (aparte de los ya definidos) aparezcan como estrellas fugases y nos dejen pensando dónde ubicarlos (sólo son puntos de giro extras o adicionales que siempre se presentarán con mayor o menos intensidad y frecuencia y que debemos aprender a verlos como parte de la diversión, parte de la estrategia del narrador para palmear sus manos frente a nuestro rostro y mantenernos despiertos, atentos)... Todo esto puede suceder, pero insisto, si de cuento se trata, los fundamentos que hemos visto, aunque se hagan poco visibles y de difícil ubicación en algunos casos, aunque hagan maromas de saltimbanquis y complicados actos de magia, siempre estarán allí, esperando ser descubiertos e interpretados. Y mi recomendación desde ya es que lo intenten (de forma individual o en grupo), que hagan esta radiografía a cada cuento que lean, que será como hacer un taller en casa, y los buenos resultados —tanto del entendimiento y disfrute de las lecturas como en la elaboración de sus propios cuentos— no se harán esperar.

Violar las reglas, en este caso los fundamentos del cuento que hasta ahora hemos visto, es algo hasta cierto punto recomendable; pero, ¡ojo!, recordemos lo que decía Ernest Hemingway más o menos con estas palabras: si violas las reglas de algo que conoces tienes grandes posibilidades de que el resultado sea positivo, pero si violas algo que te es desconocido lo más probable es que cometas un indeseable e inocente error... Por otro lado no pensemos en nuestra cartilla de trabajo como algo rígido —lo será sólo en su enunciado— porque la verdad que es lo más flexible que podamos encontrar, por la simple razón de cada cuento es diferente y diferente será también su análisis e interpretación… Imagino a un ciego que vive en su casa y conoce por supuesto dónde está cada mueble, cada florero, cada lámpara, y se pasea con seguridad entre ellos. Luego lo veo en una casa en la que nunca ha estado, en la que entra por primera vez: podemos también imaginar el resultado cuando trate de desplazarse entre muebles y lámparas… En conclusión, las reglas, las normas, los elementos del cuento generalmente aceptados no solo nos ayudarán a escribir mejores cuentos sino también a pasearnos con comodidad entre los muebles, lámparas y floreros de casas donde nunca hemos estado, en el hogar de cuentos que nunca hemos escrito ni leído… John Gardner era enfático al respecto: «Ningún escritor debería dudar un solo instante acerca de cuál es la regla que ha de mantenerse o la que ha de suspenderse». Y para ello es preciso conocerlas.

La verdad detrás el cuento

El verdadero cuento, según los expertos, no está dentro del cuento, el verdadero relato flota sobre él como una mariposa que se aleja hasta tocar los confines del universo. Es propicio el momento para citar al argentino Ricardo Piglia, que en su estudio «Formas Breves» nos dice: «El cuento se construye para hacer aparecer artificialmente algo que estaba oculto. Reproduce la búsqueda siempre renovada de una experiencia única que nos permita ver, bajo la superficie opaca de la vida, una verdad secreta». Y hay una frase de Rimbaud que embellece este concepto como solo el francés lo podría hacer: «La visión instantánea que nos hace descubrir lo desconocido, no en una lejana tierra incógnita, sino en el corazón mismo de lo inmediato». También nuestro amigo Guillermo Samperio se pronuncia al respecto: «Si bien contar un cuento representa narrar un acontecimiento específico a partir de un conflicto desarrollado, que se oculta y revela para mantener el suspense, la obra final sólo cobra sentido cuando logra significar algo más allá del entramado de acciones que relata». En resumen, continua Samperio: «Cuando la historia no se queda en el mero entretenimiento, sino que genera un significado externo, estamos ante un cuento». (Más adelante ahondaré un poco más en este tema).

Palabras abstractas

Durante mucho tiempo, más como lector que como aprendiz de escritor, me pregunté por qué unos cuentos son más visibles que otros, en qué radica esa suerte de magia que hace que algunos relatos perduren y otros se diluyan en el aire o pasen al olvido con la facilidad con la que un semáforo cambia del verde al rojo. Claro que hay muchos factores, pero uno de ellos sin duda alguna o es el tipo de palabras que se utiliza. Si en nuestro cuento abundan palabras abstractas como libertad, venganza, realidad, política, destino, amor, odio, prójimo, tolerancia, felicidad, tristeza…, entonces nuestro cuento será poco entendible, un tanto aburrido y lo más probable es que el lector, medio perdido en la profundidad de las ideas abstractas, no concluya nuestro relato. Son palabras vagas, generales, que significan grandes cosas pero que no se pueden palpar ni ver, y de ahí su dificultad para imaginarlas dentro del contexto de un cuento; palabras huérfanas, sin hogar, que no las podemos colgar en la pared ni acomodarlas en una esquina, lejanas, frías y ciertamente más aptas para ensayos que para cuentos. Veamos lo que Franz Kafka dice en una entrevista alrededor de 1920: «Las octavillas políticas se dirigen a unos destinatarios completamente irreales. La nación y la clase obrera sólo son generalizaciones abstractas, conceptos dogmáticos, fenómenos nebulosos, sólo tangibles a través de una operación lingüística. Ambos conceptos sólo son reales como creaciones lingüísticas. Su vida está arraigada en el hablar, en su mundo íntimo, pero no en el mundo externo del hombre. Sólo es real el hombre concreto, el prójimo que Dios coloca en nuestro camino y a cuyos actos estamos directamente expuestos». O leamos este otro fragmento de Ernesto Sábato: «Hoy, como cada vez que el ciclo platónico retorna al punto catastrófico, el hombre dirige su atención a su propio mundo interior. Y el gran tema de la literatura no es ya la aventura del hombre lanzado a la conquista del mundo externo sino la aventura del hombre que explora los abismos y cuevas de su propia alma».

Difícilmente una lectura de estas características, donde, como vemos, abundan las palabras abstractas, logrará atrapar a un lector que busca deleitarse con un buen cuento.

Palabras concretas

Como la otra cara de la moneda, las palabras concretas son las que podemos tocar, ver, sentir, oler, acomodar, colgar; palabras como coche, casa, silla, ordenador, paraguas, cocina, camisa, sombrero, libro, lápiz... Son palabras que nos dicen algo específico (no general) y que podemos visualizar de inmediato al ser nombradas o leídas. Un buen día, revisando uno de los libros sobre el género, leí sobre esto de la visibilidad de un texto y de inmediato tomé un lápiz y comencé a subrayar las palabras concretas y las abstractas que encontraba en uno de los cuentos de García Márquez y noté que la mayoría de las palabras usadas por el Gabo son concretas, específicas, de las que se pueden ver y tocar, muy poco de las otras, tal vez en una relación de cuatro a una (los invito a que hagan este ejercicio). De eso se trata todo, me dije: a mayor cantidad de palabras concretas en el cuento, mayor será su claridad y visibilidad, por lo tanto más probabilidades tendrá de cautivar al lector. ¿Era el secreto del premio Nobel colombiano y de muchos otros grandes escritores? Seguramente sí, al menos uno de ellos. Veamos este otro ejemplo del mismo Kafka en su libro *Escritos sobre el arte de escribir*: «Quiero escribir, con un constante temblor en la frente. Estoy sentado en mi cuarto, en el cuartel general del barullo de toda la casa. Oigo como todas las puertas son golpeadas; gracias a su ruido sólo me queda evitado escuchar los pasos de quienes corren entre ellas, pero todavía percibo el golpe del portillo del fogón en la cocina. El padre perfora las puertas de mi cuarto y lo atraviesa arrastrando la bata; en el fogón de la cocina contigua están rascando las cenizas; en la antesala, como si se encontrara en una calleja parisiense, Valli grita preguntando si alguien ya ha limpiado el sombrero del padre; un silbido, que quiere serme amistoso, levanta el griterío de una respuesta». Bien, si comparamos este párrafo con el anterior nos daremos cuenta de la gran diferencia en entendimiento, visibilidad, recordación y cercanía que existe entre ambos escritos. Incluso Kafka, de quien alguien dijo que con uno solo en el planeta que escribiera como él era más que suficiente para la literatura en general, cuando quería mostrarse generoso, amable y fácil de leer, usaba las palabras concretas con prioridad sobre las abstractas.

El tema

Estando claro que, según el *Pequeño Larousse*, Tema es: «Asunto o materia del que trata un libro, conversación, obra artística, conferencia, etc.», diremos que las palabras abstractas son ideales para definir los temas con bastante exactitud y las concretas son indispensables para lograr una buena narración, y en gran medida también para escribir un buen cuento. El tema debe salir del propio cuento. Me explico con estas líneas del cuento de Borges *La casa del Asterión* donde el maestro argentino habla como si fuera un minotauro: «Sé que me acusan de soberbia, y tal vez de misantropía, y tal vez de locura. Tales acusaciones (que yo castigaré a su debido tiempo) son irrisorias. Es verdad que no salgo de mi casa, pero también es verdad que sus puertas (cuyo número es infinito) están abiertas día y noche a los hombres y también a los animales. Que entre el que quiera. No hallará pompas mujeriles aquí ni el bizarro aparato de los palacios pero sí la quietud y la soledad... Otra especie ridícula es que yo, Asterión, soy un prisionero. ¿Repetiré que no hay una puerta cerrada, añadiré que no hay una cerradura? Por lo demás, algún atardecer he pisado la calle; si antes de la noche volví, lo hice por el temor que me infundieron las caras de la plebe, caras descoloridas y aplanadas, como la mano abierta...» Soledad, parece ser la palabra que define mejor el tema de este párrafo. Veamos este otro extracto, un poco más definitivo, también de Borges, de su cuento *Funes el memorioso*: «Irineo empezó por enumerar, en latín y español, los casos de memoria prodigiosa registrados por la Naturalis historia: Ciro, rey de los persas, que sabía llamar por su nombre a todos los soldados de su ejército; Mitrídates Eupator, que administraba la justicia en los veintidós idiomas de su imperio; Simónides, inventor de la mnemotecnia... Funes, todos los vástagos y racimos y frutos que comprende una parra. Sabía las formas de las nubes australes del amanecer del 30 de abril de 1882 y podía compararlas en el recuerdo con las vetas de un libro en pasta española que sólo había mirado una vez y con las líneas de la espuma que un remo levantó en el Río Negro...» No hay duda de que el tema de este cuento es la memoria, palabra abstracta que define a la perfección el tema de este simpático y extraordinario relato. En conclusión —y visto de otra manera—, es la síntesis que por medio de una palabra abstracta (esperanza, amor, libertad...) se hace de un escrito que deriva en el tema de la historia: una palabra que encierra en sí misma la esencia de nuestro cuento, que lo engloba, que de alguna forma lo describe y anuncia de qué va la historia. Vale la pena añadir que otra forma de sacarle provecho a estas palabras abstractas es usándolas en nuestra ficha de descripción de personajes. Podemos decir que nuestro personaje es un apasionado en todo lo que hace, que detesta la fama, que ama sin condiciones, que es vengativo, que la ambición lo corroe, en fin, esta serie de palabras abstractas que califican a nuestro mejor amigo quedarán grabadas en nuestra mente y lo haremos actuar en concordancia, tal y como los habíamos etiquetado. Así que las enemigas de todo cuento (me refiero a cuando se usan en abundancia) son nuestras aliadas cuando se trata de darle el nombre a un tema y para ayudarnos a caracterizar a los personajes en nuestra ficha de trabajo... Bienvenidas entonces. No está demás aclarar que no debemos confundir el tema con la trama. Y la diferencia está que mientras el tema podemos encapsularlo o definirlo con una palabra, la trama se va develando con las acciones que los personajes van desarrollando a través del relato, lo que no se sabe en rigor hasta muy avanzado este. Ahora bien,

¿hay temas mejores que otros? Veamos que dice Mario Vargas Llosa al respecto: «Un tema de por sí no es nunca bueno ni malo en literatura. Todos los temas pueden ser ambas cosas, y ello no depende del tema en sí, sino de aquello en que un tema se convierte cuando se materializa en una novela (o en un cuento) a través de una forma, es decir de una escritura y una estructura narrativas. Es la forma en que se encarna la que hace que una historia sea original o trivial, profunda o superficial, compleja o simple, la que da densidad, ambigüedad, verosimilitud a los personajes o los vuelve unas caricaturas sin vida, unos muñecos de titiritero».

Hasta el momento no hay preguntas. Me froto las manos, paseo un poco por el salón, detallo las expresiones del amigo de la corbata, de la chica del *piercing* y del flaco de barba y todos parecen estar más o menos conforme con lo escuchado. Los de atrás no dicen nada. Siempre presiento una duda tras esas miradas fijas y sin pestañear, pero la timidez o el miedo de hacer una pregunta tonta prevalecen y la duda se mantiene hasta que más adelante, por casualidad, yo aclaro la inquietud, o simplemente se queda ahí, para siempre, en el bolsillo de las cosas pendientes u olvidadas, y el participante ignorará aquello que una vez se negó a preguntar. El profesor Zamora, mi maestro de tercer grado, lo decía con frecuencia (y tal vez él lo escuchó de otro): si preguntas algo que no sabes una vez pasarás por ignorante una vez, pero si nunca preguntas eso que te crea dudas serás un ignorante toda la vida... Interesante digresión.

Adjetivos

Ya sabemos que son palabras que acompañan al nombre para expresar alguna cualidad de la persona o cosa nombrada. Pueden llegar a ser palabras muy inconvenientes si no reparamos en ellas. En nuestros cuentos debemos escogerlas con pinzas a fin de no sobrecargar el texto y perder calidad narrativa, de evitar las empalagosas exageraciones que puedan dar la sensación de que no encontramos las palabras adecuadas para impresionar al lector y recurrimos a ellas en un intento desesperado por lograrlo. Veamos este ejemplo escogido del cuento *A la deriva*, de Horacio Quiroga: «El hombre pisó algo blancuzco, y enseguida sintió la mordedura en el pie. Saltó adelante, y al volverse con un juramento vio una cascabel que, arrollada sobre sí misma, esperaba otro ataque». En este párrafo leemos un solo adjetivo: «blancuzco», suficiente para darnos esa sensación de repugnancia y temor que puede generar pisar y ser mordido por una serpiente. Pero qué pasaría si Quiroga hubiese escrito algo como esto: «El hombre <u>alto</u> pisó algo blancuzco, y enseguida sintió la <u>dolorosa</u> mordedura en el pie <u>descalzo</u>. Saltó adelante, y al volverse con un juramento <u>espantoso</u> vio una <u>gruesa</u> cascabel que, arrollada sobre sí misma, esperaba otro ataque <u>mortal</u>». Ya sé, marea un poco leer esto, pero es lo que se siente cuando nos encontramos con un texto sobrecargado de adjetivos. No olvidemos lo que el mismo Quiroga nos dice en su decálogo: «No adjetives sin necesidad. Inútiles serán cuantas colas adhieras a un sustantivo débil. Si hallas el que es preciso, él solo tendrá un color incomparable. Pero hay que hallarlo».

Tono

El diccionario lo define como la intensidad, grado de elevación de un sonido o de la voz humana. También lo define como la manera particular de expresarse por escrito, o estilo. El tono en el cuento lo definiremos entonces como la forma en que el narrador nos cuenta la historia: lenta, sosegada, poética, meditativa, objetiva, enigmática, fría, misteriosa, humorística, rápida o trepidante, y es en esta última acepción donde los conceptos de tono y ritmo pueden llegar a confundirse. Veamos como ejemplo el comienzo de *El baile de tambor* del venezolano Arturo Uslar Pietri: «Lo tiraron sobre los ladrillos del calabozo y cerraron la puerta. Todo estaba oscuro. Los ladrillos estaban frescos y sentía como un alivio de estar tendido sobre ellos. De estar tranquilo y quieto. De dejarse resbalar al sueño sin sobresalto». Como se percibe, las oraciones cortas, el dejo de las palabras utilizadas, las pocas conjunciones entre las frases, hacen que este párrafo sea de tono lento, reflexivo, ligeramente triste, con repeticiones que provocan cierta desazón. Ahora leamos el inicio de este otro cuento titulado *El hablador*, del peruano Mario Vargas llosa: «Vine a Firenze para olvidarme por un tiempo del Perú y de los peruanos y he aquí que el malhadado país me salió al encuentro esta mañana de la manera más inesperada». En este caso, dado lo largo de la oración y la repetición de la conjunción «y», presumiremos que el tono del cuento será rápido, al igual que su ritmo, y posiblemente cierta jocosidad se desprenderá de sus páginas.

Claro que puede haber diferentes tonos en un mismo cuento, dependerá de la historia, de los personajes, de lo que el autor quiera expresar, pero por lo general podremos englobar, al igual que lo hacemos con el tema, una o dos palabras (siempre abstractas) que definan el tono que se impone en cualquier cuento que escribamos o leamos.

Conjugaciones

La gran mayoría de los cuentos se narran en tiempo pasado, en el sentido de que cuentan la historia de algo ya sucedido. También se puede desarrollar en presente (poco común), lo que reclamaría más pericia del narrador por cuanto íntima con el lector y de algún modo le da la posibilidad de que opine o cuestione ese presente que se quiere exponer. El pasado puede dividirse a su vez en un pasado inmediato (digamos hace un rato, ayer, hace una semana, un mes…), otro un poco más lejano (uno, dos, tres años…) y otro casi perdido en nuestros recuerdos…. De cualquier forma en un relato, aunque esté contado en cualquiera de estos pasados, el presente, el futuro y demás conjugaciones verbales pueden hacer esporádicas y fantasmales apariciones para complementarlo. Por lo general en el cuento se recomienda partir de un presente circunstancial con el objeto de dirimir en los diferentes pasados el conflicto planteado, siempre teniendo en cuenta nuestro concepto ya visto de Tiempo interno.

Finales

Es tan relativo esto de los finales, de encontrar el más indicado, y depende tanto de la experiencia del escritor, de su sentido común, de lo mucho que haya leído y escrito, del mismo cuento, que es difícil clasificarlos o agruparlos en conceptos rígidos. Guillermo Samperio en su «Manual para nuevos cuentistas» nos aclara al respecto que «El final no ha de ser falso ni gratuito, necesita ser congruente con la estructura del cuerpo completo de la narración», por lo que debemos ser cautelosos al escogerlos. Pero intentemos una clasificación generalmente aceptada.

- **Cerrado:** Son finales donde todo queda resuelto, no hay cabos que atar ni preguntas que responder.

- **Abierto:** Al contrario del anterior ofrece la posibilidad de una continuación.

- **Alternativo:** El cuento termina con dos posibles soluciones (a veces más). En este caso el lector escogerá una de ellas, pero no estará totalmente seguro de que sea la correcta, dudará, y al final se resignará como el niño a la tarea de las tardes.

- **Problemático:** El conflicto, a pesar de los esfuerzos del personaje principal, sigue sin resolverse; un muro de contención impide cualquier salida y el lector quedará tan frustrado como el protagonista del cuento.

- **Contradictorio:** El personaje nos sorprende por cuanto toma una actitud diferente a la que tenía o mostraba al inicio del cuento, hace algo que no concuerda con su personalidad o forma de ser. Se corre el riesgo en este tipo de finales de que el lector pierda la credibilidad en la historia y el cuento se venga abajo, se derrumbe como un castillo de naipes (otra imagen tópica y a la vez irresistible).

- **Falso:** En estos finales el narrador engaña al lector haciéndole pensar algo que luego corrige con una solución sorprendente. Como en el anterior, puede ocurrir que el cuento decepcione al lector si no se maneja con tino y maestría.

- **Contundente:** Cuya solución nos deja estupefactos en la última frase del relato.

- **Sorpresivo:** Un final que cambia o modifica todas las expectativas que teníamos de él.

- **Gaseoso:** Es un final sin serlo, es decir, el cuento mismo lo va suministrando en el transcurso de la trama y termina sin mayores explicaciones, como si nada hubiese pasado y faltara el último párrafo del cuento o algo por aclarar. En los cuentos de Raymond Carver se suele ver este tipo de final.

- **Tácitos:** Como su palabra lo dice, son los finales que quedan sobreentendidos, no dejan dudas porque las últimas frases dan lugar a un final cerrado.

Sin duda que hay finales más adecuados que otros, pero, en mi concepto, esto no depende de la clasificación ya vista sino de la forma en que el narrador maneje la historia. He leído relatos con finales cerrados, abiertos, falsos, gaseosos, contradictorios... y en todos se impone la pericia del autor para convencernos de que el final es verdadero, creíble, capaz de arrancarnos una carcajada, una lágrima, o dejarnos reflexionando hasta que el sueño nos lleve a la cama. A veces el final lo arroja la historia y es después de escribirlo cuando nos damos cuenta de qué tipo de final es. Si escondemos datos, como recomienda Hemingway (y la mayoría de los cuentistas), por ejemplo, posiblemente el relato nos lleve a un final sugerido que implique incluso varios significados. Recordemos lo que el norteamericano dice en su famosa teoría del *Iceberg*: el cuento sólo es efectivo si, como el *iceberg*, mantiene bajo el agua siete octavos de su masa. Es decir, apenas puede leerse sobre ellos una parte entre ocho que esconde y que el lector debe imaginarse. Deduzco entonces que objetivos como este llevan indefectiblemente a un final alternativo, donde el lector escoge un final pero en el fondo no está del todo seguro de que sea el correcto. Tal vez ni el propio autor esté seguro de cuál es el final correcto y disfrute la circunstancia de él mismo quedarse como en el limbo, y pedirle al lector que lo acompañe en ese mundo de misterios y enigmas, poco comprensible y dado a la discusión. En este sentido Juan Bosch afirma: «Cuando el cuentista esconde el hecho a la atención del lector, lo va sustrayendo frase a frase, de la visión de quien lo lee, pero lo mantiene presente en el fondo de la narración y no lo muestra sino sorpresivamente en las cinco o seis palabras finales del cuento según la mejor tradición del género». Como vemos es una opinión que —aunque más que respetable y recomendable— diverge sustancialmente de la forma, por ejemplo, en que Hemingway o Carver estructuran y terminan sus cuentos.

Finales inconvenientes. Sea cual sea el tipo de final que escojamos o que arroje nuestro cuento no cometamos el error de despertar a nuestro protagonista de un horrible sueño, o de matarlo, y con ello resolver el problema planteado en el desarrollo de la historia. Nuestro mejor amigo tiene un conflicto y debe resolverlo en buena lid, como un valiente, vivito y coleando, bien despierto, aunque fracase, aunque sus intentos sean fallidos y no obtenga lo que desea. Así que de nada sirve la mejor historia, el personaje más idóneo, el conflicto más severo si al final del cuento nuestro Principal se despierta o, atravesando la calle, un coche lo atropella y le quita la vida. Si el problema desaparece por un factor externo de este tipo entonces el personaje no tiene la posibilidad de cambiar, el cuento pierde sentido y su mejor futuro será el de avivar la llama de una chimenea. ¿Excepciones?, sí, las hay, y muchas, pero sólo unas pocas llegan a tener éxito y convertirse en la excepción de la regla; y resulta cuando la muerte por sí misma lleva la carga de la historia, se premedita o se presta para un final lógico y sorprendente. En este taller analizaremos algunas interesantes excepciones en este aspecto, como lo es la del cuento *A la deriva* (Horacio Quiroga), por ejemplo.

Es el momento de hacer un pequeño paréntesis y hablar de las tramas incomprensibles. Personalmente les confieso que tengo mis reservas con los cuentos llamados herméticos, experimentales o extraños; en realidad, salvo unas pocas excepciones, creo que persiguen impresionar antes que ser honestos con el público; no parecen escritos para el lector sino para el propio autor, en el mejor de los casos. Es lamentable pero hay escritores que hacen incomprensibles sus cuentos para que no descubran su falta de talento o dedicación. Es preocupante. No me refiero a cerrar un final, no, no tengo nada en contra de los finales abiertos, por el contrario los apoyo y creo que en muchos casos es la mejor de las opciones; me refiero a complicar el cuento como única forma de escribirlo porque no se conoce otra, o no se sabe cómo hacerlo de la forma más idónea, o por querer dar la sensación de un sentido oculto que no existe o que sólo los más inteligentes pueden percibir... Se esconde el iceberg completo y no se le deja nada concreto al lector, nada que concluir más allá de una frustración intelectual. «Este autor es un genio», podría decir el miembro de un jurado en un concurso de cuentos porque no entendió ni papa de lo que leyó; es posible, ha pasado, pero afortunadamente ya son menos los que se dejan atrapar por esa trampa a veces inconsciente que ponen algunos cuentistas. ¿Genios? Sí, los hay. Hacen un gran esfuerzo en hacerse entender, y lo logran.

Definiciones varias de cuento o relato breve

(Usaremos estos términos como sinónimos, al igual que el de historia)

Seymour Menton (Crítico literario estadounidense especialista en narrativa latinoamericana contemporánea): El cuento es una narración, fingida en todo o en parte, creada por un autor, que se puede leer en menos de una hora y cuyos elementos contribuyen a crear un solo efecto.

Juan Bosch (Escritor dominicano): El cuento es un género literario escueto, al extremo de que un cuento no puede construirse sobre más de un hecho… Comenzar bien un cuento y llevarlo hacia su final sin otra digresión, sin una debilidad, sin un desvío: he ahí en pocas palabras el núcleo de la técnica del cuento.

Brander Matthews (escritor norteamericano): El cuento muestra una acción en un lugar y un tiempo determinados. Un cuento se ocupa de un solo personaje, de un evento único, de una única emoción, de una serie de emociones evocadas por una situación única. El cuento no es nada si no hay una historia que contar… El cuento debe ser conciso. La condensación, la vigorosa condensación le es esencial. Para él como para nadie más, la mitad es más que el todo.

Enrique Anderson-Imbert (escritor argentino): Acción, trama y conflicto son una misma cosa. Todo cuento narra una acción conflictiva y solo en la trama la situación adquiere movimiento de cuento… La trama puede ser más o menos simple, más o menos compleja, pero nunca falta en un cuento. —Y agrega—: el cuento consta de un solo movimiento, basado en la lucha de la voluntad por alcanzar algo.

Luis Barrera Linares (escritor y crítico literario venezolano): El cuento literario (el texto) es indudablemente una clase de mensaje narrativo breve, elaborado con la intención muy específica (por parte del autor) de generar un efecto o impresión momentánea e impactante en el destinatario (el lector) y cuya

composición lingüística pareciera restringida por la escogencia focalizadora de un solo tema.

Julio Cortázar (cuentista y novelista argentino). Cortázar siempre se negó a dar una definición formal de cuento, pero en sus «Clases de literatura» lo compara a la fotografía en

los elementos menos protagónicos de una imagen: «el fondo de una casa y luego, quizás a la izquierda, donde termina la foto, la sombra de un pie o de una pierna. Esa sombra corresponde a alguien que no está en la foto y al mismo tiempo la foto está haciendo una indicación llena de sugestiones... Como en el cuento, son al mismo tiempo un extraño orden cerrado que está lanzando indicaciones que nuestra imaginación de espectadores o de lectores puede recoger y convertir en un enriquecimiento de la foto».

Silvia Adela Kohan (investigadora de técnicas de creatividad en literatura y lenguaje residente en España). En suma, escribir un cuento no es simplemente contar una historia que informe al lector sobre un hecho, sino tramar un fragmento de vida que explosione en el alma, en el cuerpo y en el corazón del lector.

Aunque estoy totalmente de acuerdo con estos enunciados, intentaré resumir en una definición (o más bien un recordatorio) todo lo que hemos visto hasta ahora. El cuento es una narración corta, ficticia del todo o fusionada con la realidad, donde un personaje principal (o más, si comparten el mismo problema) manifiesta un deseo insatisfecho, un único conflicto que intenta resolver en medio de escasos escenarios, un tiempo corto, escogidas descripciones y que deriva en el cambio del protagonista y en un final, sino sorprendente, sí reflexivo o dubitativo y cuyo significado, en substancia, apunta a objetivos más amplios y trascendentes.

Intentemos una última definición, pero esta vez de forma gráfica y diferente, un secreto que encontré en un viejo pergamino dentro de una botella cuando me dedicaba a buscar tesoros en el fondo marino de los mares del Pacífico Sur, precisamente en la parte occidental del archipiélago de Samoa, cerca, imagino, de donde murió Robert Louis Stevenson, admirado escritor. ¿O soñé con ella?

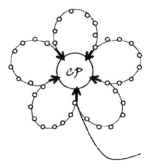

FLOR DEL CUENTO

CP: Conflicto Principal
o: Descripciones generales: escenarios, tiempo, apariencia física, personalidad, naturaleza, atmósfera, diálogos, recuerdos, monólogos, pequeños conflictos y demás abalorios narrativos.

Gráfico 3

Y es uno de los mayores tesoros que he encontrado. Como podemos deducir en esta Flor del cuento toda la narrativa de un relato alberga en su centro un núcleo o conflicto principal que persiste a lo largo de la historia y que gobierna toda la actividad que se desarrolla en su entorno, como una especie de yoyo que se aleja y se acerca a placer del que ejerce el control del juguete. En otras palabras, podemos pasearnos por los pétalos de la flor cuantas veces lo consideremos necesario —y en tales paseos describir personajes, soñar, recordar, sumar pequeños conflictos, dibujar escenarios, modificar estructuras...—, pero siempre volviendo al centro como el yoyo a las manos del jugador. Si quisiéramos hacer una comparación más rigurosa diríamos que es como esos peces que obligatoriamente, cada cierto tiempo, deben subir a la superficie a tomar un poco de aire. De la misma forma podemos pasearnos por los pétalos de la flor, regodearnos en sus pequeños círculos informativos y regresar a tomar ese poco de aire tan necesario para la vida del cuento; sin olvidar nunca que todo lo que digan, piensen o hablen nuestros personajes será en relación a ese evento único que con su fuerza centrífuga rige todos los elementos y abalorios narrativos que conforman nuestro relato.

Plagio. No cerremos esta sesión sin mencionar brevemente lo que podríamos llamar Plagio legal o permitido, incluso recomendable. Me refiero a «robar» el alma de una historia sin cometer delito por ello. Una práctica que es válida y de uso común incluso entre los grandes escritores. Se trata de exprimir o de filtrar la parte central o esencia (el conflicto en su estado más puro), de una novela, relato o película y llevarlo a un contexto nuestro, propio, conocido, con otros escenarios, otros personajes, otras descripciones, otra estructura y otros abalorios narrativos… El resultado será una historia totalmente diferente a la original, otro original que tendrá muy poco que ver con el original que le dio lugar, que pudo haber sido un plagio legal de otro original que a su vez…

«Mientan siempre», aconseja Juan Calos Onetti. «Plagiemos con honestidad», podríamos agregar nosotros.

Sesión 3
A los cuentos (análisis)

Y bien, apreciados participantes al taller, ya que nos hemos apretado bastante el cinturón, vayamos ahora a la práctica, porque, ¿qué mejor forma de demostrar que todo lo que hemos visto hasta ahora es cierto, comprobable, valedero, aceptado y aplicado (consciente o inconscientemente) por miles de cuentistas a través de la historia? Para ello hemos escogido una serie de cuentos clásicos y cuyos autores son considerados maestros del relato breve, de diferentes épocas, culturas y países, a fin de estudiar algunas variantes en el estilo, en la narrativa y en la estructura que cada uno de estos cuentistas utilizó para elaborar sus relatos.

La chica del *piercing* comienza a raspar sus uñas con mayor fruición, el de la barba se estira los pelos con las dos manos —sí, como si ordeñara una vaca—, y el del cabello blanco respira hondo y se echa hacia atrás mientras se plancha la corbata sobre su abdomen. Los de atrás permanecen tranquilos, apenas mueven sus cabezas y un lejano rumor de zapatos contra el suelo y voces ahogadas invade el ambiente.

Comencemos analizando dos trabajos de Antón Chéjov, *La muerte de un funcionario público* (cuento) y *El álbum* (que crea dudas acerca de si en realidad es un cuento). Con ellos quiero significar la diferencia que puede existir entre relatos escritos por un mismo autor y la incertidumbre que se desprende de ambos. Sin embargo coinciden en las amplias y múltiples interpretaciones que se les puede dar. Fueron cuentos escritos en los años anteriores a la revolución rusa de 1905, años de censura, represión y miseria social.

Antón Chéjov (1860-1904), considerado uno de los más grandes narradores rusos de todos los tiempos, fue básicamente cuentista, aunque también se destacó como dramaturgo. Desde sus inicios impuso una nueva manera de contar historias, siempre utilizando un tono cercano, sencillo, preocupado por lo «poco» trascendente, por la vida cotidiana de sus personajes: campesinos, barberos, ancianos, niños, soldados, gente pobre, funcionarios públicos e incluso animales, todos necesarios e indispensables para contar historias donde en apariencia no sucede nada importante, pero que dejan esa sensación de peso que nos acompaña hasta que ponemos la cabeza sobre la almohada y no nos deja hasta que el sueño baja el telón. De más está decir que maestros del cuento como Ernest Hemingway y Raymond Carver (de quienes también analizaremos relatos), han recibido la influencia del escritor ruso, sobre todo en el uso de los diálogos, la sencillez de las descripciones y el cuidado en los detalles. Entre sus cuentos destacan *La dama del perrito, Enemigos, El beso, La hija de Albión, En la barbería, El malhechor, La muerte de un funcionario público, El álbum*... Murió en Badenweiller, Alemania, pero (por error; aunque sus más allegados dudan de ello, dado el buen humor y carácter jocoso que siempre acompañó al célebre escritor ruso) sus restos fueron enviados a Rusia en una caja que decía «Ostras frescas». ¿Su último chiste? Tal vez. Mucho antes, en 1891, en un currículo que elaboró para presentárselo al editor de la revista Siever, escribió: «… hice una gira por Europa, donde bebí vino espléndido y comí ostras…» En otra oportunidad, cuando un editor le pidió que escribiera relatos serios, él le respondió: «Cuando empiece a escribir relatos serios, no habrá ni un perro que me conozca». Eso dijo el autor de más de seiscientos cuentos y cerca de cuatro mil cartas, un enamorado de la vida que murió demasiado joven y, probablemente, con una sonrisa en los labios.

La muerte de un funcionario público
(927 palabras)

Una espléndida tarde, el no menos espléndido alguacil Iván Dmitrievitch Tcherviakof estaba sentado en la segunda fila de butacas y miraba con los gemelos la representación de Las Campanas de Corneville. Miraba y se sentía del todo feliz..., cuando, de repente... —en los cuentos ocurre muy a menudo el «de repente»; los autores tienen razón: la vida está llena de improvisos—, de repente su cara se contrajo, guiñó los ojos, su respiración se detuvo..., apartó los gemelos de los ojos, bajó la cabeza y... ¡pchi!, estornudó. Como usted sabe, todo esto no está vedado a nadie en ningún lugar. Los aldeanos, los jefes de Policía y hasta los consejeros de Estado estornudan a veces. Todos estornudan..., a consecuencia de lo cual Tcherviakof no hubo de turbarse; secó su cara con el pañuelo y, como corresponde a una persona bien educada, miró en derredor suyo, para enterarse de si había molestado a alguien con su estornudo. Pero entonces no tuvo más remedio que turbarse. Vio que un viejecito, sentado en la primera fila, delante de él, se limpiaba cuidadosamente el cuello y la calva con su guante y murmuraba algo. En aquel viejecito, Tcherviakof reconoció al consejero de Estado Brischalof, que servía en el Ministerio de Comunicaciones.

«Le he salpicado probablemente —pensó Tcherviakof—; no es mi jefe; pero de todos modos resulta un fastidio...; hay que excusarse».

Tcherviakof tosió, se echó hacia delante y cuchicheó en la oreja del consejero:

—Dispénseme, excelencia, le he salpicado...; fue involuntario...

—No es nada..., no es nada...

—¡Por amor de Dios! Dispénseme. Es que yo...; yo no me lo esperaba...

—Esté usted quieto. ¡Déjeme escuchar!

Tcherviakof, avergonzado, sonrió ingenuamente y fijó su mirada en la escena. Miraba, pero no sentía ya la misma felicidad: estaba molesto e intranquilo. En el entreacto se acercó a Brischalof, se paseó un ratito al lado suyo y, por fin, dominando su timidez, murmuró:

—Excelencia, le he salpicado... Hágame el favor de perdonarme... ha sido sin querer.

—¡No siga usted! Lo he olvidado, y usted siempre vuelve a lo mismo —contestó su excelencia moviendo con impaciencia los hombros.

«Lo ha olvidado; mas en sus ojos se lee la molestia —pensó Tcherviakof mirando al general con desconfianza—; no quiere ni hablarme... Hay que explicarle que fue involuntario..., que es la ley de la Naturaleza; si no, pensará que lo hice a propósito, que escupí. ¡Si no lo piensa ahora, lo puede pensar algún día!...»

Al volver a casa, Tcherviakof refirió a su mujer su descortesía. Le pareció que su esposa tomó el acontecimiento con demasiada ligereza; desde luego, ella se asustó; pero cuando supo que Brischalof no era su «jefe», se calmó y dijo:

—Lo mejor es que vayas a presentarle tus excusas; si no, puede pensar que no conoces el trato social.

—¡Precisamente! Yo le pedí perdón; pero lo acogió de un modo tan extraño...; no dijo ni una palabra razonable...; es que, en realidad, no había ni tiempo para ello.

Al día siguiente, Tcherviakof vistió su nuevo uniforme, se cortó el pelo y se fue a casa de Brischalof a disculparse de lo ocurrido. Entrando en la sala de espera, vio muchos solicitantes y al propio consejero que personalmente recibía las peticiones. Después de haber interrogado a varios de los visitantes, se acercó a Tcherviakof.

—Usted recordará, excelencia, que ayer en el teatro de la Arcadia... —así empezó su relato el alguacil— yo estornudé y sin querer le salpiqué. Dispen...

—¡Qué sandez!... ¡Esto es increíble!... ¿Qué desea usted?

Y dicho esto, el consejero se volvió hacia la persona siguiente.

«¡No quiere hablarme! —pensó Tcherviakof palideciendo—. Es señal de que está enfadado... Esto no puede quedar así...; tengo que explicarle...»

Cuando el general acabó su recepción y pasó a su gabinete, Tcherviakof se adelantó otra vez y balbuceó:

—¡Excelencia! Me atrevo a molestarle otra vez; crea usted que me arrepiento infinito... No lo hice adrede; usted mismo lo comprenderá...

El consejero torció el gesto y con impaciencia añadió:

—¡Me parece que usted se burla de mí, señor mío! Y con estas palabras desapareció detrás de la puerta.

«¿Burlarme yo? —pensó Tcherviakof, completamente aturdido—. ¿Dónde está la burla? ¡Con su consejero del Estado; no lo comprende aún! Si lo toma así, no pediré más excusas a este fanfarrón. ¡Que el demonio se lo lleve! Le escribiré una carta, pero yo mismo no iré más! ¡Le juro que no iré a su casa!».

A tales reflexiones se entregaba tornando a su casa. Pero, a pesar de su decisión, no le escribió carta alguna al consejero. Por más que lo pensaba, no lograba redactarla a su satisfacción, y al otro día juzgó que tenía que ir personalmente de nuevo a darle explicaciones.

«Ayer vine a molestarle a vuecencia —balbuceó mientras el consejero dirigía hacia él una mirada interrogativa—; ayer vine, no en son de burla, como lo quiso vuecencia suponer. Me excusé porque estornudando hube de salpicarle... No fue por burla, créame... Y, además, ¿qué derecho tengo yo a burlarme de vuecencia? Si nos vamos a burlar todos, los unos de los otros, no habrá ningún respeto a las personas de consideración... No habrá...

—¡Fuera! ¡Vete ya! —gritó el consejero temblando de ira.

—¿Qué significa eso? —murmuró Tcherviakof inmóvil de terror.

—¡Fuera! ¡Te digo que te vayas! —repitió el consejero, pataleando de ira.

Tcherviakof sintió como si en el vientre algo se le estremeciera. Sin ver ni entender, retrocedió hasta la puerta, salió a la calle y volvió lentamente a su casa... Entrando, pasó maquinalmente a su cuarto, se acostó en el sofá, sin quitarse el uniforme, y... murió.

Análisis

Punto de vista del narrador. Acá tenemos a un narrador (que no forma parte del relato), omnisciente —todo lo sabe—, que nos cuenta un evento que le sucede a otros (tercera persona), pero con la particularidad de que algunas veces se dirige a nosotros, los lectores, con cierta cercanía. Por ejemplo cuando dice: «—en los cuentos ocurre muy a menudo el "de repente"; los autores tienen razón: la vida está llena de improvisos—» y luego cuando dice: «Como usted sabe...». Es decir, este narrador en tercera persona nos incluye en la narración, nos brinda camaradería, rompe la regla que afirma que en un cuento deben evitarse las digresiones y logra hacernos sentir en confianza, animados, y con esa sensación agradable de estar participando en una historia que podría lucir interesante y por demás amena.

Personaje principal. Iván Dmitrievitch Tcherviakof (alguacil) —a quien de ahora en adelante, y por razones obvias para nosotros los hispanoparlantes, llamaremos simplemente Iván—. Sobre Iván gira toda la historia, es el centro de gravedad, marca la pauta de la acción... Surge una situación que considera adversa y trata por todos los medios de resolverla. Si él no actúa, si le importara un bledo haber chispeado de moco al Consejero de Estado, entonces el cuento no tendría sentido, perdería interés.

Personaje secundario. Brischalof (General, Consejero del Estado), cierto público en el teatro (aldeanos, jefes de policías...), la esposa de Iván y un grupo de solicitantes haciendo peticiones varias en el despacho del Consejero de Estado. Como vemos, todos estos personajes secundarios (algunos, esa masa que colma el teatro o el grupo de personas que hace peticiones, podrían considerarse como una especie de relleno necesario para ambientar y darle atmósfera a los diferentes escenarios del relato); entonces, todos estos actores secundarios, unos más visibles que otros, son necesarios para recrear la historia, hacerla creíble dentro de ese mundo de ficción que como cuentistas nos empeñamos en destacar. El Consejero de Estado, a pesar de ser un personaje secundario, es tan importante en la acción y desarrollo de la historia que si no fuera porque resta importancia a su conflicto (apenas se seca con el guante y refunfuña: «No es nada..., no es nada») podría convertirse en el principal del relato. ¿Cómo? Esto sería posible si en vez de tomar el incidente a la ligera, se pusiera de pie, armara un gran escándalo, ordenara sacar a Iván del teatro, las manos esposadas, lo hiciera encarcelar a pan y agua y para más argumento lo acusara penalmente por intento de asesinato, ya que su victimario quizás sufría de tuberculosis y usó el pañuelo después de haberlo embarrado con sus espesos fluidos y no antes, como correspondía... Y si seguimos con esto, como verán, la historia tomaría otro rumbo y nuestro principal ahora no sería el que estornudó sino el que recibió el estornudo. En conclusión, pongamos a los personajes en una balanza y evaluemos quién pesa más, quién se hace problemas por el desafortunado incidente, quién intenta resolverlo a como dé lugar, a través de qué ojos se cuenta la historia... Ese, sin duda, será el protagonista del cuento y los demás, por importantes o imprescindibles que parezcan, serán siempre secundarios y, más allá, el relleno o masa, necesarios ambientadores de escenas, escenarios y demás aspectos narrativos.

Conflicto. Como ya sabemos el conflicto siempre recae sobre el protagonista del relato. En este caso sobre nuestro amigo Iván. Recordemos que si en algún momento tenemos dudas sobre quién es el personaje principal de nuestro cuento, lo único que hay que hacer es preguntarnos quién tiene el conflicto y de inmediato saltará a la vista nuestro protagonista con la mano en alto diciendo «Presente».

Bien, en alguna parte mencionamos que el conflicto de nuestro personaje principal puede ser ocasionado básicamente por tres elementos: por la fatalidad, por un actor secundario o por el mismo protagonista. También hemos dicho que el conflicto se presenta cuando nuestro personaje principal desea algo, cualquier cosa, que por alguna razón no pueda obtener. En este caso nuestro amigo Iván desea ardientemente, vehementemente, apresuradamente... y todos los adverbios que quepan en un libro, ser perdonado por el Consejero de Estado por haberle chispeado la calva luego de un infortunado estornudo. Fijémonos que para el Consejero de Estado el hecho no significó gran cosa, apenas un murmullo pasajero mientras se limpiaba con el guante. Sin embargo no fue así para nuestro amigo Iván que se sintió muy afectado por haber ocasionado semejante bochorno, y en especial por tratarse de un alto funcionario del Ministerio de Comunicaciones de Rusia. Como ya observé, el cuento no tendría sentido si Iván acepta el: «No es nada...no es nada...»

que le respondió el funcionario. Pero, de eso se trata el cuento, insistir e insistir en el mismo asunto (conflicto) hasta que no quede tela que cortar, hasta tocar los límites de lo racional o del sinsentido si es pertinente. Iván lo hace, insiste hasta el cansancio, se siente muy afectado por el error cometido: él mismo se causa el conflicto, él mismo lo realza, lo exacerba y lo llena de florituras y caminos verdaderamente tortuosos. La esposa, un secundario de aparente poco peso (pero muy necesario para hacer más tensa la historia), lo alienta a insistir, a visitar al Consejero de Estado para ofrecerle sus disculpas. Pero aquello que tanto deseaba Iván, aquello por lo que tanto había luchado, no le fue concedido: fracasó; hizo lo que pudo, lo intentó de mil maneras, lo intentó hasta el sudor, pero no hubo forma, no logró que el funcionario lo perdonara de la manera formal y rigurosa que él esperaba, por el contrario y gracias a su irracional insistencia, llegó hasta ofenderlo, hasta conseguir que lo despidiera de su casa de manera humillante y descortés, a gritos. Esto, por supuesto, trajo serias consecuencias que dejaremos para el final de este análisis.

Escenario. Ya hemos dicho que pocos escenarios le brindan concentración a un cuento, le dan solidez y sentido de inmediatez. Chéjov resuelve este relato con apenas tres escenarios. En uno de ellos, el teatro, se desarrolla la mayor parte del cuento; luego dos escenarios menores (la casa de Iván y la casa del funcionario) completan y son necesarios para consolidar la historia.

Tiempo interno. También hablamos de que el tiempo interno del relato es el tiempo real en el que transcurre la acción de la historia, sin tomar en cuenta los elementos literarios que congelan dicha acción como monólogos interiores, sueños, recuerdos, etc. Y que un tiempo corto es lo más recomendable, casi fundamental, para que un cuento cumpla su objetivo de cautivar al lector. En el caso que nos ocupa, ¿cuánto tiempo trascurrió desde que nuestro Iván estornudó, fue a su casa y luego a la del funcionario? Apenas un día, horas más horas menos: un tiempo interno bastante corto que satisface una de las exigencias del género breve. Como vemos, el tiempo interno ayuda a focalizarnos en un solo punto.

Descripciones. Destaquemos las descripciones básicas generalmente utilizadas en cuentos y novelas. Antes recordemos que mientras estas descripciones pueden llegar a ocupar páginas y páginas en las novelas, en los cuentos es a la inversa: deben ser cortas, precisas, y es muy recomendable (indispensable) que se mimeticen con la acción que se desarrolla, que tengan relación con ella, que hagan juego con la trama, aunque sea de forma sutil.

Tomemos en consideración también que en los cuentos no siempre todos los aspectos descriptivos son de obligatoria exposición; por supuesto que realzan la calidad y credibilidad del cuento, pero no son estrictamente necesarios (exceptuando las que se refieren a la personalidad de los actores, que derivan de forma automática de acuerdo a su actuación) como lo pueden ser el personaje y el conflicto, sin los cuales, ya sabemos, no hay cuento. Aunque, les pregunto: ¿qué diferencia puede haber entre una mujer bien peinada, de labios color carmín, mejillas rosadas, pestañas largas, rígidas y muy negras bajo una tenue sombra verde que realza sus cejas recién depiladas, a una que acaba de despertarse y se asoma al espejo con las greñas como alambres crispados, ojerosa y la piel de un color gris aceituno sin brillo ni encanto? Creo que hay mucha diferencia. Y para eso sirven las descripciones: además de darle credibilidad al relato, los embellecen, los hacen más visibles.

Volvamos entonces a lo nuestro y veamos los diferentes tipos de descripciones que Chéjov nos presenta en este cuento.

- **Del escenario.** Sobre el escenario donde se desarrolla el relato sabemos que Iván se halla en la segunda fila de butacas de un teatro, que usa unos gemelos y que varias personas lo acompañan en el local. Con respecto al segundo escenario (la casa de Iván) no se hace el más mínimo comentario. Y si nos referimos al tercer escenario vemos que nos ubica en la «sala de espera» sin necesidad de decirnos cómo es esa sala de espera, cómo está decorada —bien la podemos imaginar con el sólo enunciado, atestada de gente y al Consejero de Estado muy ocupado recibiendo peticiones—, serían detalles intrascendentes que no aportarían nada al relato, por el contrario, nos distraerían y nos desviarían del objetivo principal, que no es otro que el de concentrar la historia, crear un efecto único como pregona Poe y los estudiosos del cuento en general.

- **De la apariencia física de los personajes.** Igualmente no conocemos mucho del físico de nuestro personaje principal. No sabemos si es gordo o flaco, si calvo o una melena le cubre parte de la cara, si cojea o camina como un atleta... Sí podemos deducir que no es muy joven si consideramos su alto sentido del respeto, su cargo de alguacil; también por el hecho de ser casado y al parecer, por el trato que recibe de su señora (ese trato en el que cualquier comentario suena como una orden de estricto cumplimiento), es de suponer que ya llevan unos cuantos años juntos. Del personaje secundario, el honorable Consejero de Estado, sabemos que es un viejito, calvo, sin más detalles que lo describan. A pesar de la escueta referencia, sabemos que es un personaje importante, no sólo por el cargo que ocupa y porque lo tildan de Excelencia, sino también porque está sentado en primera fila; algo que el autor destaca como una simpleza pero que insinúa mucho sobre la condición y rango del personaje. Con respecto a la esposa de Iván, apenas la menciona. Ponerle nombre y apellido, describirla más a fondo sería darle una relevancia que no amerita, sin sentido; no obstante la breve intervención de la mujer establece un punto de giro que ofrece una importante acción a la trama cuando le sugiere a Iván que «lo mejor es que vayas a presentarle tus excusas». Sobre los otros personajes no se hacen referencias físicas, apenas aparecen para corroborar que Iván no está sólo en ese sitio: «miró en derredor suyo, para ver si había molestado a alguien con su estornudo». Claro que, aunque en apariencia sin relevancia alguna —ya lo comentamos—, estos secundarios o personajes de relleno son necesarios para ambientar el lugar, definir el sitio donde se desarrolla el cuento: en este caso el teatro donde un grupo de personas espera o se deleita con alguna presentación. De nuevo, describir a uno de ellos, darle importancia sin que se justifique o sea necesario para un posterior evento, sería restarle calidad al relato, o por lo menos nos obligaría a hacer cambios de fondo en el mismo.

• **De la personalidad.** Comencemos por nuestro apreciado Iván (siempre las víctimas se llevan toda o una parte de este calificativo). Lo primero que vemos en este personaje es una gran sumisión al status quo imperante en la época. Recordemos que en la Rusia de aquellos años se producía una avalancha de agitaciones sociales y políticas dirigidas contra el gobierno. Hubo casos de terrorismo, de funcionarios asesinados, disturbios, huelgas, motines militares… Una revolución que condujo a la instauración de una monarquía institucional con poderes limitados y a la Duma Estatal del Imperio Ruso. Lo que sin duda precipitó la revolución de 1905. Este cuento fue escrito alrededor de 1883, cuando Chéjov tenía veintitrés años y los efectos de la represión y de la censura eran delicados asuntos que había que tener muy en cuenta al escribir cualquier cosa. Tal vez por esa razón sobre el cuento flota ese aire de graciosa ironía que esconde el verdadero conflicto del relato. No descarto que estornudar sobre la cabeza de un superior podría significar la inmediata destitución del cargo, la cárcel o, posiblemente, el fusilamiento del funcionario. De allí quizás la exagerada actuación de Iván. Así se nos describe: un hombre si se quiere cobarde, adulador, inseguro, temeroso, débil de carácter, pero también podríamos referirnos a él como un caballero en extremo educado, formal, con un profundo sentido de decencia y cortesía, capaz de todo por comportarse como todo un señor y hallar una disculpa honesta y satisfactoria por su desafortunado estornudo.

Como apreciamos, la personalidad de nuestros actores no se califica —como lo hemos hecho nosotros en este breve análisis— sino que se manifiesta por sí sola en el transcurso de la acción. Así, cada acción, cada gesto, movimiento o decisión del personaje dará lugar a un calificativo que quedará tácito, implícito en algún lugar de nuestro cerebro como lectores.

Si describimos el comportamiento del Consejero de Estado, diremos que es una persona común y corriente que reacciona más o menos acorde a su cargo, luce equilibrado, no se violenta por pequeños accidentes, que en principio toma las cosas con calma pero que cuando se siente presionado puede perder los estribos ante la imbecilidad ajena. Sus reacciones resultan naturales frente a la exagerada e ilógica actuación de Iván. Pero hay algo interesante que analizar en este cuento. Tal vez el chico de barba o la muchacha del piercing podrían decirme que el Consejero de Estado también tiene un conflicto dada la insistencia y acoso de Iván. Esto no es del todo cierto. Es uno de esos casos típicos donde debemos usar nuestra balanza y determinar cuál de los dos es el conflicto principal, qué originó la historia, quién padeció más por el daño causado. Y allí encontraremos la respuesta. Es decir, en todo relato se van a producir conflictos secundarios, pequeños problemas que se derivan del principal, pero nunca deben superar al conflicto mayor, el que atormenta a nuestro protagonista hasta el final de la historia, el que le quita el sueño.

• **De la naturaleza.** Chéjov no hace referencia a ninguno de estos aspectos. No menciona si hace calor o frío en el recinto, a qué huele, si las levitas de los asistentes están mojadas por el chaparrón que caía en la calle, o si la nieve se acumulaba en los sombreros de los caballeros; tampoco cómo las damas se abanicaban mientras esperaban el inicio de la función... En fin, el escritor no consideró necesario distraernos con estos detalles (que sin duda le hubiesen dado cierto realce al cuento) en aras de no distraernos. Él tenía una historia que contar y quería hacerlo lo más rápido, clara y contundente posible; la impaciencia a favor del relato.

• **De los abalorios narrativos.** Finalmente, aparte de las descripciones anteriores, son muchos los detalles o situaciones que se pueden describir, mencionar o traer a cuento. Veamos algunos ejemplos: «de repente su cara se contrajo, guiñó los ojos, su respiración se detuvo..., apartó los gemelos de los ojos, bajó la cabeza y... ¡pchi!, estornudó», «vio que un viejecito, sentado en la primera fila, delante de él, se limpiaba cuidadosamente el cuello y la calva con su guante», Iván «tosió, se echó hacia delante y cuchicheó en la oreja del consejero». «Esté usted quieto. ¡Déjeme escuchar!» Detalles extras, informaciones algunas más o menos descriptivas, de las que iremos viendo ejemplos en los próximos análisis.

Estructura

Hace pocos días leí el discurso de recepción del premio Príncipe de Asturias que recibió Augusto Monterroso en el año 2000. Me llamó sobremanera la atención que criticó a algunos cuentistas porque «todavía siguen el cumplimiento de antiguas reglas, como aquella de la exposición, el nudo y el desenlace...». Siendo uno de mis cuentistas favoritos dediqué una tarde completa a releer algunos de sus cuentos y noté que (excluyendo los muy cortos) en todos existe la estructura clásica de Planteamiento, Nudo y Desenlace. Y es que no puede ser de otra manera. Podremos invertir el orden, fusionar los elementos, comenzar el cuento por el Nudo, por el Desenlace, por un lugar intermedio entre los tres conceptos, agrupar todo en la última línea, pero es difícil escapar de estas tres columnas, pilares del género breve. Terminemos entonces con nuestro desafortunado funcionario.

Dividamos *La muerte de un funcionario público* en cinco partes fundamentales: Planteamiento, Punto de giro uno, Nudo, Punto de giro dos y Desenlace, y tratemos de aplicar estos elementos en el cuento leído.

Planteamiento. A estas alturas del análisis facilitaría mucho las cosas que releyéramos el cuento con mucha atención y veamos que en este Planteamiento (como en todos, si nos referimos a «planteamiento» con el rigor de su concepto) no pasa nada relevante, todo fluye con alegría o al menos sin contratiempos; aparece el escenario, nuestro Iván está de lo más contento mirando a través de sus gemelos, etc., etc. Luego el autor hace una corta digresión que nos anticipa que algo va a suceder: «la vida está llena de improvisos». Sin embargo, a pesar de este insinuante comentario, no llega a convertirse en un punto de giro como tal. **Punto de giro uno:** Recordemos que el primer punto de giro está dado por un suceso, un evento que nos saca del embelesamiento preliminar, de todo lo bello, sosegado y tranquilo que ocurre en el planteamiento para introducirnos en el conflicto. Y un estornudo, algo que le puede suceder a cualquiera en algún momento dado (el mismo autor lo advierte), no representa un punto de giro, a menos que dicho estornudo empape ni más ni menos la calva de un funcionario de alto rango del gobierno ruso. Entonces, dadas las circunstancias, escogeremos el estornudo sobre la calva del funcionario como el primer punto de giro de la estructura de nuestro cuento; es la acción que rompe con el planteamiento y nos da entrada al conflicto, es el hecho que inicia la trama, el sonar de dedos o el palpitar extra que sentimos en nuestro pecho cuando lo leemos y nos dice Hola, este pequeño asunto va a traer problemas: graves o fútiles, jocosos o fatales, no lo sabemos todavía, pero va a traernos algún tipo de inconveniente... En definitiva el primer punto de giro es el fósforo que se acaba de encender para de inmediato pegarlo a una mecha, larga o corta, que dará lugar a la explosión de un pequeño petardo o derrumbará un edificio completo. **Nudo:** Iniciado el conflicto comienzan a suceder cosas en el relato, cosas que van *In crescendo*, como subiendo una cuesta que pretende conquistar una puntiaguda colina. Iván observa con preocupación cómo el Consejero de Estado se limpia la calva. De pronto se crea (al principio) una inminente y lógica necesidad de disculparse. Insiste en ello. Lo consulta con su señora, lo intenta de nuevo cuando lo visita en su casa… Disculparse se convierte en una verdadera obsesión para él, su mayor deseo como funcionario de más bajo rango y como «corresponde a una persona bien educada», con una hoja de vida seguramente intachable en su carrera de alguacil. Pero, a pesar de todos sus intentos, a pesar de que hizo lo imposible por lograr el perdón del Consejero de Estado, el momento cumbre o el nudo de este cuento se aprecia cuando definitivamente pierde todas las esperanzas de ser disculpado al oír al Consejero de Estado gritar: «¡Fuera! ¡Vete ya!» y luego repite: «¡Fuera! ¡Te digo que te vayas!». No hay dudas de que este es el clímax del cuento. Es lo peor que le puede suceder a Iván de acuerdo al problema planteado. Recordemos que su conflicto en rigor no es el haber estornudado, ni siquiera haber llenado de moco la cabeza del alto funcionario, su conflicto mayor y principal es no encontrar una respuesta satisfactoria a sus honestas y sentidas disculpas. Su deseo de ser perdonado nunca se realizó, lo intentó de mil maneras, hasta el cansancio, pero no pudo lograrlo, por lo que, vistos los resultados, se sintió humillado, abochornado, herido en su amor propio… **Punto de giro dos:** Es mucho más difícil ver o detectar el segundo punto de giro que el primero. ¿Por qué? No sabría decirlo. El primer punto de giro es como el primer hueco que nos encontramos en un camino recién pavimentado; nos sorprende, el camino es nuevo, no debería haber un hueco, pero lo hay y nos sobresalta cuando caemos en él; es cuando comenzamos a estar alerta y fabricamos un conjunto de grandes baches en nuestra cabeza que posiblemente nos hagan caer en un abismo. Pero el segundo punto de giro es más sutil, a veces invisible, o se camufla con el desenlace como si formara parte de un libro sin número de páginas. Sucede algo muy sutil entonces en nuestro cuento, ya superado el nudo. Preguntémonos de qué manera influenció a Iván, no solo no haber recibido las disculpas que ansiaba sino al haber sido despedido de esa manera, gritado, humillado, él, un alguacil, jefe de hogar, perfeccionista, recto, de impecable proceder. Probablemente el Punto de giro dos lo podamos ubicar cuando Iván «sintió como si en el vientre algo se le estremeciera». Esta sensación de desasosiego, de dolor físico, ese «retrocedió hasta la puerta y volvió lentamente a su casa» nos lleva de inmediato al desenlace: «La muerte de un funcionario público». Notemos que el Punto de giro dos y el Desenlace están muy unidos, hasta podríamos decir que no hay punto de giro y que el autor sigue de largo hacia un desenlace que sin duda nos deja perplejos: «y... murió». Matar al protagonista, que se resuelva su conflicto siendo víctima de un accidente, es desaconsejable como ya he dicho, pero que muera por el peso de una frustración o por un sentimiento de ira, es otra cosa totalmente diferente. (El alumno de corbata y cabello cano me mira, se encoge de hombros y con ese arqueo de cejas que mezcla preguntas e ironías dice *Qué pasó entonces;* no lo dice en voz alta pero yo lo puedo escuchar como si me lo gritara al oído). Es cuando me veo en la necesidad de recordarle que hay excepciones, y que tales excepciones (como en este caso) son hechas o escritas cuando el significado de la muerte es inherente a la historia y no deja espacio para un mejor final. Iván fracasa en el intento de resolver su conflicto. No es la muerte quien lo resuelve. Su muerte es consecuencia de sus esfuerzos fallidos: nunca recibió las disculpas que esperaba. En reglas generales, si la muerte de nuestro principal se produce sin una verdadera justificación que realce el cuento, es mejor descartarla y que nuestro protagonista viva, enfrente o huya de su conflicto y que al final gane o pierda, pero vivo, con los ojos abiertos, en la plenitud de sus facultades, con el sabor de la victoria o del fracaso en la boca; lejos de la situación que nos ocupa en este cuento. **Desenlace:** Literalmente se define como el final de un suceso, de una narración, de una obra literaria, cinematográfica o televisiva, donde se resuelve la trama. En nuestro caso no es diferente. Copio lo escrito en alguna parte de la teoría de este libro: «Es el punto donde nuestro protagonista resuelve o no su problema, logra el objetivo o por el contrario es derrotado o comprenderá algo que lo lleve a no seguir insistiendo». Como antes mencioné, no estoy de acuerdo en desenlazar una trama con la muerte del protagonista pero hay casos de casos, en este, específicamente (recordemos que su muerte fue natural, aunque producto de un gran descontento), respeto y justifico el desenlace que propone el escritor ruso. Fue tan extrema, desmesurada y fuera de toda lógica la actitud de Iván, le afectó de tal manera recibir gritos en vez de una disculpa satisfactoria, que sería muy factible que cayera víctima de un infarto o algo parecido. Este final resalta el absurdo comportamiento del funcionario y da lugar al mismo tiempo a una muerte por lo demás también absurda.

Cambio del principal: Por supuesto que nuestro amigo ya no es el mismo: falleció. Incluso antes de morir ya no era el mismo hombre alegre y entusiasta del principio; este era otro: entristecido, frustrado, impotente, humillado, víctima de su propia estupidez.

La verdad detrás del cuento

¿Qué nos quiso decir Chéjov con este final? ¿Darnos una referencia de la extrema rectitud y modales que guardaban los funcionarios públicos de aquella época en Rusia? ¿Hacernos ver el terrible temor que podía sentir un ciudadano, aunque fuese un funcionario, ante un personaje de mayor jerarquía? ¿Recrear una parodia, burlarse, poner en ridículo al régimen ruso como lo hizo en muchos de sus cuentos? ¿Destacar la rigidez mental de algunos subordinados al gobierno? Aquí tenemos un buen ejemplo de la verdad detrás del cuento: el miedo, la espantosa sumisión a que el régimen ruso de la época sometía a los funcionarios de menor jerarquía… ¿Qué le quedaba al pueblo entonces, qué grado de terror vivía aquella gente, valían algo sus vidas, de verdad la muerte de Iván fue la exageración de un relato o una jocosa muestra del terror que vivía todo un país?

Son muchas las preguntas que podemos hacernos al respecto y muchas las historias de temor, tristeza y desolación que pueden pasar por nuestras mentes: verdades tras la ficción.

Escogimos otro cuento de Chéjov para el próximo análisis porque tiene una particularidad muy especial que vale la pena destacar, tomando en cuenta que, aunque toda regla tiene su excepción, esta vez tal excepción podría derivar o identificarse mejor con otros espacios. Como verán, quiero evitar en lo posible presentar cuentos que cumplan al dedillo con todo lo que hemos visto en el taller, por el contrario, analizaremos relatos que si bien es cierto que son archiconocidos, también lo es que presentan interesantes variables que nos darán una visión más amplia del género breve.

El álbum
(730 palabras)

El consejero administrativo Craterov, delgado y seco como la flecha del Almirantazgo, avanzó algunos pasos y, dirigiéndose a Serlavis, le dijo:

—Excelencia: Constantemente alentados y conmovidos hasta el fondo del corazón por vuestra gran autoridad y paternal solicitud...

—Durante más de diez años —le sopló Zacoucine.

—Durante más de diez años... ¡Jum!... En este día memorable, nosotros, sus subordinados, ofrecemos a su Excelencia, como prueba de respeto y de profunda gratitud, este álbum con nuestros retratos, haciendo votos porque su noble vida se prolongue muchos años y que por largo tiempo aún, hasta la hora de la muerte, nos honre con...

—Sus paternales enseñanzas en el camino de la verdad y del progreso —añadió Zacoucine, enjugándose las gotas de sudor que de pronto le habían invadido la frente. Se veía que ardía en deseos de tomar la palabra para dar el discurso que seguramente traía preparado.

—Y que —concluyó— su estandarte siga flotando mucho tiempo aún en la carrera del genio, del trabajo y de la consciencia social.

Por la mejilla izquierda de Serlavis, llena de arrugas, se deslizó una lágrima.

—Señores —dijo con voz temblorosa—, no esperaba yo esto, no podía imaginar que celebraran mi modesto jubileo. Estoy emocionado, profundamente emocionado, y conservaré el recuerdo de estos instantes hasta la muerte. Créanme, amigos míos, les aseguro que nadie les desea como yo tantas felicidades... Si alguna vez ha habido pequeñas dificultades... ha sido siempre en bien de todos ustedes...

Serlavis, actual Consejero de Estado, dio un abrazo a Craterov, Consejero de Estado Administrativo, que no esperaba semejante honor y que palideció de satisfacción. Luego, con el rostro bañado en lágrimas como si le hubiesen arrebatado el precioso álbum en vez de ofrecérselo, hizo un gesto con la mano para indicar que la emoción le impedía hablar. Después, calmándose un poco, añadió unas cuantas palabras muy afectuosas, estrechó a todos la mano y, en medio del entusiasmo y de sonoras aclamaciones, se instaló en su coche abrumado de bendiciones. Durante el trayecto sintió su pecho invadido de un júbilo desconocido hasta entonces y de nuevo se le saltaron las lágrimas.

En su casa lo esperaban nuevas satisfacciones. Su familia, sus amigos y conocidos le hicieron tal ovación que hubo un momento en que creyó sinceramente haber efectuado grandes servicios a la patria y que hubiera sido una gran desgracia para ella que él no hubiese existido. Durante la comida del jubileo no cesaron los brindis, los discursos, los abrazos y las lágrimas. En fin, que Serlavis no esperaba que sus méritos fuesen premiados tan calurosamente.

—Señores —dijo en el momento de los postres—, hace

dos horas he sido indemnizado por todos los sufrimientos que esperan al hombre que se ha puesto al servicio, no ya de la forma ni de la letra, si se me permite expresarlo así, sino del deber. Durante toda mi carrera he sido siempre fiel al principio de que no es el público el que se ha hecho para nosotros, sino nosotros los que estamos hechos para él. Y hoy he recibido la más alta recompensa. Mis subordinados me han ofrecido este álbum que me ha llenado de emoción.

Todos los rostros se inclinaron sobre el álbum para verlo.

—¡Qué bonito es! —dijo Olga, la hija de Serlavis—. Estoy segura de que no cuesta menos de cincuenta rublos. ¡Oh, es magnífico! ¿Me lo das, papá? Tendré mucho cuidado con él... ¡Es tan bonito!

Después de la comida, Olga se llevó el álbum a su habitación y lo guardó en su secreter. Al día siguiente arrancó los retratos de los funcionarios, los tiró al suelo y colocó en su lugar los de sus compañeras de colegio. Los uniformes cedieron el sitio a las esclavinas blancas. Colás, el hijo pequeño de su excelencia, recortó los retratos de los funcionarios y pintó sus trajes de rojo. Colocó bigotes en los labios afeitados y barbas oscuras en los mentones imberbes. Cuando no tuvo nada más para colorear, recortó siluetas y les atravesó los ojos con una aguja, para jugar con ellas a los soldados. Al consejero Craterov lo pegó de pie en una caja de fósforos y lo llevó colocado así al despacho de su padre.

—Papá, mira, un monumento.

Serlavis se echó a reír, movió la cabeza y, enternecido, dio un sonoro beso en la mejilla a Nicolás.

—Anda, pilluelo, enséñaselo a mamá para que lo vea ella también.

Análisis

Punto de vista del narrador. Acá nos encontramos con un escrito expuesto desde la visión de un observador en tercera persona. Es un narrador omnisciente, fuera del evento, que sabe incluso lo que piensan los personajes.

Personaje principal. Lo primero que recomiendo determinar al analizar un cuento es, como ya hemos comentado, definir sobre qué hombros recae el peso de la historia. Para ello hemos visto que la mejor forma de hacerlo, sin temor a equivocarnos (y que un secundario se nos cuele por un atajo y modifique el cuento), es determinar quién tiene el conflicto, ese que vive un deseo insatisfecho, ese que convierte esa insatisfacción en algo de importancia para él, ese que después de un razonable esfuerzo vence o fracasa (aunque hasta cierto punto se inhiba en su proceder)... ese individuo, sin duda, es el protagonista de nuestra historia.

También hemos dicho que si no hay conflicto la figura del cuento se desvanece. Me refiero a que tal vez estemos hablando de una crónica, ensayo o poema; de una anécdota, quizás, pero no de un cuento. Los invito entonces a que analicemos quién es el personaje principal de este relato, es decir, quién tiene el conflicto, quién tiene un deseo insatisfecho o alguna adversidad que intente resolver...

Entrando en materia les confieso que yo, Heberto Gamero Contín, nacido en una remota península al norte de Venezuela y apasionado del cuento, no tengo la más mínima idea de quién es el protagonista. Y no lo sé porque después de haber leído el cuento un par de veces no he podido identificar cuál es el conflicto. Y si alguien lo descubre le agradezco que me envíe un correo con su punto de vista; tal vez alguno de ustedes vea algo que yo no estoy viendo ahora... Pero no adelantemos juicios a priori y sigamos la cartilla a ver adónde nos lleva todo esto. Asumamos por un momento que nuestro protagonista es el homenajeado Serlavis, al que le celebraban un «modesto Jubileo» y en quien aparentemente recae el peso de la historia, el mismo que estaba tan emocionado por el álbum recibido que una lágrima «se deslizó», por su rostro.

Personaje secundario. Craterov (subordinado), Zacoucine (subordinado), otros subordinados, familia, amigos, conocidos, Olga (hija), el pequeño Nicolás (hijo) y la esposa de Serlavis.

Conflicto. Sin duda que hay detalles que nos podrían hacer pensar que Serlavis es el personaje principal de la historia: es el homenajeado, al que le celebran el jubileo, lo tratan de Excelencia, lo mencionan una y otra vez, sus subordinados le ofrecen un álbum con sus fotos —lo que le llena de orgullo y satisfacción—, emotivos discursos lo conmueven... incluso, «durante el trayecto (hacia su casa) sintió su pecho invadido de un júbilo desconocido hasta entonces y de nuevo se le saltaron las lágrimas». En fin, que toda la historia gira alrededor de Serlavis y eso indica que sería el protagonista. Ahora bien, ¿qué conflicto tiene nuestro amigo? Pensémoslo a fondo... ¡Ninguno! En primer término está disfrutando de un reconocimiento, no hay un problema que le afecte, nada que le preocupe ni que tenga que enfrentar o resolver; por el contrario luce feliz, a sus anchas, emocionado, gratamente deleitado con todo aquel agasajo y expresiones de respeto, cariño y consideración de parte de sus subordinados. Llega a su casa y el agasajo se prolonga y se profundiza, la familia lo ovaciona, incluso «creyó sinceramente haber efectuado grandes servicios a la patria y que hubiera sido una gran desgracia para ella que él no hubiese existido». En conclusión, en este cuento no hay conflicto, por lo menos no tal y como está escrito. (Luego haremos algunas consideraciones al respecto que quizás puedan satisfacer nuestra curiosidad).

Escenario. Ya lo hemos visto, el escenario (o los escenarios) es el lugar donde se desarrolla la historia. Y también hemos dicho que mientras menos escenarios mejor: la historia gana fuerza, concentración, pureza, el cuento es más cuento y su efecto más impactante. Al igual que el relato anterior este «cuento» se desarrolla en tres escenarios: el recinto donde se realiza el evento, el trayecto en coche y la casa de Serlavis.

Tiempo interno. Corto, como recomendamos. Un día o poco más: desde el inicio del agasajo hasta cuando Olga, «Al día siguiente arrancó los retratos de los funcionarios…» y el «pilluelo» le mostró a los padres sus originales creaciones.

Descripciones

• **Del escenario.** El autor omite hacer alguna descripción de estas locaciones. ¿Por qué? Podríamos estar hablando de ello durante páginas y páginas y lo más sano sería llegar a la conclusión de que no lo consideró necesario. ¿Por qué?, pregunta la chica del *piercing* mientras que el de la barba se estira los escasos pelos en actitud pensativa y el de la corbata se mete el dedo entre su cuello y la camisa tratando de buscar una idea, una justificación más allá de la simple solución de *no le dio la gana*. Los que están detrás (la masa de la que ya les hablé) no dicen nada, está allí como la foto de un mural, ayudando a que la clase parezca atestada de alumnos ansiosos por aprender a escribir cuentos. Se escuchan sugerencias, digo, y miro a mis personajes con una de esas miradas interrogativas que exigen respuestas inmediatas. La del *piercing* y pelo pintado de mechas verdes dice que de repente el tipo estaba cansado o apurado, o no le pareció importante dedicarle más tiempo a un cuento que ya parecía estar terminado; el de la corbata ajustada está más o menos de acuerdo con ella y dice que seguramente el autor escribió el cuento de un tirón y no quiso perder más tiempo describiendo unos escenarios que nada aportaban al cuento; y nuestro amigo de incipiente barba alega que Chéjov no estaba apurado ni cansado ni ignorante de la importancia de los escenarios, sino que no quiso distraer al lector con descripciones inútiles, alargar el cuento: buscaba la concentración de la historia y por eso obvió la descripción de los escenarios… Todos voltearon a mirar al joven de barba, incluso la «masa» de fondo posó sus ojos sobre él, y los de primera fila asintieron varias veces como si bailaran una de esas canciones modernas en las que lo único que tenemos que hacer es mover la cabeza hacia delante y hacia atrás. Yo le di la razón al amigo de la barba y añadí la importancia (como en este caso) de desarrollar un evento único, la de concentrar la información, reducir las descripciones y girar siempre sobre un solo y único conflicto principal. Claro, al decir esto, todos me miraron como recordándome la falta de un conflicto en este cuento. Yo les mostré las palmas de mis manos en señal de paciencia… *Ya vamos a tocar ese punto.*

- **De la apariencia física de los personajes.** Son realmente pocas. Sobre Craterov se nos cuenta que es «delgado y seco como la flecha del Almirantazgo». Luego nos enteramos de la edad aproximada de Serlavis por sus mejillas llenas de arrugas. Sobre su familia, amigos, conocidos y resto de subordinados (personajes de relleno) no hace ninguna descripción. Sobre los hijos, aparte de que sabemos que son unos diablillos (de tal palo tal astilla… como ya mencioné, digresiones como esta no son recomendables en los cuentos) no nos informa de otra cosa, sólo de que su hija Olga es mayor que Nicolás, pero no sabemos nada del color de su cabello, de sus ojos… Y sobre el aspecto físico de nuestro supuesto protagonista no se sabe nada más allá de que debe de ser un hombre mayor, como ya dijimos, y que tiene hijos pequeños. De resto no sabemos si es bajo, feo y cubre su calva con los largos cabellos engominados que le crecen desde las orejas y nuca. Yo en lo personal me lo imagino retaco, gordo (más bien obeso), come con la boca abierta, eructa con frecuencia y ronca y silba cuando duerme. Como vemos, Chéjov se concentra más en la personalidad de sus actores que en su apariencia física, detalle preferido por muchos cuentistas.

- **De la personalidad.** Es aquí donde se luce el autor ruso. Comencemos por los personajes secundarios (y es en estos casos donde las palabras abstractas son indispensables). Craterov, como los demás subordinados, a pesar de tener también un cargo importante (consejero administrativo), es un adulador sin remedio. Aquello de «Conmovidos hasta el fondo del corazón por vuestra gran autoridad y paternal solicitud...» suena tan cursi y tan falso como el escritor lo quiso expresar —pero no descartemos que los pueda mover un sentimiento honesto de agradecimiento y respeto—. Zacoucine es una copia al carbón del primero, otro subordinado adulador, servicial, que le sopló a su par el comienzo de la otra sección del sentido discurso que se disponía a ofrecer. Pero lo más interesante y tal vez jocoso —no descarto del todo que haya sido una costumbre de la época— es que ellos, sus subordinados, «como prueba de respeto y profunda gratitud», no le obsequian a Serlavis una placa de reconocimiento, no una copa de cristal, no un libro de Tolstoi o de Gorki, no, le ofrecen un álbum con sus propias fotografías, algo que, están convencidos, impresionará a su Excelencia hasta el punto de las lágrimas, lo que en rigor sucede... La familia, amigos y vecinos, ya lo vemos, ovacionan su llegada como si del arribo de una celebridad se tratara, el de un hombre ejemplar, de arraigados valores morales y éticos, respetuoso de la amistad y profundamente agradecido con todos aquellos subordinados que durante diez años hicieron posible su labor como Consejero de Estado y que ahora, con este «precioso álbum», pareció salirle del alma decirles: «Estoy emocionado, profundamente emocionado, y conservaré el recuerdo de estos instantes hasta la muerte». Y añade: «Créanme, amigos míos, les aseguro que nadie les desea como yo tantas felicidades». Hasta aquí digamos que todo va bien (aunque sin conflicto alguno): un agasajo, unos empleados agradecidos, un hombre conmovido, una familia emocionada. Pero todo cambia cuando los niños, Olga y Nicolás, por demás traviesos y juguetones, se dedican a despegar las fotos de los funcionarios que aparecen en el álbum, a sustituirlas por otras, a recortarlas y a pintar sus trajes de rojo, poniéndoles bigotes y barbas negras y, para rematar, el pequeño diablillo «les atravesó los ojos con una aguja, para jugar con ellas a los soldados…». Con esta escena queda perfectamente descrita la personalidad, la conducta o al menos la forma en que estaban siendo educados estos niños. Es bueno recordar que se aconseja no describir la personalidad de los actores usando una palabra abstracta (a no ser en un análisis tipo ensayo como el que estamos haciendo). La personalidad, ya lo hemos dicho, de cualquiera de nuestros personajes viene dada por su actuación en el relato, por lo que hace o piensa dentro del cuento; resumirla a una palabra abstracta del tipo: «adulante, indigno, hipócrita, inmoral, travieso…» sería un recurso que usado en exceso le restaría méritos al cuento. Pero es la personalidad de nuestro protagonista, la verdadera, lo que nos deja atónitos, confundidos e incómodos, cuando el pequeño Nicolás se presenta ante su padre con la foto de su fiel Craterov pegada de pie en una caja de fósforos y se la muestra con la gracia infantil de quien espera una recompensa por su original ocurrencia. Y lo logra. Se conoce en el fondo quién es su padre en realidad y le arranca una risa, el chiste, la recompensa por su travesura. Serlavis no lo castigó, no lo mandó a pararse de frente al rincón durante una hora, no le dijo que volviera las fotos a su lugar, no pidió el álbum para enterarse de qué otra locura habían cometido con él, no se conmovió al ver la foto de Craterov a punto de ser quemada ni las agujas en los ojos de sus otros colaboradores… Nada de eso lo impresionó, por el contrario «se echó a reír, movió la cabeza y, enternecido, dio un sonoro beso en la mejilla a Nicolás». No contento con eso le pide que se lo muestre a su mamá «para que lo vea ella también», quien posiblemente actuará de la misma forma y felicitará al pilluelo por su genial iniciativa. Nos encontramos entonces con un verdadero patán, un protagonista que sirve más como payaso de circo que como funcionario público, más como pieza decorativa que como padre de familia, alguien a quien la amistad y el agradecimiento hacia sus empleados le importa poco y es capaz hasta de llorar (cosa fácil para este tipo de personas) con tal de justificar el grandioso engaño en el que ha cimentado su vida.

• **De la naturaleza.** El autor tampoco considera necesario describir si hace frío o calor o si la neblina empaña las ventanas o si el árbol que se ve a lo lejos es solo una ilusión... ¿Las razones? Seguramente las mismas que nos dieron los amigos que nos acompañan en este taller: Chéjov no quiere distraernos con detalles plásticos, con hermosas descripciones que muchos valoramos como necesarias y positivas, y lo son, pero en este caso el autor está muy imbuido en lo que nos quiere transmitir, destila urgencia (como de cierta forma destaca la chica del *piercing*), como si el final fuera halado por un desenlace que ya no puede esperar más porque se va, parte sin remedio, se aleja con el tren y las manos que dicen adiós.

• **De los abalorios narrativos.** Veamos qué otros caminos descriptivos, datos o informaciones varias podemos encontrar en este escrito. Por ejemplo: «Serlavis, actual Consejero de Estado, dio un abrazo a Craterov... que no esperaba semejante honor y que palideció de satisfacción», «En su casa lo esperaban nuevas satisfacciones», «Todos los rostros se inclinaron en el álbum a verlo...».

Estructura

Para que una estructura se evidencie necesariamente debe haber un conflicto en el relato. Recordemos la estructura clásica (aunque luego seamos libres de cambiar el orden y comenzar por donde mejor nos parezca): **Planteamiento**, donde se nos dan ciertos datos pero no sucede nada que llame nuestra atención. **Punto de giro uno**, que nos introduce en el conflicto. **Nudo** o momento de mayor tensión del problema planteado. **Punto de giro dos**, un quiebre en el relato que se desprende del nudo y nos precipita al **Desenlace**. Pero, ¿cómo podemos armar una estructura en un cuento donde no hay conflicto? Del conflicto depende todo lo demás. Si no hay conflicto no puede haber punto de giro uno, no hay un nudo, tampoco punto de giro dos ni mucho menos un desenlace que culmine la historia, así el final quede abierto y se preste a múltiples interpretaciones. La conclusión que podemos derivar de todo esto es que no estamos en presencia de un cuento propiamente dicho sino de una aparente y divertida anécdota. Entendiendo por anécdota (según la RAE): «Relato breve de un hecho curioso que se hace como ilustración, ejemplo o entretenimiento». «Suceso curioso y poco conocido, que se cuenta en dicho relato». «Argumento o asunto de una obra». «Suceso circunstancial o irrelevante». El pequeño Larousse por su parte anota: «Relato breve de un suceso curioso e interesante». «Cosa sin importancia o secundaria». Como observamos, *El Álbum* se adapta o se concilia más con el concepto de anécdota que con el de cuento, sin embargo en este caso —y sin duda en muchos otros— ambos géneros se hermanan en el sentido más amplio de la palabra tomando en cuenta la amplitud de su significado. Es decir, ambos tienen el mismo valor a medida que revelan algo sobre la realidad más vasta: humana, nacional, universal…

Cambio del principal: Como ya vimos, el protagonista del inicio del cuento no puede ser el mismo que el del final, si no es así el cuento pierde su esencia, su fundamento, es como si hubiésemos plantado semillas en el aire. Nuestro amigo Serlavis, protagonista de esta anécdota, no cambia en el transcurso del cuento; algo de lo que no nos percatamos sino hasta el final, no antes. Quiero decir que es al final cuando nos damos cuenta de que es un individuo carente de todo tipo de valores y que siempre lo fue. Un hombre capaz de engañar a la humanidad entera con tal de mantener su falso estatus de hombre probo, decente y de principios éticos. Sí, es al final cuando nos damos cuenta de que todo era mentira. Serlavis siempre fue un hombre de poca valía, desde el principio. No se experimentó ningún cambio en él, por el contrario —y esa es la sorpresa de la anécdota— nos enteramos de todo al final de la historia, cosa que nos impacta y hasta cierto punto nos entristece (si es que el homenaje que recibió de sus subordinados fue genuino, cosa que también podemos poner en duda).

Sin embargo la anécdota (tal y como la he calificado) fragua (usando el término de García Márquez), nos deja pensativos, se queda con nosotros un rato sobre la almohada y tal vez lo releamos al día siguiente. Una hermosa anécdota que nos deja Antón Chéjov, uno de los grandes cuentistas de todos los tiempos.

El amigo de barba frunce el ceño mientras sigue girando su barba con el dedo índice y pregunta si puedo ampliar un poco el concepto (En los breves instantes en que se suelta la larga barbilla se le levanta hacia arriba como un anzuelo flexible).

—¿Específicamente?

—Específicamente sobre la diferencia entre anécdota y cuento.

—Bien, como ya sabemos para que exista un cuento necesitamos tres elementos básicos: personaje, conflicto y el cambio o transformación del protagonista. Por el contrario en la anécdota existe el protagonista, pero no el conflicto (nada por lo que luchar, ningún deseo que satisfacer de forma perentoria), y por lo tanto (si no hay conflicto) es imposible que se produzca algún cambio en dicho personaje... Dos razones fundamentales que dan lugar a la anécdota.

—¿Podría poner un ejemplo?

—Por supuesto —le digo— y le refiero la historia de uno de mis hermanos cuando éramos pequeños. Siempre que íbamos a la playa o caminábamos por la calle, Ramiro encontraba los más bonitos caracoles, metras, monedas, pelotas... Y un día se encontró un anillo de oro que relucía como si acabara de salir de la joyería. Recuerdo cuánto nos impresionamos aquella vez: saltamos y formamos un escándalo entre risas y gritos de asombro. Luego de un rato me puse a pensar en por qué yo no tenía tanta suerte como mi hermano y me di cuenta de que mientras él andaba con los pies bien puestos sobre la tierra yo me la pasaba flotando entre las nubes.

El cuento y la anécdota —le dije a mi amigo de barba— pueden coincidir en lo entretenido, en lo ilustrativo de un hecho o evento, pero difieren, como ya le dije, en el conflicto y en la transformación del personaje.

—¿Se te ocurre alguna? —le pregunto.

El de barba hace memoria, se sonríe y dice que la Semana Santa pasada asistió a una procesión en San Juan de los Cayos. Todo iba muy bien hasta que uno de los feligreses (un borrachito que caminaba con su botella en la mano como si asistiera a una fiesta patronal) le dijo que como él tenía barba era un buen candidato para que hiciera el papel de Jesús, que no le dolería, lo clavaría con clavos más pequeños y envolvería con pedazos de tela las espinas de la corona para que no lo pincharan... No le di importancia, pero me alejé del grupo tan rápido como pude. No te vayas, me decía muerto de la risa, quédate con nosotros, Jesús...

—Sí, eso sin duda es una anécdota.

Miré al de la corbata a ver si se animaba. Se acomodó en la silla y dijo:

—Una vez, sentado en la Plaza Altamira, una niña que iba con su mamá le dijo Pobrecito ese señor de pelo blanco, que por qué no le daba unas monedas. Yo alcancé a escucharlas y volteé a mirarlas. La madre se sonrió conmigo cuando se dio cuenta de que yo no era ningún pobre viejito.

—De acuerdo... ¿Y nuestra joven amiga, qué nos puede decir?

—No se me ocurre nada, pero una vez, sin darme cuenta, perdí una de mis uñas postizas. No la encontraba por ningún lado y salía para una fiesta, así que pasé toda la noche con el pulgar escondido, como si me faltara un dedo, y cuando me invitaban a bailar parecía que le iba a dar un puño a mi pareja.

—Sí, también eso es una anécdota. Así que aclarado el punto sigamos adelante.

La verdad detrás del cuento (de la anécdota, en este caso)

¿Que su significado no está en la anécdota sino mucho más allá de lo escrito? Sí, en esto coincidimos ciento por ciento independientemente del género que se defina. Desde este punto de vista el conflicto de este escrito podría ser la hipocresía social, la gran crisis de valores vivida por el régimen y reflejada en su administración, y tal vez en toda la sociedad rusa de aquellos años previos a la revolución de 1905. Crisis de valores que aún sume en la miseria intelectual, social y económica a muchos países del planeta.

Cambiemos de continente, de cultura, de época y hablemos un poco sobre Hemingway antes de leer uno de sus cuentos más emblemáticos.

Ernest Hemingway (1898-1961) es un narrador norteamericano cuyos relatos breves son considerados obras maestras del género. Fue un viajero y un aventurero empedernido que buscaba la acción donde quiera que esta estuviera. Participó en la Primera Guerra Mundial y en la Guerra Civil Española. Sus múltiples experiencias le llevaron a escribir decenas de libros y extraordinarios relatos como *El viejo en el puente, Las nieves del Kilimanjaro, Un lugar limpio y bien iluminado, Un gato bajo la lluvia, La luz del mundo...* En 1954 recibió el premio Nobel de Literatura.

Bajo la indudable influencia de Chéjov, en la mayoría de sus relatos no parece ocurrir nada importante, sin embargo sus diálogos (muchos de ellos dan la sensación de inacabados) y su forma tan peculiar de recrear las descripciones, crean un ambiente de fundadas expectativas y de tensión permanente.

Citemos textualmente una incompleta referencia que hice del estadounidense unas líneas más arriba con respecto a violar las reglas, y veamos lo que opina sobre aquello de esconder información en el cuento: «Por si vale la pena que se conozca diré que yo siempre trato de escribir de acuerdo con el principio del témpano de hielo. El témpano conserva siete octavas partes de su masa debajo del agua por cada parte que deja ver. Uno puede eliminar cualquier cosa que conozca, y eso sólo fortalece el témpano de uno. Es la parte que no se deja ver. Si un escritor omite algo porque no lo conoce, entonces hay un vacío en el relato».

Veamos entonces qué esconde el premio Nobel norteamericano en este, uno de sus cuentos más reconocidos.

El viejo en el puente
(653 palabras)

Un viejo con gafas de montura metálica y la ropa llena de polvo estaba sentado junto a la carretera. Habían tendido unos pontones y los cruzaban carros, camiones y hombres, mujeres y niños. Los carros de mulas subían tambaleándose las orillas empinadas del río con los soldados ayudando a empujar los radios de las ruedas. Los camiones patinaban al subir la rampa y los campesinos se esforzaban en una polvareda que les llegaba a las rodillas. Pero el viejo estaba sentado allí, sin moverse. Estaba demasiado cansado para seguir.

Mi tarea era cruzar el puente, explorar la avanzadilla y saber hasta qué punto había avanzado el enemigo. Lo hice y volví a cruzar el puente. Había menos carros ahora, y muy poca gente cruzaba a pie, pero el viejo seguía sentado allí.

—¿De dónde viene? —le pregunté.

—De San Carlos —dijo, y sonrió.

Era su ciudad natal, y por eso mencionarla se le hacía agradable, y sonrió.

—Cuidaba animales —explicó.

—Oh —dije, sin entenderle del todo.

—Sí —dijo—, ya ve, estaba cuidando animales. Fui el último que abandonó San Carlos.

No parecía un pastor ni un ganadero y le miré la ropa negra y polvorienta y la cara gris y polvorienta, y sus gafas metálicas y dije:

—¿Qué animales eran?

—Varios animales —dijo, y sacudió la cabeza—. Tuve que dejarlos.

Yo miraba el puente y el paisaje africano del delta del Ebro y me preguntaba cuánto faltaba para poder ver al enemigo, y escuchaba todo el tiempo para oír los primeros ruidos que señalarían ese acontecimiento, siempre misterioso, denominado contacto, y el viejo seguía sentado allí.

—¿Qué animales eran? —pregunté.

—En total había tres animales —explicó—. Había dos cabras y un gato, y también había cuatro parejas de pichones.

—¿Y los tuvo que dejar? —pregunté.

—Sí. Por la artillería. El capitán me dijo que me tenía que ir por culpa de la artillería.

—¿No tiene familia? —pregunté, mirando al otro lado del puente, donde los pocos carros que quedaban se apresuraban a descender la pendiente.

—No —dijo—, sólo los animales que le dije. El gato, desde luego, estará bien. Los gatos saben cuidarse, pero me da miedo pensar qué será de los demás.

—¿De qué partido es usted? —pregunté.

—No me meto en política —dijo—. Tengo setenta y seis años. He andado doce kilómetros ya, y no creo que pueda seguir.

—Este no es un buen sitio para quedarse —dije—. Si puede subir, hay camiones arriba, donde el desvío de Tortosa.

—Esperaré un poco —dijo—, y entonces iré. ¿Dónde van los camiones?

—A Barcelona —le dije.

—No conozco a nadie por ese camino —dijo—, pero se

lo agradezco mucho. Muchas gracias.

Me echó una mirada muy vacía y cansada, y dijo, como si tuviese que compartir sus preocupaciones:

—El gato estará bien, estoy seguro. No hay que preocuparse por el gato. Pero los demás... ¿Qué cree que les pasará?

—Bueno, probablemente les vaya bien.

—¿De verdad?

—¿Por qué no? —dije mirando a la otra orilla, donde ya no había carros.

—Pero ¿qué les pasará con la artillería? A mí me dijeron que tenía que irme por la artillería.

—¿Dejó la jaula de los pichones abierta? —le pregunté.

—Sí.

—Entonces volarán.

—Sí, claro que volarán. Pero los otros... Es mejor no pensar en los otros —dijo.

—Si ya ha descansado, debería irse —le urgí—. Levántese y trate de caminar ahora.

—Gracias —dijo, y se puso en pie, se tambaleó, y volvió a caer sentado en el polvo.

—Cuidaba animales —dijo sordamente, pero ya no me hablaba a mí—. Sólo cuidaba animales.

No se podía hacer nada. Era Domingo de Resurrección y los fascistas avanzaban hacia el Ebro. Era un día gris y nublado, con nubes bajas, y sus aviones no habían podido volar. Eso, y el hecho de que los gatos saben cuidarse solos, era toda la buena suerte que aquel hombre podía esperar.

Análisis

Punto de vista del narrador. En este relato breve nos encontramos con un narrador testigo (el soldado) que está presente en la escena y nos cuenta sobre el viejo que descansa junto a la carretera, sobre él mismo en segunda instancia y sobre todo lo que oye y ve alrededor del polvoriento escenario. En las primeras líneas el soldado aparece como un narrador en tercera persona que nos describe a un «viejo con gafas de montura metálica y la ropa llena de polvo...». Luego en el segundo párrafo nos damos cuenta, no sin cierta sorpresa, de que el narrador está allí: «Mi tarea era cruzar el puente...». Se nos revela entonces como un narrador testigo que cuenta su experiencia; es decir, hablará en primera persona, también lo hará en tercera cuando nos hable del viejo y realizará intervenciones varias cuando el relato lo amerite. Y el autor permitirá de la misma forma que el viejo —a través de las preguntas del soldado— tome la palabra y nos hable de sí mismo, sobre lo que más le preocupa. El soldado, sin embargo, es el que lleva el peso de la narración (no omnisciente, por supuesto), que nos contará lo que sucede en ese concurrido puente, donde hay un viejo que despierta su curiosidad y existe la expectativa de un posible ataque enemigo.

No obstante, si analizamos con atención el último párrafo del cuento, notaremos que la voz cambia. Ya no es el soldado quien habla: se percibe otro tono, otra entonación, otra persona que interviene y observa detalles. Y esa nueva voz no puede ser otra que la del autor: una voz fría, descriptiva, informativa, que salta (por decirlo de alguna manera) de un final convencional a una especie de epílogo con el que cierra el cuento. Así lo siento, como un epílogo que hace las veces de desenlace, que lo complementa y le pone punto final al relato. Esta nueva voz que cierra el cuento es la de un Hemingway omnisciente que todo lo sabe, que incluso puede vaticinar «toda la buena suerte que aquel hombre podía esperar».

Personaje principal. El viejo, sin ninguna duda, es el

protagonista de esta historia. Toda la atención del cuento, desde el primer párrafo donde se menciona un par de veces, se centra en él. Si tenemos alguna vacilación para determinar quién es el principal —de este y de cualquier otro relato (como ya lo hemos dicho)— preguntémonos cuál es el conflicto y sobre quién recae. Esto nos ayudará también a identificar a los personajes secundarios y a ubicarnos en el cuento.

Personaje secundario. El soldado, el narrador ya descrito, es el personaje secundario que sobresale después del principal. Como dije, él está presente, es testigo y nos cuenta parte de su historia, pero principalmente nos cuenta la que vive el anciano, el hombre cansado que ya no puede dar un paso más. También figura el enemigo, los hombres, las mujeres y los niños que cruzan el puente, los soldados y los campesinos; todos apenas mencionados para recrear el ambiente y darle credibilidad a la historia (la famosa «masa» de la que hemos hablado: público de relleno) ¿Son estrictamente necesarios? No con todo el rigor del adverbio. Aparte del soldado —que es fundamental—, el autor pudo haber obviado a los que conforman esa «masa» que aparece en el escrito. Pero si intentamos leer el relato sin ellos nos daremos cuenta de que no se siente el mismo efecto, de que la historia pierde realismo y significado.

Conflicto. Ya sabemos que el conflicto en un cuento lo tiene el personaje que desea algo y que por alguna razón no puede obtener. En este relato el único que desea algo es el viejo, y lo reitera en diferentes ocasiones cuando dice por ejemplo: «Cuidaba animales». «Varios animales. Tuve que dejarlos». «En total había tres animales». «El gato, desde luego, estará bien. Los gatos saben cuidarse, pero me da miedo pensar qué será de los demás...». «¿Qué cree que les pasará?». Está claro que el conflicto del cuento, el que figura impreso en el papel, es el deseo insatisfecho del anciano de seguir cuidando a sus animales; el haberse visto obligado a abandonarlos representa para él una gran preocupación. ¿Quién provoca el conflicto? Podríamos decir en este caso que la fatalidad, es decir, la guerra. «El capitán me dijo que me tenía que ir por la artillería». «Pero ¿qué les pasará con la artillería? A mí me dijeron que tenía que irme por la artillería». Si tomáramos a los que manejan la artillería, o a los «enemigos», como personajes secundarios, entonces el conflicto que vive el principal lo provocarían ellos: el enemigo. De cualquier forma, de lo que sí podemos estar seguros, es de que un factor externo le causa el problema al pobre viejo que todo el tiempo «estaba sentado allí, sin moverse». Si partimos de que el viejo es el principal del relato, entonces no cabe duda de que el secundario es el soldado, el que cuenta la historia como ya señalamos. Es cierto que este secundario también presenta una inquietud que no termina de ser un deseo como tal. Veamos: «Yo miraba el puente y el paisaje africano del delta del Ebro y me preguntaba cuánto faltaba para poder ver al enemigo, y escuchaba todo el tiempo para oír los primeros ruidos que señalarían ese acontecimiento, siempre misterioso, denominado contacto…». Por otro lado (y este sí es un deseo insatisfecho, aunque, tratándose de un desconocido, no se esfuerza mucho en resolverlo) muestra su preocupación por lo que pueda sucederle al anciano: «Este no es un buen sitio para quedarse. Si puede subir, hay camiones arriba, donde el desvío de Tortosa». «Si ya ha descansado, debería irse. Levántese y trate de caminar ahora». Son dos preocupaciones menores que no tienen comparación con el peso del problema central del anciano, reiterado una y otra vez, donde podemos sentir en carne propia el dolor del viejo por haber tenido que abandonar a sus animalitos. Estos «conflictillos» que a veces presentan algunos secundarios (o el mismo protagonista) son necesarios para darle verosimilitud, cuerpo, a la historia, pero debemos tener cuidado de no confundirnos, ya que esto significaría equivocarnos en la elección del personaje principal, lo que nos alejaría de la comprensión del cuento.

Con el fin de ampliar y hacer hincapié en el conflicto, y aunque algunos conceptos se repitan, comentemos la escena previa al segmento anterior, en la que les pregunto a los participantes del taller quién es el principal de la historia y cuál es su conflicto. Miro a mi público y noto que las dudas salen como el agua por la regadera. El amigo de la corbata se la afloja un poco, el de la barbita continúa jalándose la docena de pelos que tiene en la cara y la chica del *piercing* me mira fija con sus hermosos ojos aceitunos. Releo parcialmente el cuento y la chica, con su brillante aro en su labio inferior (me pregunto si no le molesta para comer) argumenta:

—El viejo, profesor, deseaba salvar a sus animalitos y...

—Una tontería —dice el de la corbata.

—¿Por qué lo dice? —intervengo.

—Me parece un conflicto muy tonto para un cuento de un premio Nobel. Un viejo preocupado por unos animalitos... cuando su vida está en peligro... me parece algo absurdo, con poco sentido.

—¿Y tú qué opinas? —le digo al de barba.

Se jala su chiva de mazorca, se aclara la voz y muy reflexivo dice:

—Si nos apegamos a lo que dice el cuento, me parece que lo que más preocupa al pobre viejo son sus animalitos... El escritor lo repite varias veces, no creo que lo haga sin una intención premeditada.

—Estoy de acuerdo —dice la chica mientras se muerde una de sus uñas.

Observo al de la corbata, que no deja de acariciarla como si eso le ayudara a pensar... Pero insiste en su posición.

—Bueno, desde ese punto de vista suena lógico, pero aún considero totalmente ilógico (y perdonen la redundancia) que por unos «animalitos» a este cuento se le considere tan importante, por ejemplo, como para leerlo en un taller de cuento.

—No deja de tener cierta razón nuestro amigo de corbata

—dije, impresionado por la sinceridad del muchacho (es todavía joven a pesar de que tiene el cabello blanco, alrededor de treinta o poco más), uno de esos personajes de los que se dice que no tienen pelos en la lengua y a quien, descubro, le desagradan los animales—. Pero analicemos esto a fondo. El conflicto que se presenta en el cuento, como lo expusieron los demás, es sin duda alguna que el viejo está preocupado por sus animalitos, que sufre por haberlos abandonado, que culpa a la artillería de no poder ocuparse de ellos: es el conflicto principal del cuento, sobre el que se insiste una y otra vez. Pero —y aquí viene la respuesta a su inquietud, le digo al de la corbata—, ¿no se tratará todo de una excusa?

¿No será que Hemingway nos presenta este conflicto si se quiere un tanto banal o irrelevante (aunque nos convence de que es verdaderamente importante para el protagonista) para reflejar algo de mayor trascendencia? Y así es, no hay la más leve duda de ello: Hemingway se vale de un indefenso viejo para reflejarnos (como en el *Iceberg*) el gran conflicto del cuento, que no es otro que el de la guerra: cómo afecta la guerra a un anciano, a un enfermo, a un animal, a cualquiera que ya no pueda valerse por sí mismo; y no hablemos de los miles que en la plenitud de sus facultades físicas pierden las esperanzas de vivir y se aferran a las pequeñas cosas para olvidarse de lo que les rodea. Y el autor utiliza a un soldado para que lo cuente todo, un tipo que se nos presenta humano, sosegado, tratando de ayudar a un anciano que se encuentra en el camino, pero pendiente de ese «acontecimiento, siempre misterioso, denominado contacto» para matar a los enemigos, seres humanos tal vez tan buenas personas como él.

Hubo un silencio sepulcral (me encanta esta expresión. Con el tiempo nos damos cuenta de que hay expresiones que se han repetido tanto, pero tanto, que si no las usamos el párrafo queda como en el aire, como si le faltara algo que ya le pertenece y que nadie le puede quitar, algo que incluso el lector reclama como suyo). Así que después de este gran silencio vino una sonrisa y todos estuvimos de acuerdo en la conclusión alcanzada, incluso el amigo de corbata estiró las piernas y cruzó los dedos en su nuca con expresión satisfecha. Bien por Hemingway.

Escenario. La carretera junto al puente. No hay otro escenario. Lo más recomendable para desarrollar ese evento único que le da contundencia al relato.

Tiempo interno. Muy corto, minutos, lo que pudo haber durado la fortuita conversación.

Descripciones

- **Del escenario.** Sólo hay que releer el primer párrafo para darnos cuenta de la detallada descripción de todo lo que sucede en ese lugar. Recordemos una fracción: «Habían tendido unos pontones y los cruzaban carros, camiones y hombres, mujeres y niños. Los carros de mulas subían tambaleándose las orillas empinadas del río con los soldados ayudando a empujar los radios de las ruedas...». En un solo párrafo se resume la terrible situación que se vive en ese sitio donde un grupo de gente trata de avanzar a como dé lugar y otro, un viejo, está «demasiado cansado para seguir».

- **De la apariencia física de los personajes.** Sobre el protagonista de nuestra historia sabemos que tiene setenta y seis años y que está muy cansado, tanto que él mismo lo reconoce cuando dice: «He andado doce kilómetros ya, y no creo que pueda seguir». Estatura, color de ojos, cabello, piel... ¿son necesarios? No, el autor (que no es el narrador, ya lo sabemos) no los consideró pertinentes y compartimos su criterio (sería irrelevante que el soldado nos diera más detalles en este aspecto; con calificarlo de viejo es más que suficiente). La verdad es que podemos imaginarlo como nos parezca y eso no cambiará la historia. Con respecto al personaje secundario o narrador del relato no sabemos absolutamente nada.

Sólo intuimos que, por ser un soldado en funciones, es un hombre joven.

• **De la personalidad.** Como ya hemos dicho (y perdonen si insisto en esto), se deduce por sus acciones, pensamientos y palabras. Nuestro apreciado viejo ama a los animales, es un buen hombre, de nobles sentimientos: parece preocuparse más por el futuro de sus animales que por su propia vida. No se perdona el haberlos dejado: «El capitán me dijo que me tenía que ir por la artillería». Por otro lado, dada su edad, parece resignado al terrible futuro que le espera. Es un hombre de temple, de carácter, no llora, no se queja de sí, sólo muestra preocupación por los seres de los que se siente responsable y que por desgracia tuvo que abandonar. Y si hablamos del soldado (ya mencionamos algo sobre su personalidad) vemos a un hombre aparentemente tranquilo, como quien espera que llegue el periódico para enterarse de las noticias del día. Se preocupa por el viejo, sí, pero no lo ayuda a caminar o a subirse a uno de esos carros que pasan por el puente. Él está cumpliendo una misión y no se arriesgará por un anciano que ya no puede caminar; también su vida está en peligro.

• **De la naturaleza. Son realmente pocas.** Aparte de que se nos anuncia un río, una gran polvareda y que desde el puente se miraba «el paisaje africano del delta del Ebro», no se describe nada de peso en este sentido hasta que el narrador nos dice, como anticipando un terrible final, «era un día gris y nublado, con nubes bajas...».

• **De los abalorios narrativos.** Veamos algunos ejemplos: «Mi tarea era cruzar el puente, explorar la avanzadilla y saber hasta qué punto había avanzado el enemigo», «¿De dónde viene?», «De San Carlos» «Cuidaba animales», «Fui el último que abandonó San Carlos». «¿Qué animales eran?» «Varios animales... Tuve que dejarlos»... Y como estos ejemplos podríamos vislumbrar muchos y variados. Insisto en que son segmentos de la narrativa, pedazos de ella: otras descripciones, datos extras, informaciones adicionales, pasajes que por instantes hacen que la acción se inserte en nuestro hilo de abalorios narrativos: piezas de un collar que vamos armando para que se ajuste cómodamente en el cuello de una hermosa mujer, detalles dosificados con sentido común, siempre a favor de la historia y con la permanente intención de hacerla verosímil.

Estructura

Hemingway no se complica la vida en este relato y tampoco se la complica al lector. Utiliza la estructura clásica de planteamiento, nudo y desenlace, con la variante de que no hay simetría entre los elementos. El nudo, por ejemplo, está casi al final del cuento. Veamos:

Planteamiento. No hay duda de que es un planteamiento poco común y cargado de eventos insinuantes. Nos presenta a un viejo, nos da una pequeña descripción de su situación, nos habla de un puente atestado de gente y vehículos, etc. Pero como en todos los planteamientos no pasan de ser detalles de poca relevancia u eventos más o menos cotidianos hasta que ocurre algo que nos despierta el interés y nos hace prever un conflicto en el porvenir. **Punto de giro uno:** En este caso la palabra «soldados» logra ese objetivo. Cuando el narrador dice que los «soldados» ayudaban empujando los radios de las ruedas u otras actividades, es el momento donde se deja claro que nos encontramos en un escenario de guerra y que por ese camino, o más o menos apegado a él, se desarrollará el relato que comenzamos a leer. Así que justo allí, en la palabra «soldados», podremos fijar nuestro Punto de giro uno sin temor a equivocarnos. **Nudo:** Basándonos en el análisis anterior (me refiero al del conflicto) y olvidándonos por un momento del gran conflicto que subyace en el relato, podemos decir que el nudo de la historia se presenta cuando ya el viejo pierde las esperanzas de salvar a sus animalitos. Observemos que él no se preocupa por su vida, por su futuro a todas luces incierto y al parecer carente de importancia, se preocupa por sus protegidos, y el nudo debe estar entonces en el punto donde esa preocupación pierde sentido, donde el viejo ya no tiene esperanzas de hacer algo por ellos (aunque los palomos salgan volando). Y ese punto se manifiesta cuando nuestro personaje declara: «Sí, claro que volarán. Pero los otros... Es mejor no pensar en los otros». Esta última frase declara su rendición, es el punto culminante de su conflicto, es cuando acepta su derrota y se entrega sin oponer más resistencia. **Punto de giro dos:** Como dijimos, es ese pequeño quiebre que a veces (digo a veces porque cuando se trata del segundo punto de giro puede haber la posibilidad de obviarse, porque no haga falta o porque simplemente el autor así lo decida) añade o quita algo a la historia, y que cuando se incluye se sitúa en un lugar posterior al nudo. En este caso me complazco en ubicarlo en la parte donde el soldado anima al viejo a caminar y este «...y se puso en pie, se tambaleó, y volvió a caer sentado en el polvo». Hubo algo aquí, un esfuerzo, un intento de seguir adelante, un punto de quiebre que por breves instantes nos creó la expectativa de que tal vez podría caminar, recuperarse y huir de aquel potencial infierno.

—Puede ser un dolor de cabeza esto de ubicar los puntos de giro en una historia —les digo a mis apreciados participantes—. Es a veces tan complicado como encontrar la página de un libro cuando previamente no la hemos marcado.

El de barba sonrió. Yo me di la vuelta y volví al pizarrón.

Desenlace: No hay opciones. Tal vez los gatos del anciano supieran cuidarse solos, y él, por ser Domingo de Resurrección y de nubes bajas, podría vivir un día más.

Cambio del principal: La chica del *piercing*, muy pendiente de todo lo que hemos visto hasta el momento, se acomoda en su asiento y dice:

—¡El cambio! —profesor—. Usted dijo que si el protagonista no se transforma, entonces el cuento pierde algo, su sentido o algo parecido.

—Es cierto —dice el de la corbata y pelo blanco—. Este viejo del final es el mismo que estaba sentado a la orilla de la carretera, con sus mismas preocupaciones y sus mismos deseos insatisfechos... No ha cambiado nada.

El de la barbita guarda silencio por un instante. Luego dice:

—No, no es el mismo, en primer término ya está seguro de que no recuperará a sus animalitos.

—Eso lo sabía desde el principio —adelantó el encorbatado.

—Sí, lo sabía —insiste el de barba—, pero tenía la esperanza de recuperarlos o de hacer algo por ellos. Y cuando el soldado le dijo que intentara andar, él hizo el esfuerzo de levantarse y de hecho lo logró, pero ya no pudo más y cayó de nuevo. Quiero decir, sí cambió, por un instante creyó que podría seguir, pero fracasó en el intento como dice el profesor.

Apoyo la teoría de mi inteligente monje tibetano diciendo que a veces las transformaciones en los personajes pueden ser muy sutiles, apenas perceptibles, y donde se requiere la participación del lector para definirlos con cierta claridad, no siempre tan definitiva.

Y pasamos a otro tema. La del *piercing* sigue comiéndose las uñas y el de la corbata se la ajusta de nuevo no muy convencido de la teoría de nuestro amigo de barba. Los cientos de participantes de las filas traseras escuchan tan atentos como los integrantes de una orquesta cuando el director levanta por primera vez su delgada batuta.

Eso me causa cierta satisfacción, aunque sé que no están ahí, pero me ilusiona pensar que algún día estarán, aunque no nos veamos frente a frente.

Heberto Gamero Contín

La verdad detrás el cuento

Ya hemos dicho que el gran conflicto de este relato no es otro que el de la guerra. Nos escenifica lo que la guerra representa, la miseria moral que acarrea, los inocentes que sufren las consecuencias de esas fuerzas humanas que se enfrentan como seres sinrazón. Hemingway logra que un pequeño conflicto individual dé cuenta de uno grande, amplio, de mayor trascendencia: sin duda, la marca de un gran escritor.

Hablemos ahora de otro de mis cuentistas favoritos, el maestro uruguayo **Mario Benedetti (1920-2009)**, a quien tuvimos la suerte de conocer personalmente en su apartamento de Montevideo en enero de 2007. Se preguntarán cómo logramos tal entrevista. Muy fácil, mi esposa (a quien apodo la Copiloto porque me acompañó en el viaje que hicimos por tierra a lo largo y ancho de Sudamérica) llamó a la Asociación de Escritores de Uruguay y le dijo a la secretaria que éramos unos venezolanos aficionados a la literatura, de paso por la ciudad, y que no queríamos dejar el país sin antes saludar a Mario Benedetti. Sin más preguntas la recepcionista nos dio el teléfono del maestro y lo llamamos a su casa. Sí, cómo no, pueden venir el sábado en la mañana, a las nueve estaría bien, dijo con voz tranquila y sosegada cuando escuchó nuestras andanzas.

Benedetti no sólo fue un espléndido cuentista sino también poeta y novelista. Escribió más de ochenta libros, algunos de los cuales han sido traducidos a decenas de idiomas. Relatos como El Otro Yo, Réquiem con tostadas, La noche de los feos… son considerados algunas de sus obras maestras. Analicemos esta última.

La noche de los feos
(1.059 palabras)

Ambos somos feos. Ni siquiera vulgarmente feos. Ella tiene un pómulo hundido. Desde los ocho años, cuando le hicieron la operación. Mi asquerosa marca junto a la boca viene de una quemadura feroz, ocurrida a comienzos de mi adolescencia.

Tampoco puede decirse que tengamos ojos tiernos, esa suerte de faros de justificación por los que a veces los horribles consiguen arrimarse a la belleza. No, de ningún modo. Tanto los de ella como los míos son ojos de resentimiento, que sólo reflejan la poca o ninguna resignación con que enfrentamos nuestro infortunio. Quizá eso nos haya unido. Tal vez unido no sea la palabra más apropiada. Me refiero al odio implacable que cada uno de nosotros siente por su propio rostro.

Nos conocimos a la entrada del cine, haciendo cola para ver en la pantalla a dos hermosos cualesquiera. Allí fue donde por primera vez nos examinamos sin simpatía pero con oscura solidaridad; allí fue donde registramos, ya desde la primera ojeada, nuestras respectivas soledades. En la cola todos estaban de a dos, pero además eran auténticas parejas: esposos, novios, amantes, abuelitos, vaya uno a saber. Todos —de la mano o del brazo— tenían a alguien. Sólo ella y yo teníamos las manos sueltas y crispadas.

Nos miramos las respectivas fealdades con detenimiento, con insolencia, sin curiosidad. Recorrí la hendidura de su pómulo con la garantía de desparpajo que me otorgaba mi mejilla encogida. Ella no se sonrojó. Me gustó que fuera dura, que devolviera mi inspección con una ojeada minuciosa a la zona lisa, brillante, sin barba, de mi vieja quemadura.

Por fin entramos. Nos sentamos en filas distintas, pero

contiguas. Ella no podía mirarme, pero yo, aun en la penumbra, podía distinguir su nuca de pelos rubios, su oreja fresca bien formada. Era la oreja de su lado normal.

Durante una hora y cuarenta minutos admiramos las respectivas bellezas del rudo héroe y la suave heroína. Por lo menos yo he sido siempre capaz de admirar lo lindo. Mi animadversión la reservo para mi rostro y a veces para Dios. También para el rostro de otros feos, de otros espantajos. Quizá debería sentir piedad, pero no puedo. La verdad es que son algo así como espejos. A veces me pregunto qué suerte habría corrido el mito si Narciso hubiera tenido un pómulo hundido, o el ácido le hubiera quemado la mejilla, o le faltara media nariz, o tuviera una costura en la frente.

La esperé a la salida. Caminé unos metros junto a ella, y luego le hablé. Cuando se detuvo y me miró, tuve la impresión de que vacilaba. La invité a que charláramos un rato en un café o una confitería. De pronto aceptó.

La confitería estaba llena, pero en ese momento se desocupó una mesa. A medida que pasábamos entre la gente, quedaban a nuestras espaldas las señas, los gestos de asombro. Mis antenas están particularmente adiestradas para captar esa curiosidad enfermiza, ese inconsciente sadismo de los que tienen un rostro corriente, milagrosamente simétrico. Pero esta vez ni siquiera era necesaria mi adiestrada intuición, ya que mis oídos alcanzaban para registrar murmullos, tosecitas, falsas carrasperas. Un rostro horrible y aislado tiene evidentemente su interés; pero dos fealdades juntas constituyen en sí mismas un espectáculo mayor, poco menos que coordinado; algo que se debe mirar en compañía, junto a uno (o una) de esos bien parecidos con quienes merece compartirse el mundo.

Nos sentamos, pedimos dos helados, y ella tuvo coraje (eso también me gustó) para sacar del bolso su espejito y arreglarse el pelo. Su lindo pelo.

«¿Qué está pensando?», pregunté.

Ella guardó el espejo y sonrió. El pozo de la mejilla cambió de forma.

«Un lugar común», dijo. «Tal para cual».

Hablamos largamente. A la hora y media hubo que pedir dos cafés para justificar la prolongada permanencia. De pronto me di cuenta de que tanto ella como yo estábamos hablando con una franqueza tan hiriente que amenazaba traspasar la sinceridad y convertirse en un casi equivalente de la hipocresía. Decidí tirarme a fondo.

«Usted se siente excluida del mundo, ¿verdad?».

«Sí», dijo, todavía mirándome.

«Usted admira a los hermosos, a los normales. Usted quisiera tener un rostro tan equilibrado como esa muchachita que está a su derecha, a pesar de que usted es inteligente, y ella, a juzgar por su risa, irremisiblemente estúpida».

«Sí».

Por primera vez no pudo sostener mi mirada.

«Yo también quisiera eso. Pero hay una posibilidad, ¿sabe?, de que usted y yo lleguemos a algo».

«¿Algo cómo qué?».

«Como querernos, caramba. O simplemente congeniar. Llámele como quiera, pero hay una posibilidad».

Ella frunció el ceño. No quería concebir esperanzas.

«Prométame no tomarme como un chiflado».

«Prometo».

«La posibilidad es meternos en la noche. En la noche íntegra. En lo oscuro total. ¿Me entiende?».

«No».

«¡Tiene que entenderme! Lo oscuro total. Donde usted no me vea, donde yo no la vea. Su cuerpo es lindo, ¿no lo sabía?»

Se sonrojó, y la hendidura de la mejilla se volvió súbitamente escarlata.

«Vivo solo, en un apartamento, y queda cerca». Levantó la cabeza y ahora sí me miró preguntándome, averiguando sobre mí, tratando desesperadamente de llegar a un diagnóstico.

«Vamos», dijo.

No sólo apagué la luz sino que además corrí la doble cortina. A mi lado ella respiraba. Y no era una respiración afanosa. No quiso que la ayudara a desvestirse.

Yo no veía nada, nada. Pero igual pude darme cuenta de que ahora estaba inmóvil, a la espera. Estiré cautelosamente una mano, hasta hallar su pecho. Mi tacto me transmitió una versión estimulante, poderosa. Así vi su vientre, su sexo. Sus manos también me vieron.

En ese instante comprendí que debía arrancarme (y arrancarla) de aquella mentira que yo mismo había fabricado. O intentado fabricar. Fue como un relámpago. No éramos eso. No éramos eso.

Tuve que recurrir a todas mis reservas de coraje, pero lo hice. Mi mano ascendió lentamente hasta su rostro, encontró el surco de horror, y empezó una lenta, convincente y convencida caricia. En realidad mis dedos (al principio un poco temblorosos, luego progresivamente serenos) pasaron muchas veces sobre sus lágrimas.

Entonces, cuando yo menos lo esperaba, su mano también llegó a mi cara, y pasó y repasó el costurón y el pellejo liso, esa isla sin barba de mi marca siniestra.

Lloramos hasta el alba. Desgraciados, felices. Luego me levanté y descorrí la cortina doble.

Análisis

Punto de vista del narrador. Nos encontramos con un narrador que nos habla desde la primera persona del singular (yo), pero donde predomina la primera persona del plural (nosotros), por lo que podemos afirmar que en general es un cuento narrado desde el punto de vista de «nosotros» que persiste hasta el final de la historia. El autor no le da importancia al nombre de los personajes, no le parece relevante: se trata de dos feos cualesquiera que podrían llamarse Manuel y María, lo que importa realmente es destacar cuán feos son y cómo tales fealdades afectan sus vidas.

Personaje principal. Ambos, tanto él como ella son los protagonistas de la historia. Veamos por qué en el análisis del conflicto.

Personaje secundario. Parejas en la cola del cine, gente en la cafetería... Necesarios para que el autor, mediante ciertos abalorios narrativos, exponga el grado de fealdad de los protagonistas.

Conflicto. Lo primero que hay que destacar en este relato es que ambos, desde diferentes ópticas, comparten la misma problemática, y el autor lo anuncia desde un principio cuando dice: «ambos somos feos. Ni siquiera vulgarmente feos...» y describe con crudeza lo feo que son. Luego hace referencia al «odio implacable que cada uno de nosotros siente por su propio rostro». El énfasis en su fealdad se repite con tal frecuencia que no queda duda de que ambos, a su manera, comparten la misma adversidad, conflicto o problema. Que no lo toleran —porque si así fuera el cuento no tendría sentido— como parte de sus vidas, que no se han adaptado a su fealdad a pesar de los años que han cargado con ella, sino que por el contrario existe un odio implacable «por su propio rostro». Él lo sabe. También ella. Ambos lo saben aún antes de conocerse cuando se miran por primera vez en la cola del cine. Encuentro que les causa cierta complacencia, una mirada directa y desfachatada de complicidad, la oportunidad ansiada, quizás la tabla de salvación que esta vez parece estar al alcance de sus manos. Son muy feos, sí, horribles, pero van al cine, no se quedan en casa rumiando su fealdad, salen a distraerse, a olvidarse de sus rostros, o en busca de ese otro que un poco más allá también flota a la deriva.

Un conflicto único y compartido, la presentación de un solo evento que, una y otra vez, se pasea a lo largo de todo el relato, sin darnos tregua, sin distracciones, sin escuchar voces, música o el ruido de los coches al pasar. Esto, en esencia, es el cuento y nuestra «Flor del cuento» se cumple a la perfección: una vez fijado el conflicto principal podemos dar cortos paseos por el escenario, por las descripciones, por los diálogos, por los monólogos interiores, por conflictos menores, por el estado del tiempo, por los abalorios narrativos, en fin, recorrer a placer todos esos redondos pétalos siempre con la intención de volver al centro de nuestra flor a tocar, a recordar, a reforzar el conflicto principal. Y luego otro paseo por los curvos pétalos y al centro de nuevo, y de nuevo si es necesario, tantas veces como el relato lo amerite o la extensión y estrategia del escrito lo imponga. En este cuento Benedetti se pasea a placer por los escenarios, por las miradas de los que están en el café, por las murmuraciones indiscretas, por el espectáculo mayor que significa para los demás ver dos fealdades juntas; y esa ironía que subyace, ese tácito resentimiento con el que el narrador que se refiere a los «bien parecidos con quienes merece compartirse el mundo». El escritor de *La tregua* utiliza a su favor todos estos elementos, juega con ellos, nos los presenta sin exageraciones, con pocas palabras y en tono pausado y reflexivo para luego volver, una y otra vez como ya indiqué, al meollo del asunto, al problema central, a nuestra inaceptada fealdad, al odio que, hasta hoy, hemos sentido por nuestros propios rostros.

Escenario. Tres escenarios: el cine, el café y el apartamento del hombre.

Tiempo interno. Corto: una noche.

Descripciones

- **Del escenario.** Ninguno de los tres escenarios está descrito en detalle. Sólo nos muestra los mínimos necesarios para desarrollar la historia y que sus características serán las comunes y corrientes que presenta un cine, una confitería atestada de gente y un apartamento de cortinas dobles donde vive un hombre solo. El autor busca priorizar el conflicto, no distraernos con detalles, no destaca en demasía elementos secundarios que puedan distraer al lector de su preocupación única, evidente y de gran importancia para ellos. Como Chéjov, Benedetti aplica también esta estrategia, regla o norma, intuición o depurado sentido común que le resta importancia a la descripción del escenario cuando este no es relevante para la historia (como sí lo es para el cuento *Continuidad de los parques*, de Julio Cortázar, o *A la deriva*, de Horacio Quiroga, por ejemplo, donde el escenario se convierte en un actor fundamental del relato). O no descartemos que el autor, imbuido en la historia, lo haga sin darse cuenta, sin pensarlo, con la naturalidad con la que un bebé busca el pecho de la madre y ya no hay nada mejor, ya no hay corrección que valga, nada que sumarle y nada que restarle, es lo justo necesario para concentrar la fuerza del cuento y mantener al lector atento en lo que más le interesa.

- **De la apariencia física de los personajes.** No podrían ser más amplias. Sólo hay que releer el relato para darnos cuenta de las veces que repite lo feos que son, la «hendidura de su pómulo», «mi mejilla encogida», el eje de su conflicto, reiterado una y otra vez, de diferentes formas y con diferente intensidad de dolor, como una pieza musical que pasa de un compás a otro sin desprenderse del amargo estribillo que se mantiene en cada nota. De él no dice nada adicional a su quemadura, pero de ella nos muestra «…su nuca de pelos rubios, su oreja fresca bien formada». «Su cuerpo es lindo, ¿no lo sabía?». «Su lindo pelo».

• **De la personalidad.** Ya tenemos una idea de la personalidad de nuestros protagonistas, cómo piensan, qué sienten, qué opinan de sí mismos y de la vida que han llevado. Ambos se entienden, se conocen como si desde niños, son honestos, no temen reconocer sus verdades, son decididos, osados y por encima de todo ya no tienen miedo a probar, a darse una oportunidad, lo que la lleva a ella a responder: «Vamos» a la propuesta de un *desconocido* que vive solo «en un apartamento» que queda cerca.

• **De la naturaleza.** Tampoco Benedetti nos distrae con paisajes o el estado del tiempo, aunque se respira una atmósfera de profunda tristeza. Tal vez la historia se desarrolla en su querida Montevideo, tal vez en Buenos Aires donde vivió tantos años o en Madrid, tan querida como las anteriores. No descartemos Caracas, Bogotá, Lima o Santiago de Chile, por decir algunas, o Nueva York. Lo cierto es que pasa por alto si hace frío o calor, si es primavera, verano u otoño, si la nieve se acumula en las aceras o el paraguas no alcanza para cubrirlos a ambos de la lluvia. Nada de eso le parece relevante al narrador, solo le importa la noche, «la noche íntegra», «lo oscuro total».

• **De los abalorios narrativos.** «Nos sentamos en filas distintas, pero contiguas», «la esperé a la salida… y luego le hablé», «pedimos dos helados», «tuvo coraje para sacar del bolso su espejito…». En fin, ese «Decidí tirarme a fondo».

O ese «Vamos» que sacude al lector, ese riesgo que asume el escritor al seleccionar la palabra adecuada en el momento adecuado, la puesta a prueba de su capacidad literaria, forma parte de esos abalorios narrativos que quiero destacar y sobre los que tanto he insistido.

Estructura

Planteamiento. Ya hemos definido y dado ejemplos de lo que es el planteamiento: una sección inicial del cuento donde en apariencia no sucede nada relevante o que despierte nuestra atención más allá de una lectura que se espera amena e interesante. Pero este planteamiento no es igual a la mayoría, este planteamiento entra en materia desde la primera frase, no se adorna, no pierde tiempo en distracciones, es tajante, rápido, demoledor... **Punto de giro uno:** Prácticamente no hay diferencia entre el planteamiento y el punto de giro uno. Cuando el narrador dice: «Ambos somos feos» e inmediatamente añade: «Ni siquiera vulgarmente feos», es evidente que desde la primera línea nos anuncia cuál será el conflicto del cuento —ya analizamos esto en la sección del conflicto—. Luego explica: «Ella tiene un pómulo hundido...» y «Mi asquerosa marca junto a la boca...». La palabra «asquerosa» es un adjetivo fuerte, pesado, desagradable, que dicho por el propio narrador refiriéndose a sí mismo es un síntoma de rechazo e insatisfacción que no puede verse como algo superficial. Y si nuestro amigo de barba rala y mirada intelectual me pidiera que encapsulara en una sola palabra el Primer punto de giro, le diría: «asquerosa». A partir de ella estamos seguros de que el conflicto del relato quita el cerrojo y nos abre la puerta de su universo. Sin embargo, tratando de ser un poco más flexible en nuestra apreciación y considerando otros puntos de vista, hagamos el ejercicio de obviar las desagradables frases del inicio del cuento. Desde esta perspectiva todavía no sabemos en realidad si ellos están o no conformes con sus respectivas fealdades. Suponemos que no, pero aún no se ha dicho en el texto. Cosa que sí sucede al final del segundo párrafo cuando el narrador afirma: «Me refiero al odio implacable que cada uno de nosotros siente por su propio rostro». Es en esta frase donde estamos totalmente seguros de que se inicia el problema o Punto de giro uno, la declaración clara y sin equívocos, el punto de quiebre que marca el inicio del conflicto.

Como vemos, los puntos de giro o de quiebre de la historia pueden interpretarse de diferentes maneras —a veces, en algunos cuentos, me parece que están vivos, que se multiplican, y que corro tras ellos como si de un remate de libros se tratara—. Lo que sí es cierto es que en algunos relatos estaremos más seguros que en otros de cuál es el verdadero punto de quiebre, el de más peso, el que nos haga vislumbrar esa palabra, esa acción, declaración o pequeño empujón que nos dé entrada al intrincado mundo del conflicto. **Nudo:** Indaguemos un poco y busquemos el Nudo de este cuento. Como los puntos de giro, a veces no es fácil distinguirlos. Hay demasiados nudillos que nos pueden confundir, pequeños conflictos que se pasean ante nosotros como las páginas de un libro cuando las hojeamos con el pulgar. Pero, como ya lo hemos sugerido, preguntémonos qué es lo peor (o mejor) que le puede pasar a nuestra pareja. Lo peor sería que no se entendieran, que ella lo abofeteara por haberle hecho una propuesta *indecente*, que ella o ambos se mostraran indispuestos a superar su realidad, etc., etc. Pero nada de eso ocurrió, entonces nuestro Nudo se traslada a otro escenario, a otra posibilidad. Tendríamos que preguntarnos ahora qué es lo mejor que le puede haber pasado a esta pareja. La respuesta es obvia: que se entiendan, que ella acepte su oferta, que se reconozcan tal y como son, que se den una posibilidad, que lo intenten. Esto nos lleva a un Nudo que bien podemos fraccionar en dos momentos cumbres (como dos montañas gemelas): el primero cuando él recurre a sus reservas de coraje, levanta su mano «lentamente hasta su rostro», encuentra el «surco de horror» y empieza una «lenta, convincente y convencida caricia». Y luego el segundo cuando ella hace algo similar y «pasó y repasó el costurón y el pellejo liso...», esa «isla sin barba de mi marca siniestra». Este, sin duda, es el nudo del relato. Es lo mejor que les puede pasar a estos dos solitarios en similar situación: que toquen sus respectivas fealdades, las acepten y comprueben que no muerden ni queman, simplemente están ahí por adversidades de la vida y entienden que es inútil oponerse a ellas.

Mis tres compañeros de taller asienten de forma convincente, aunque mi amiga del *piercing*, siempre pendiente de todo, me recordó que nos hemos pasado por alto el **Punto de giro dos**. Yo revisé la última parte del cuento y le dije que podía estar en cualquier parte, pero que prefería fundirlo con el desenlace. **Desenlace:** Ya queda poco que decir, ya nuestros protagonistas lloraron su infortunio, se encontraron el uno al otro, aceptaron la realidad que los une y no les queda otra cosa mejor que hacer que descorrer la cortina doble, asomarse a la ventana e irse a dar un paseo por la hermosa rambla de Montevideo donde el Río de La Plata se funde con el Atlántico, o tomarse un café en el Paseo de la Castellana de Madrid, o caminar por el Central Park de New York una tarde de otoño con las manos juntas (ya no «crispadas») y la cabeza en alto, inmunes a las miradas curiosas.

Cambio del principal: De alguna forma quedó dicho en el punto anterior. Estos dos personajes cualesquiera, sin nombre y sin esperanzas del principio del relato, no son los mismos que estos del final: superaron sus temores, sus angustias, sus fantasmas; se apoyaron en sí mismos y lo lograron, tuvieron éxito en una trama que comienza en la oscuridad de una sala de cine y termina con la hermosa claridad del alba que entra por la ventana de unas cortinas dobles, ahora descorridas.

La verdad detrás del cuento

Como les prometí cuando tocamos esta sección en la parte teórica, aprovecho este relato para hacer referencia a la teoría generalmente aceptada de que un cuento u «obra final sólo cobra sentido cuando logra significar algo más allá del entramado de acciones que relata» (palabras de Guillermo Samperio ya mencionadas en dicha sección) y anotar que en mi opinión no existe cuento al que no se le pueda encontrar un significado secundario, oculto o de mayor trascendencia al «entramado de acciones que relata». He leído y analizado cientos de cuentos, de diferentes autores, épocas y países, y no he encontrado uno que no me transmita algo adicional a la historia básica que cuenta. Quiero decir, cuando me empeño en buscar ese algo extra, ese mensaje camuflado, esa historia escondida tras las líneas leídas, lo encuentro sin mayores problemas. Sabemos que algunos relatos informan más que otros, sabemos que algunos son más o menos cercanos al *Iceberg* de Hemingway. Quiero decir, sabemos que la historia subyacente o la que queda tras bambalinas puede ser más o menos obvia o evidente, más o menos impactante —de allí puede derivarse (quizás, no estoy totalmente seguro de esto) la alta o baja calidad de un cuento—, pero la existencia de algo más, de trascendencia, de algo diferente a lo que sugiere el simple relato, lo doy como un hecho inevitable y no sujeto muchas veces a la voluntad del escritor. Se crea a sí mismo y es imposible evitarlo. Crece en paralelo de forma espontánea cuando no se piensa y de manera consciente cuando se premedita, pero nunca falta. *En La noche de los feos* lo podemos ver con claridad. Es una historia que no puede ser más básica, clara, sencilla, breve, cotidiana, arraigada a la tierra, sin datos ocultos o misteriosos enigmas que puedan sugerirnos otras cosas; sin embargo, ¿qué vemos si la analizamos a fondo? ¿Qué nos deja su final? Más de lo que podríamos imaginar: un mundo de palabras abstractas que podría empezar por esperanza, aceptación, felicidad, resignación, compañerismo, apoyo, solidaridad, amor…, palabras abstractas que dan origen a múltiples escenas de la vida real donde la reconciliación es posible. Igual sucede con los cuentos previamente leídos y ocurrirá con los siguientes que analicemos en este libro, y con cualquiera que caiga en nuestras manos después de este taller.

La chica del *piercing* me sonríe con inusual simpatía mientras el de la barba sigue con su manía de halarse los escasos pelos largos y rojos que le caen desde las mejillas. El de corbata, muy serio, se cruza de brazos como preguntándose quién se cree este para hacer o adelantar observaciones a conceptos provenientes de analistas ya reconocidos. Le doy cierta razón, en parte, pero también pienso que llegado a este punto, donde me animo a debatir las teorías de los estudiosos del tema, me viene a la cabeza (y me siento justificado) uno de los consejos del reconocido cuentista Juan Carlos Onetti (premio Cervantes 1988) en su decálogo para el buen escritor donde afirma: «abjuren del maestro sagrado antes del tercer canto del gallo». Pero luego, al recordar a Horacio Quiroga cuando dice: «Cree en el maestro (Poe, Maupassant, Kipling, Chéjov) —y por qué no en Onetti— como en Dios mismo», tal justificación se tambalea al repasar mis conclusiones y reafirmo mi teoría de que no hay cuento, por básico que sea, que no transmita, deje o refleje —si no una historia completa— al menos un mensaje, una enseñanza o una experiencia que vaya más allá del cuento narrado.

Por otro lado me pregunto, ¿cómo hacer para que la propuesta de un extraño que apenas lleva dos horas conociendo a una mujer suene honesta y ella esté de acuerdo, y el lector también esté de acuerdo y entienda por qué esa mujer reacciona de forma digna y adulta y no como una cualquiera? Ya lo han dicho muchos, de eso se trata escribir: la palabra adecuada en el momento adecuado, y para eso, queridos lectores, si no podemos vivir mil vidas, sí podemos leer mil libros, y quizás aún así dudemos al proponerle a una mujer que acabamos de conocer: «vivo solo, en un apartamento, y queda cerca» y que dicha propuesta sea bienvenida por quien la reciba y hasta aplaudida por quienes la lean. Pero hay que asumir riesgos, de eso también se trata la literatura, riesgos donde podemos ganar o perder, convertirnos en genios o en simples buenos escritores. Bien lo dice Eloy Tizón en el prólogo que le escribe a David Lodge, en *El arte de la ficción*: «Los buenos escritores no son buenos por acatar dócilmente los dogmas, es evidente, sino por la extrema libertad que se conceden a sí mismos a la hora de ponerlos en entredichos o quebrarlos. La historia de la literatura está hecha de excepciones antes que de mandamientos. Los grandes narradores suelen ser grandes infractores, grandes desobedientes». Comparto ciento por ciento la opinión de este destacado autor español, pero haciendo énfasis en que todos estos grandes escritores, que se arriesgaron a hacer las cosas diferentes, de una u otra forma, bien sea porque hayan leído mil libros o escrito hasta que te «duelan los dedos» —como aconsejaba Chéjov a su hermano Alexánder— aprendieron a violar las reglas, a seguir —o intuir— ese famoso consejo de Hemingway del que ya hicimos referencia donde afirma que se puede violar o alterar con éxito lo que se conoce, lo que se domina; pero violar lo desconocido, lo que se ignora, nos llevará por un camino largo y tortuoso: el de la incertidumbre y posible fracaso. Por otro lado, muchos de estos grandes infractores gozan de la genialidad de violar los «dogmas» y al mismo tiempo hacerse entender. Sus cuentos no son cajas fuertes inexpugnables, por el contrario, se abren con facilidad.

La noche de los feos, en conclusión: un evento único, una pareja que comparte un único conflicto, pocos escenarios, descripciones cortas y dosificadas, un tiempo interno reducido y la evidente transformación que se opera en los protagonistas hacen de este relato una pequeña joya que merece la pena compartir, y al mismo tiempo guardar bajo llave, en el lugar donde nada caduca.

Hablemos de **Raymond Carver (1939-1988)**. Es un escritor estadounidense que no me canso de leer. Se ha ganado el epíteto de «Padre del minimalismo moderno» porque es una original mezcla entre Hemingway y Chéjov, lo que determina que sus cuentos sean también cotidianos, realistas, de gran impacto sicológico, y ese aire de insuficiencia que subyace en la atmósfera de sus historias nos deja a veces perplejos, a veces reflexivos y a veces, hay que decirlo, confundidos (pero esto sólo sucede con algunos de sus finales, porque sus tramas se entienden perfectamente bien). Sus personajes son gente común y corriente que vive eventos de la vida diaria con cierto desgano. Pero el tono que usa Carver: lento, cauteloso, quedo; la forma de presentar los conflictos: con pasmosa sencillez, como si no pasara nada en realidad; las descripciones: cortas, precisas y oportunas; los abundantes diálogos, hacen del norteamericano una referencia obligatoria para cualquiera que desee convertirse en cuentista o en un buen lector de cuentos. Carver insinúa una amenaza permanente, un temor oculto que él se encarga de exponer y desentrañar como el experto sicólogo que intenta descubrir el origen de los males de sus pacientes. Una vez declaró: «El mundo es una amenaza para muchos de los personajes de mis historias. La gente que elijo para escribir siente una amenaza, y creo que la mayoría de la gente siente al mundo como un lugar amenazante». *Tres rosas amarillas, Quieres hacer el favor de callarte, por favor, Parece una tontería, Catedral, Tanta agua cerca de casa y Vecinos,* figuran entre sus relatos más destacados.

Analicemos *Vecinos*, uno de los cuentos de este autor que me resulta más interesante porque engloba, refleja o da una idea de toda su obra.

Vecinos
(2.080 palabras)

Bill y Arlene Miller eran una parcja feliz. Pero de vez en cuando se sentían que solamente ellos, en su círculo, habían sido pasados por alto, de alguna manera, dejando que Bill se ocupara de sus obligaciones de contador y Arlene ocupada con sus faenas de secretaria. Charlaban de eso a veces, principalmente en comparación con las vidas de sus vecinos Harriet y Jim Stone. Les parecía a los Miller que los Stone tenían una vida más completa y brillante. Los Stone estaban siempre yendo a cenar fuera, o dando fiestas en su casa, o viajando por el país a cualquier lado en algo relacionado con el trabajo de Jim.

Los Stone vivían enfrente del vestíbulo de los Miller. Jim era vendedor de una compañía de recambios de maquinaria, y frecuentemente se las arreglaba para combinar sus negocios con viajes de placer, y en esta ocasión los Stone estarían de vacaciones diez días, primero en Cheyenne, y luego en Saint Louis para visitar a sus parientes. En su ausencia, los Millers cuidarían del apartamento de los Stone, darían de comer a Kitty, y regarían las plantas.

Bill y Jim se dieron la mano junto al coche. Harriet y Arlene se agarraron por los codos y se besaron ligeramente en los labios.

—¡Divertíos! —dijo Bill a Harriet.

—Desde luego —respondió Harriet—. Divertíos también.

Arlene asintió con la cabeza. Jim le guiñó un ojo.

—Adiós Arlene. ¡Cuida mucho a tu maridito!

—Así lo haré —respondió Arlene.

—¡Divertíos! —dijo Bill.

—Por supuesto —dijo Jim sujetando ligeramente a Bill del brazo—. Y gracias de nuevo.

Los Stone dijeron adiós con la mano al alejarse en su coche, y los Miller les dijeron adiós con la mano también.

—Bueno, me gustaría que fuéramos nosotros —dijo Bill.

—Bien sabe Dios lo que nos gustaría irnos de vacaciones —dijo Arlene. Le cogió del brazo y se lo puso alrededor de su cintura mientras subían las escaleras a su apartamento.

Después de cenar Arlene dijo:

—No te olvides. Hay que darle a Kitty sabor de hígado la primera noche.

Estaba de pie en la entrada a la cocina doblando el mantel hecho a mano que Harriet le había comprado el año pasado en Santa Fe.

Bill respiró profundamente al entrar en el apartamento de los Stone. El aire ya estaba denso y era vagamente dulce. El reloj en forma de sol sobre la televisión indicaba las ocho y media. Recordó cuando Harriet había vuelto a casa con el reloj; cómo había venido a su casa para mostrárselo a Arlene meciendo la caja de latón en sus brazos y hablándole a través del papel del envoltorio como si se tratase de un bebé.

Kitty se restregó la cara con sus zapatillas y después rodó en su costado pero saltó rápidamente al moverse Bill a la cocina y seleccionar del reluciente escurridero una de las latas colocadas. Dejando a la gata con su comida se dirigió al baño. Se miró en el espejo y a continuación cerró los ojos y volvió a mirarse. Abrió el armarito de las medicinas. Encontró un frasco con pastillas y leyó la etiqueta: Harriet Stone. Una al día según las instrucciones, y se la metió en el bolsillo. Regresó a la cocina, sacó una jarra de agua y volvió al salón. Terminó de regar, puso la jarra en la alfombra y abrió el aparador donde guardaban el licor. Del fondo sacó la botella de Chivas Regal. Bebió dos veces de la botella, se limpió los labios con la manga y volvió a ponerla en el aparador.

Kitty estaba en el sofá durmiendo. Apagó las luces, cerrando lentamente y asegurándose de que la puerta quedara cerrada. Tenía la sensación de que había dejado algo.

—¿Qué te ha retenido? —dijo Arlene. Estaba sentada con las piernas cruzadas, mirando televisión.

—Nada. Jugando con Kitty —dijo él, y se acercó a donde estaba ella y le tocó los senos.

—Vámonos a la cama, cariño —dijo él.

Al día siguiente Bill se tomó solamente diez minutos de los veinte y cinco permitidos en su descanso de la tarde y salió a las cinco menos cuarto. Estacionó el coche en el estacionamiento en el mismo momento que Arlene bajaba del autobús. Esperó hasta que ella entrara al edificio, entonces subió las escaleras para alcanzarla al descender del ascensor.

—¡Bill! Dios mío, me has asustado. Llegas temprano —dijo ella.

Se encogió de hombros. No había nada que hacer en el trabajo —dijo él. Le dejó que usara su llave para abrir la puerta. Miró a la puerta al otro lado del vestíbulo antes de seguirla dentro.

—Vámonos a la cama —dijo él.

—¿Ahora? —rió ella—. ¿Qué te pasa?

—Nada. Quítate el vestido —la agarró toscamente, y ella le dijo:

—¡Dios mío! Bill.

Él se quitó el cinturón. Más tarde pidieron comida china, y cuando llegó la comieron con apetito, sin hablarse, y escuchando discos.

—No nos olvidemos de dar de comer a Kitty —dijo ella.

—Estaba en este momento pensando en eso —dijo el—. Iré ahora mismo.

Escogió una lata con sabor a pescado, después llenó la jarra y fue a regar las plantas. Cuando regresó a la cocina, la gata estaba arañando su caja. Le miró fijamente antes de volver a su caja. Bill abrió todos los gabinetes y examinó las comidas enlatadas, los cereales, las comidas empaquetadas, los vasos de vino y de cóctel, las tazas y los platos, las cacerolas y las sartenes. Abrió el refrigerador. Olió el apio, dio dos mordiscos al queso, y masticó una manzana mientras caminaba al dormitorio. La cama parecía enorme, con una colcha blanca de pelusa que cubría hasta el suelo. Abrió el cajón de una mesilla de noche, encontró un paquete medio vacío de cigarrillos, y se los metió en el bolsillo. A continuación se acercó al armario y estaba abriéndolo cuando llamaron a la puerta. Se paró en el baño y tiró de la cadena al ir a abrir la puerta.

—¿Qué te ha retenido tanto? —dijo Arlene—. Llevas más de una hora aquí.

—¿De verdad? —respondió él.

—Sí, de verdad —dijo ella.

—Tuve que ir al baño —dijo él.

—Tienes tu propio baño —dijo ella.

—No me pude aguantar —dijo él. Aquella noche volvieron a hacer el amor.

Le había pedido a Arlene que le despertara por la mañana. Se dio una ducha, se vistió, y preparó un desayuno ligero.

Trató de empezar a leer un libro. Salió a dar un paseo y se sintió mejor. Pero después de un rato, con las manos todavía en los bolsillos, regresó al apartamento. Se paró delante de la puerta de los Stone por si podía oír a la gata moviéndose. A continuación abrió su propia puerta y fue a la cocina a coger la llave.

En su interior parecía más fresco que en su apartamento, y más oscuro también. Se preguntó si las plantas tenían algo que ver con la temperatura del aire. Miró por la ventana, y después se movió lentamente por cada una de las habitaciones considerando todo lo que se le venía a la vista, cuidadosamente, un objeto a la vez. Vio ceniceros, artículos de mobiliario, utensilios de cocina, el reloj. Vio todo. Finalmente entró en el dormitorio, y la gata apareció a sus pies. La acarició una vez, la llevó al baño, y cerró la puerta.

Se tumbó en la cama y miró al techo. Se quedó un rato con los ojos cerrados, y después movió la mano por debajo de su cinturón. Trató de acordarse qué día era. Trató de recordar cuándo regresaban los Stone, y se preguntó si regresarían algún día. No podía acordarse de sus caras o de la manera cómo hablaban y vestían. Suspiró y con esfuerzo se dio la vuelta en la cama para inclinarse sobre la cómoda y mirarse en el espejo.

Abrió el armario y escogió una camisa hawaiana. Miró hasta encontrar unos pantalones cortos, perfectamente planchados y colgados sobre un par de pantalones de tela marrón. Se mudó de ropa y se puso los pantalones cortos y la camisa. Se miró en el espejo de nuevo. Fue a la sala y se sirvió una bebida y comenzó a beberla de vuelta al dormitorio. Se puso una camisa azul, un traje oscuro, una corbata blanca y azul, zapatos negros de punta. El vaso estaba vacío y se fue para servirse otra bebida.

En el dormitorio de nuevo, se sentó en una silla, cruzó las piernas, y sonrió observándose a sí mismo en el espejo. El teléfono sonó dos veces y se volvió a quedar en silencio. Terminó la bebida y se quitó el traje. Rebuscó en el cajón superior hasta que encontró un par de medias y un sostén. Se puso las medias y se sujetó el sostén, después buscó por el armario para encontrar un vestido. Se puso una falda blanca y negra a cuadros e intentó subirse la cremallera. Se puso una blusa de color vino tinto que se abotonaba por delante. Consideró los zapatos de ella, pero comprendió que no le entrarían. Durante un buen rato miró por la ventana del salón detrás de la cortina. A continuación volvió al dormitorio y puso todo en su sitio.

No tenía hambre. Ella no comió mucho tampoco. Se miraron tímidamente y sonrieron. Ella se levantó de la mesa y comprobó que la llave estaba en la estantería y a continuación se llevó los platos rápidamente. Él se puso de pie en el pasillo de la cocina y fumó un cigarrillo y la miró recogiendo la llave.

—Ponte cómodo mientras voy a su casa —dijo ella. Lee el periódico o haz algo—. Cerró los dedos sobre la llave. Parecía —dijo ella— algo cansado.

Trató de concentrarse en las noticias. Leyó el periódico y encendió la televisión. Finalmente, fue al otro lado del vestíbulo. La puerta estaba cerrada.

—Soy yo. ¿Estás todavía ahí, cariño? —llamó él. Después de un rato la cerradura se abrió y Arlene salió y cerró la puerta.

—¿Estuve mucho tiempo aquí? —dijo ella.

—Bueno, sí estuviste —dijo él.

—¿De verdad? —dijo ella—. Supongo que he debido estar jugando con Kitty.

La estudió, y ella desvió la mirada, su mano estaba apoyada en el pomo de la puerta.

—Es divertido —dijo ella—. Sabes, ir a la casa de alguien más así—. Asintió con la cabeza, tomó su mano del pomo y la guió a su propia puerta. Abrió la puerta de su apartamento.

—Es divertido —dijo él.

Notó hilachas blancas pegadas a la espalda del suéter y el color subido de sus mejillas. Comenzó a besarla en el cuello y el cabello y ella se dio la vuelta y le besó también.

—¡Jolines! —dijo ella—. Jolines —cantó ella con voz de niña pequeña aplaudiendo con las manos—. Me acabo de acordar de que me olvidé real y verdaderamente de lo que había ido a hacer allí. No di de comer a Kitty ni regué las plantas. Le miró, ¿no es eso tonto?

—No lo creo —dijo él—. Espera un momento. Recogeré mis cigarrillos e iré contigo.

Ella esperó hasta que él cerrara con llave su puerta, y entonces se cogió de su brazo, más arriba del codo, y dijo:

—Me imagino que te lo debería decir. Encontré unas fotografías.

Él se paró en medio del vestíbulo.

—¿Qué clase de fotografías?

—Ya las verás tú mismo —dijo ella y le miró con atención.

—No estarás bromeando —sonrió él—. ¿Dónde?

—En un cajón —dijo ella.

—No bromeas —dijo él. Y entonces ella dijo:

—Tal vez no regresarán —e inmediatamente se sorprendió de sus palabras.

—Es posible —dijo él—. Todo es posible.

—O tal vez regresarán y... —pero no terminó.

Se cogieron de la mano durante el corto camino por el vestíbulo, y cuando él habló casi no se podía oír su voz.

—La llave —dijo él—. Dámela.

—¿Qué? —dijo ella—. Miró fijamente a la puerta.

—La llave —dijo él—. Tú tienes la llave.

—¡Dios mío! —dijo ella—. Dejé la llave dentro.

—Él probó el pomo. Estaba cerrado con llave. A continuación intentó mover el pomo. No se movía. Sus labios estaban abiertos, y su respiración era dificultosa. Él abrió sus brazos y ella se le echó en ellos.

—No te preocupes —le dijo Bill al oído—. Por Dios, no te preocupes.

Se quedaron allí, quietos. Abrazados. Se apoyaron contra la puerta, como en contra de un viento, el uno en brazos del otro.

Análisis

Punto de vista del narrador. En este relato nos encontramos con un narrador externo con preponderancia en la tercera persona del plural (ellos), que observa y nos cuenta un evento que ocurre entre los varios personajes que conforman la historia. La presencia de los diálogos, como en muchos cuentos de Carver, es determinante también en este, es decir, el narrador interviene poco, nos guía, nos da señales, nos informa con seguridad, pero el grueso de la narración está en boca de los propios personajes.

Personaje principal. Una primera leída al cuento nos dice que Bill y Arlene Miller es la pareja que más peso tiene en la obra, de los que más habla el narrador, lo que nos lleva a pensar que ellos son los protagonistas del relato. Pero veremos si eso es cierto cuando revisemos la parte del conflicto, porque como ya sabemos el conflicto siempre lo tiene el (o varios, si comparten el mismo problema) protagonista del cuento.

Personaje secundario. De lo anterior se deriva, por supuesto, que Harriet y Jim Stone son los personajes secundarios del relato. Unos secundarios muy importantes, es obvio, porque sin ellos el cuento no tendría sentido. También está la pequeña Kitty, que aunque no le daría el estatus de personaje secundario cumple un rol de cierta importancia en el cuento: el narrador la necesita (al igual que a las plantas) para que los Miller «cumplan» su misión.

Conflicto. ¿Quién desea algo en este cuento? ¿Quién luce incompleto, insatisfecho? ¿Quién añora una cosa que por alguna razón no tiene o no puede tener? ¿A quiénes les gustaría vivir otra vida? ¿A Harriet y a Jim? No, claro que no, ellos no parecen tener ningún problema: salen de vacaciones con frecuencia, visitan a sus parientes de vez en cuando, acostumbran a cenar fuera, a dar fiestas en su casa... En fin, su única preocupación expuesta en el cuento es el cuido de su casa, regar las plantas y que la pequeña Kitty sea alimentada oportunamente, y acuden a sus vecinos y amigos para este fin. Dicho esto ya no tenemos dudas de que el conflicto y los personajes principales del relato son Bill y Arlene Miller. Ahora veamos en detalle cuál es el conflicto de esta pareja, de alguna forma ya anunciado en las primeras líneas del párrafo. Lo primero que debemos aclarar es que el conflicto lo tienen ambos, lo que da lugar a un solo y único problema que, como ya hemos dicho hasta la saciedad, refuerza el relato, le da concentración, unicidad de efecto, lo pone en el camino de ser un mejor cuento... Resumamos el conflicto entonces: Bill y Arlene no se sienten bien (o satisfechos) con la vida que llevan. Ella es secretaria y él trabaja como contador. «Eran una pareja feliz», dice el narrador al comienzo del relato, no obstante de inmediato nos anuncia un pero: «Pero de vez en cuando se sentían que solamente ellos, en su círculo, habían sido pasados por alto...». Y luego añade: «Les parecía a los Miller que los Stone tenían una vida más completa y brillante». Son afirmaciones que cualquier pareja puede compartir sin necesidad de que eso se convierta en un conflicto, es cierto, pero si a ello le sumamos la serie de eventos que de forma casi natural se van sucediendo a través del relato nos damos cuenta de la gravedad del problema que los aqueja; no sólo se sienten insatisfechos con sus propias vidas, sino que desearían ser como los Stone, viajar como los Stone, relacionarse como los Stone, vestir como los Stone, tener sexo como o con los Stone... al menos por unos días, al menos por el tiempo que ellos estuviesen ausentes. Hasta casi llegan a olvidar los rostros de sus vecinos y a pensar que tal vez no regresen nunca de su viaje. Quizá de esa forma, en sus mentes algo perturbadas, podrían vivir como ellos de verdad o, peor aún, convertirse en ellos mismos y dejar de ser los aburridos Miller que hasta ahora creen haber sido.

Para complementar este segmento le pregunto a la audiencia quién le ocasiona el conflicto a los Miller. ¿La fatalidad, un personaje secundario, ellos mismos? Sí, no hay duda, ellos mismos se causan el conflicto: algo despierta, algo se hizo presente en ellos, algo que comienza a horadar sus vidas (cansancio, aburrimiento...) quién sabe hasta qué punto. Pero tengamos paciencia y analicemos otros elementos del cuento y luego, en la estructura, profundizaremos un poco más en este conflicto.

Escenario. El escenario principal es sin duda la casa de los Stone, luego la casa de los Miller, y por último el vestíbulo o pasillo que separa ambos apartamentos; esto sin tomar en cuenta el lugar donde se efectuó la despedida inicial. Tres escenarios que siendo rigurosos podríamos reducir a uno, por cuanto toda la trama se desarrolla allí, en ese edificio de apartamentos.

Tiempo interno. Realmente corto, tal vez un par de días, poco más o menos.

Descripciones

- **Del escenario.** Hay que releer el cuento poniendo nuestra atención solo en la descripción de los escenarios, sobre todo el de la casa de los Stone, para darnos cuenta de que este escenario —y la mención de todo lo que allí se encuentra— hace al cuento, vive como un personaje más. Así sabemos que los Stone tienen un armario de medicinas, jarras de agua en la nevera, botellas de whisky, comidas enlatadas, empaquetadas, vasos y copas varias, tazas, platos, cacerolas y sartenes, quesos y manzanas, mobiliario en general y ropas en los armarios: todo lo que generalmente hay en una casa común y corriente. Observemos que desde el comienzo del taller hemos dicho que las descripciones deben ser cortas y precisas, sin embargo en este cuento la descripción del escenario es larga y detallada, y la excepción obedece a una sola razón: son necesarias para expresar lo que Bill y Arlene ven y en el fondo anhelan, eje central de este relato.

- **De la apariencia física de los personajes.** Carver en este cuento no hace énfasis en este tipo de descripciones. No sabemos cómo son ellos físicamente, ni los principales ni los secundarios, pero podemos intuir por sus actuaciones que son parejas relativamente jóvenes, tal vez entre treinta y cuarenta años y sin hijos.

- **De la personalidad.** Como hemos reiterado, cada palabra, gesto o acción que manifieste el o los personaje es un reflejo de su conducta, comportamiento o personalidad. En el caso de Bill y Arlene, por ser los protagonistas de la historia, son los más descritos en este aspecto. De Harriet y Jim Stone sólo podemos concluir que son una pareja feliz, que son muy amigables con sus vecinos y sociables con amigos y relacionados, tanto que «les parecía a los Miller que los Stone tenían una vida más completa y brillante». Sin embargo sobre Bill y Arlene hay mucho más que decir. Ya desde las primeras líneas el narrador nos anuncia que «habían sido pasados por alto» en su círculo de amigos; esto nos anuncia desde ya una incomodidad, una molestia o insatisfacción que podrían ser tomadas como rasgos un tanto negativos de la personalidad de ambos. Luego de la feliz despedida, Bill le comenta a Arlene: «Bueno, me gustaría que fuéramos nosotros». Y Arlene le respondió que bien sabía Dios lo que les gustaría irse de vacaciones. Comentarios aparentemente superficiales que no tenían por qué representar un problema para ellos. De hecho, hasta ese momento no pasaba nada, se tomaron de la cintura y se fueron a su apartamento con la mayor tranquilidad. Es cuando Bill entra al apartamento de los Stone por primera vez y donde algo muy extraño se apodera de él. Tal vez la liberación de un sentimiento oculto, o la primera expresión de su insatisfecha vida en pareja. Allí se encuentra con otro mundo, un mundo que no es el de él, pero que comienza a desearlo para sí y para su mujer. Para ello investiga, camina por el salón, por la cocina, por el baño, por los cuartos, observa, toca, huele, se pone ropas de los Stone (tanto de Jim como de Harriet), vive fantasías, se deleita con lo que toca, con lo que huele y ve; no se hace preguntas, no se cuestiona; está solo, lo sabe, se siente libre de hacer lo que le plazca, de dejarse llevar, de conocer a ese otro Bill que lleva dentro y que parece sentirse a gusto con lo que hace. Por su parte Arlene, cuando tiene la oportunidad, hace lo mismo, vive la misma fantasía que Bill, la disfruta, husmea a fondo, descubre unas fotos que alimentan su expectativa, excusa para aliarse con Bill, para confesarse iguales, para hacerse cómplices en la procura de una nueva vida, una que no les pertenece pero que puede llegar a ser suya porque ellos «Tal vez no regresarán».

• **De la naturaleza.** En este relato Carver no ve necesario describir detalles en este aspecto, deja que el lector asuma que si los vecinos se van unos días de vacaciones (y es necesario que alguien les riegue las plantas) es porque hace buen tiempo y muy probablemente sean días de verano. Aunque hay una pequeña descripción del ambiente que no debemos pasar por alto. Y es cuando Bill entra al apartamento de los Stone y se encuentra con que «El aire ya estaba denso y era vagamente dulce». Este aire «vagamente dulce», sencillo, solitario, sin aparente importancia, fue el que respiró Bill al abrir la puerta del apartamento de sus vecinos; una atmósfera que sin duda lo cautivó.

• **De los abalorios narrativos.** Los hay en abundancia; de hecho, sin ellos, como en cualquier relato, el cuento quedaría tan agujereado como un alfiletero vacío. Veamos algunos ejemplos: «...en esta ocasión los Stone estarían de vacaciones», «En su ausencia los Millers cuidarían del apartamento de los Stone», «Adiós Arlene. ¡Cuida mucho a tu maridito!», «Así lo haré, respondió Arlene»... En fin, insisto, pedazos de historia, datos nunca irrelevantes que van construyendo el relato y dándole sentido.

Mis amigos de primera fila respiran hondo. Los tres a la vez, como si se hubiesen puesto de acuerdo. A la chica del *piercing* ya no le quedan uñas, el de barba no deja de halarse el par de largos pelos que tiene a cada lado del rostro y el amigo de la corbata se la aflojó aún más y liberó el botón del cuello.

—¿Preguntas? —digo.

—La estructura, profe, vayamos a la estructura —adelanta el de barba—. No veo el nudo en este cuento.

—Tampoco yo —dijo la del piercing—, lo he leído varias veces y nada.

El de corbata negó con la cabeza cuando volteé a mirarlo.

—Ok —dije.

Estructura

La de siempre: planteamiento, nudo y desenlace. Expuesta en ese orden, solo que con una importante asimetría entre cada elemento, abundantes puntos de giro secundarios o menores, un nudo difícil de ubicar (pero existente) y una trama donde las cosas ocurren en orden cronológico. Veamos:

Planteamiento. A pesar de que el narrador nos dice desde un principio que «Bill y Arlene eran una pareja feliz...», pero que de vez en cuando se sentían un poco fuera de grupo o «pasados por alto» por su círculo de amigos, lo hace con tan poco énfasis, con tal tranquilidad, que nos pone en alerta tal vez, pero no necesariamente (como ya mencioné en alguna parte) nos hace ver, o nos convence, de que ese es el inicio del conflicto sino parte del planteamiento al que se le suma la larga despedida entre las dos parejas: todo risas y buenos deseos... E incluso se nos informa que su amistad no es reciente ni superficial cuando hace alusión al mantel hecho a mano que Harriet le regaló a Arlene el año pasado. En algún momento Arlene le recuerda a Bill que hay que darle la comida a Kitty. Bill se va al apartamento de los Stone y alimenta a la gatita. Luego se dirige al baño, ¿por qué lo hizo? Tal vez porque tenía ganas de orinar o de lavarse las manos (aunque esto último pudo haberlo hecho en la cocina). Pero no, se miró en el espejo, «cerró los ojos y volvió a mirarse». Hasta el momento no ha pasado nada de significativa relevancia, todo ha marchado con cierta normalidad. **Punto de giro uno:** Pero cuando Bill abre el «armarito de las medicinas», se encuentra con un frasco de pastillas que pertenecen a Harriet «y se las metió en el bolsillo» es cuando podemos decir sin temor a equivocarnos que nos hemos topado con el punto de giro uno, el primer punto de quiebre significativo y real de la historia, el que nos da entrada al conflicto, un conflicto que comenzará a agigantarse a medida que avanza la trama. Punto de giro que se refuerza muchas veces a través del relato: cuando Bill pone la jarra de agua sobre la alfombra; cuando abre el aparador de los licores y se toma un par de tragos de whisky, cuando luego regresa y hace todas las cosas que ya sabemos, cuando Arlene se une al equipo y repite la conducta de su esposo, las veces que hacen el amor tal vez pensando en los Stone... Cientos de detalles, de pequeñas otras descripciones o abalorios narrativos, de señales apenas iluminadas que hacen de este relato un camino de piedras, algunas muy puntiagudas y difíciles de sortear. **Nudo:** Un ligero murmullo se escucha en el salón de clases. Mis tres amigos están a la expectativa, la «masa» toda quiere saber dónde está el nudo de este cuento. Algunos ya lo han descubierto, otros tienen dudas... Es cuando insisto en la pregunta, la misma que me hago siempre que leo cualquier cuento: ¿Qué es lo peor (o mejor) que le puede pasar al protagonista (en este caso a los protagonistas) con relación al conflicto planteado? Para responder a ella es aconsejable repasar y resumir en el menor número de palabras el conflicto que ya definimos en la sección respectiva: Bill y Arlene Miller desean ser como Harriet y Jim Stone, desean vivir como ellos, incluso vestir como ellos, y al menos durante unos días tienen esa posibilidad. ¿Hasta qué punto podría llegar esta obsesión? ¿Sería algo pasajero, lo olvidarían, o llegaría todo aquello a representar algo de verdadera importancia en sus vidas? No lo sabemos. Es el misterio del cuento, lo que queda en el aire y cada lector es libre de sacar su propia conclusión. Ahora bien, si estamos claros en que este es el conflicto, lo peor que le puede suceder a la pareja Miller es que por algún motivo esa posibilidad desaparezca, se esfume, se borre del mapa pero no de sus mentes. Y esto ocurre justo en el momento que Arlene declara: «¡Dios mío! Dejé la llave dentro». Este es el nudo del relato: ya Bill y Arlene no podrán entrar más al apartamento de los Stone, ya no podrán jugar a ser como ellos, no podrán sentarse en el sofá, tomar su licor, usar la ropa de Jim o la de Harriet, ya no podrán vivir todas esas fantasías que tácitamente estaban compartiendo y que al menos por unos días iban a disfrutar, casi una tragedia para ellos. Ese mundo, esa posibilidad de ser diferentes, de dejar de ser ellos, se les cerró para siempre. **Punto de giro dos:** Parece no existir. El nudo del relato está tan avanzado, es decir, tan cerca del final, que sería un poco aventurado tratar de establecer otro quiebre de la historia a estas alturas. Lo que sí podemos decir es que «Él probó el pomo» y comprobó que en verdad «estaba cerrado con llave». Ya no había dudas, había que comprobar que el pomo «no se movía». «Su respiración era dificultosa». «Él abrió sus brazos y ella se le echó en ellos». «No te preocupes. Por Dios, no te preocupes», le dijo Bill a Arlene. Cualquiera de estas frases, o todas ellas en su globalidad, podrían tomarse como un gran punto de giro dos, que forma parte también del inminente desenlace. **Desenlace:** «Se quedaron allí, quietos. Abrazados. Se apoyaron contra la puerta, como en contra de un viento, el uno en brazos del otro». Es un desenlace muy elegante, sugerente, con ese toque de incertidumbre que caracteriza a los buenos cuentos: un maravilloso final, sí, pero implacable para los protagonistas que ahora se ven enfrentados a la incertidumbre de sus propias vidas.

Cambio del principal: Sin duda el cambio es dramático. No son estos del final los mismos Bill y Arlene del principio del cuento. El narrador aclara en la primera línea que «eran una pareja feliz. Pero de vez en cuando se sentían que solamente ellos, en su círculo, habían sido pasados por alto…». De vez en cuando significa a veces, no siempre; así mismo se nos sugiere que esto no era algo muy importante para ellos, que todavía no había un conflicto del que preocuparse, por lo que se puede decir que sí, Bill y Arlene Miller eran una pareja feliz, con sus defectos y quejas, pero sin grandes problemas que resolver… Por el contrario, estos Bill y Arlene del final del relato, que se abrazan y se apoyan «contra la puerta, como en contra de un viento…», parecen no tener fuerzas para mantenerse en pie, un gran duelo los invade; la posibilidad de ser como los Stone, de ser diferentes, de vivir la vida de sus vecinos incluso hasta la lujuria, se les ha escapado de las manos. Ahora son otros Miller, entristecidos, infelices, reconocidos en su vacío, protagonistas de un final abierto de impredecibles consecuencias.

La verdad detrás del cuento

De algún modo ya está dicho. Bill y Arlene, Manuel y

María, cualquier marido y mujer, de pronto se dan cuenta de que la vida que llevan no les satisface, no les llena, el gusanillo de la infelicidad comienza a escarbar bajo su piel e intentan hacer algo por evitarlo (llevan tanto tiempo juntos): cambiar los muebles, tener otro hijo, comprar una nueva TV, bajar de peso, conocer Islandia... O, no lo descartemos, vivir la vida de sus vecinos, desaparecer y convertirse en otras personas.

Viajemos a México y hablemos un poco de **Juan Rulfo (1917-1986)**, de quien Jorge Luis Borges dijo (refiriéndose a su novela corta Pedro Páramo): «Es una de las mejores novelas de la literatura de lengua hispánica, y aun de toda la literatura». No vivió una grata niñez: su padre fue asesinado cuando tenía solo seis años y su madre falleció cuatro años después, por lo que tuvo que pasar algún tiempo con su abuela y otros años interno en el orfanato de Guadalajara. Tal vez estos dolorosos acontecimientos, lejos de convertirlo en un muchacho rebelde e inadaptado, fueron los detonantes de una gran sensibilidad y de un talento como pocos para escribir; talento que lo llevó a ser considerado el más grande narrador mexicano de todos los tiempos, a pesar de su muy corta obra (apenas una novela y diecisiete cuentos bajo el título *El llano en llamas*) los personajes de sus relatos son los mismos campesinos con los que trató en su niñez y adolescencia: gente pobre, de poca cultura, humilde, y también violenta, en un ambiente de provincia o caserío que de pronto se convierte en un fantasmal escenario de almas en pena. Sus cuentos son cortos, y ese aire de intimidad y cercanía, ese dolor que transmiten, se debe en mi opinión a que los personajes hablan tal y como son, tal y como una vez compartió con ellos, sin parlamentos falsos ni palabras poco creíbles, el lenguaje del pueblo algo mejorado tal vez, a veces cercano a la poesía.

Analicemos uno de sus principales cuentos.

No oyes ladrar a los perros
(1.309 palabras)

—Tú que vas allá arriba, Ignacio, dime si no oyes alguna señal de algo o si ves alguna luz en alguna parte.

—No se ve nada.

—Ya debemos estar cerca.

—Sí, pero no se oye nada.

—Mira bien.

—No se ve nada.

—Pobre de ti, Ignacio.

La sombra larga y negra de los hombres siguió moviéndose de arriba abajo, trepándose a las piedras, disminuyendo y creciendo según avanzaba por la orilla del arroyo. Era una sola sombra, tambaleante.

La luna venía saliendo de la tierra, como una llamarada redonda.

—Ya debemos estar llegando a ese pueblo, Ignacio. Tú que llevas las orejas de fuera, fíjate a ver si no oyes ladrar los perros. Acuérdate que nos dijeron que Tonaya estaba detrasito del monte. Y desde qué horas que hemos dejado el monte. Acuérdate, Ignacio.

—Sí, pero no veo rastro de nada.

—Me estoy cansando.

—Bájame.

El viejo se fue reculando hasta encontrarse con el paredón y se recargó allí, sin soltar la carga de sus hombros. Aunque se le doblaban las piernas, no quería sentarse, porque después no hubiera podido levantar el cuerpo de su hijo, al que allá atrás, horas antes, le habían ayudado a echárselo a la espalda. Y así lo había traído desde entonces.

—¿Cómo te sientes?

—Mal.

Hablaba poco. Cada vez menos. En ratos parecía dormir. En ratos parecía tener frío. Temblaba. Sabía cuándo le agarraba a su hijo el temblor por las sacudidas que le daba, y porque los pies se le encajaban en los ijares como espuelas. Luego las manos del hijo, que traía trabadas en su pescuezo, le zarandeaban la cabeza como si fuera una sonaja. Él apretaba los dientes para no morderse la lengua y cuando acababa aquello le preguntaba:

—¿Te duele mucho?

—Algo —contestaba él.

Primero le había dicho: «Apéame aquí... Déjame aquí... Vete tú solo. Yo te alcanzaré mañana o en cuanto me reponga un poco». Se lo había dicho como cincuenta veces. Ahora ni siquiera eso decía. Allí estaba la luna. Enfrente de ellos. Una luna grande y colorada que les llenaba de luz los ojos y que estiraba y oscurecía más su sombra sobre la tierra.

—No veo ya por dónde voy —decía él. Pero nadie le contestaba.

El otro iba allá arriba, todo iluminado por la luna, con su cara descolorida, sin sangre, reflejando una luz opaca. Y él acá abajo.

—¿Me oíste, Ignacio? Te digo que no veo bien. Y el otro se quedaba callado.

Siguió caminando, a tropezones. Encogía el cuerpo y luego se enderezaba para volver a tropezar de nuevo.

—Este no es ningún camino. Nos dijeron que detrás del cerro estaba Tonaya. Ya hemos pasado el cerro. Y Tonaya no se ve, ni se oye ningún ruido que nos diga que está cerca. ¿Por qué no quieres decirme qué ves, tú que vas allá arriba, Ignacio?

—Bájame, padre.

—¿Te sientes mal?

—Sí

—Te llevaré a Tonaya a como dé lugar. Allí encontraré quien te cuide. Dicen que allí hay un doctor. Yo te llevaré con él. Te he traído cargando desde hace horas y no te dejaré tirado aquí para que acaben contigo quienes sean.

Se tambaleó un poco. Dio dos o tres pasos de lado y volvió a enderezarse.

—Te llevaré a Tonaya.

—Bájame.

Su voz se hizo quedita, apenas murmurada:

—Quiero acostarme un rato.

—Duérmete allí arriba. Al cabo te llevo bien agarrado. La luna iba subiendo, casi azul, sobre un cielo claro.

La cara del viejo, mojada en sudor, se llenó de luz. Escondió los ojos para no mirar de frente, ya que no podía agachar la cabeza agarrotada entre las manos de su hijo.

—Todo esto que hago, no lo hago por usted. Lo hago por su difunta madre. Porque usted fue su hijo. Por eso lo hago. Ella me reconvendría si yo lo hubiera dejado tirado allí, donde lo encontré, y no lo hubiera recogido para llevarlo a que lo curen, como estoy haciéndolo. Es ella la que me da ánimos, no usted. Comenzando porque a usted no le debo más que puras dificultades, puras mortificaciones, puras vergüenzas.

Sudaba al hablar. Pero el viento de la noche le secaba el sudor. Y sobre el sudor seco, volvía a sudar.

—Me derrengaré, pero llegaré con usted a Tonaya, para que le alivien esas heridas que le han hecho. Y estoy seguro de que, en cuanto se sienta usted bien, volverá a sus malos pasos. Eso ya no me importa. Con tal que se vaya lejos, donde yo no vuelva a saber de usted. Con tal de eso... Porque para mí usted ya no es mi hijo. He maldecido la sangre que usted tiene de mí. La parte que a mí me tocaba la he maldecido. He dicho: «¡Que se le pudra en los riñones la sangre que yo le di!». Lo dije desde que supe que usted andaba trajinando por los caminos, viviendo del robo y matando gente... Y gente buena. Y si no, allí esta mi compadre Tranquilino. El que lo bautizó a usted. El que le dio su nombre. A él también le tocó la mala suerte de encontrarse con usted. Desde entonces dije: «Ese no puede ser mi hijo».

—Mira a ver si ya ves algo. O si oyes algo. Tú que puedes hacerlo desde allá arriba, porque yo me siento sordo.

—No veo nada.

—Peor para ti, Ignacio.

—Tengo sed.

—¡Aguántate! Ya debemos estar cerca. Lo que pasa es que ya es muy noche y han de haber apagado la luz en el pueblo. Pero al menos debías de oír si ladran los perros. Haz por oír.

—Dame agua.

—Aquí no hay agua. No hay más que piedras. Aguántate. Y aunque la hubiera, no te bajaría a tomar agua. Nadie me ayudaría a subirte otra vez y yo solo no puedo.

—Tengo mucha sed y mucho sueño.

—Me acuerdo cuando naciste. Así eras entonces. Despertabas con hambre y comías para volver a dormirte. Y tu madre te daba agua, porque ya te habías acabado la leche de ella. No tenías llenadero. Y eras muy rabioso. Nunca pensé que con el tiempo se te fuera a subir aquella rabia a la cabeza... Pero así fue. Tu madre, que descanse en paz, quería que te criaras fuerte. Creía que cuando tú crecieras irías a ser su sostén. No te tuvo más que a ti. El otro hijo que iba a tener la mató. Y tú la hubieras matado otra vez si ella estuviera viva a estas alturas.

Sintió que el hombre aquel que llevaba sobre sus hombros dejó de apretar las rodillas y comenzó a soltar los pies, balanceándolo de un lado para otro. Y le pareció que la cabeza; allá arriba, se sacudía como si sollozara.

Sobre su cabello sintió que caían gruesas gotas, como de lágrimas.

—¿Lloras, Ignacio? Lo hace llorar a usted el recuerdo de su madre, ¿verdad? Pero nunca hizo usted nada por ella. Nos pagó siempre mal. Parece que en lugar de cariño, le hubiéramos retacado el cuerpo de maldad. ¿Y ya ve? Ahora lo han herido. ¿Qué pasó con sus amigos? Los mataron a todos. Pero ellos no tenían a nadie. Ellos bien hubieran podido decir: «No tenemos a quién darle nuestra lástima». ¿Pero usted, Ignacio?

Allí estaba ya el pueblo. Vio brillar los tejados bajo la luz de la luna. Tuvo la impresión de que lo aplastaba el peso de su hijo al sentir que las corvas se le doblaban en el último esfuerzo. Al llegar al primer tejaván, se recostó sobre el pretil de la acera y soltó el cuerpo, flojo, como si lo hubieran descoyuntado.

Destrabó difícilmente los dedos con que su hijo había venido sosteniéndose de su cuello y, al quedar libre, oyó cómo por todas partes ladraban los perros.

—¿Y tú no los oías, Ignacio? —dijo—. No me ayudaste ni siquiera con esta esperanza.

Análisis

Punto de vista del narrador. En este relato, aunque comienzan hablando los personajes, un narrador en tercera persona (a veces del singular, a veces del plural) que hace apariciones esporádicas nos cuenta la historia de esos dos que van por la vereda.

Personaje principal. El viejo o papá de Ignacio.

Personaje secundario. Ignacio, la difunta madre, el compadre Tranquilino, los que ayudaron al viejo a echarse al hijo a la espalda.

Conflicto. El padre desea o debe o quiere llevar a su hijo a Tonaya para que un doctor cure sus heridas. No va a Tonaya a pasar el fin de semana, a visitar a unos familiares o a sentarse en el bar del pueblo a tomar tequila, su interés es salvar a su hijo, el motor del relato. Lo lleva a cuestas... Es cierto que el hijo está herido y que esto podría significar un conflicto mayor, en cuyo caso Ignacio sería el protagonista, pero debemos tener cuidado y dar crédito a lo que está escrito, confiar en lo que nos cuenta el narrador y en el peso que le atribuye a los diferentes personajes. En este relato el único que manifiesta una preocupación reiterada, un deseo insatisfecho, una meta por alcanzar es el viejo, el padre de Ignacio, que no deja de repetir frases como: «Te llevaré a Tonaya a como dé lugar. Allí encontraré quien te cuide. Dicen que allí hay un doctor. Yo te llevaré con él...». Luego, después de tambalearse un poco se endereza e insiste: «Te llevaré a Tonaya». Está empeñado en lograr su objetivo. Tal vez fracase, pero tiene fe de lograrlo no obstante su pesada carga, el largo trecho recorrido, la invisibilidad del camino. «Me derrengaré, pero llegaré con usted a Tonaya para que le alivien esas heridas que le han hecho». «Duérmete allá arriba.

Al cabo te llevo bien agarrado». «¡Aguántate! Ya debemos estar cerca», le dice con ánimos de que el hijo se sostenga, de que no se entregue, de que pronto llegarán al pueblo y harán algo por él. Ignacio, por su parte, habla poco, apenas expresa su dolor, ¿está débil, cansado, ha perdido mucha sangre?, no lo sabemos. A la pregunta: «¿Cómo te sientes?», él responde: «Mal», restándole importancia a sus heridas o resignado ya a su fatal destino. Claro que es grave lo que le pasa a Ignacio, pero es obvio que el peso del relato recae sobre el viejo: es el que muestra, repito, una verdadera preocupación, el que acciona y lucha por lograr un objetivo, que no es otro, ya lo dijimos, que el de llegar pronto a Tonaya para salvar a su hijo; por lo tanto es él quien tiene el conflicto y, en consecuencia, el papel de protagonista. ¿Quién le ocasiona el conflicto? Ignacio, claro, un personaje secundario lo pone en esta difícil situación.

Escenario. Dos escenarios: un camino entre montañas que a veces pasa por las orillas de un arroyo y, al final, la población de Tonaya.

Tiempo interno. Corto, unas cuantas horas.

Descripciones

- **Del escenario.** Ambos personajes caminan por un intrincado sendero donde «la sombra larga y negra de los hombres siguió moviéndose de arriba abajo, trepándose a las piedras, disminuyendo y creciendo según avanzaba por la orilla del arroyo...», «Ya debemos estar llegando a ese pueblo, Ignacio», «Acuérdate que nos dijeron que Tonaya estaba detrasito del monte...». Todo el relato se desarrolla en este camino solitario, campestre, hacia el pueblo donde atenderían al herido. Un hombre viejo lleva a su hijo a cuestas a la espera de una señal, de una luz, del ladrido de unos perros al menos, para animarse, para tener pruebas de que ya les falta poco para llegar a su destino.

• **De la apariencia física de los personajes.** No hay descripciones físicas de forma directa en este relato, sino más bien sugeridas. Como lectores intuimos que el viejo no es tan viejo dada su fortaleza física y que su hijo, según sus antecedentes, ya no es un niño, que está herido y que no tiene fuerzas para caminar. Por lo demás, todo queda a nuestra imaginación, nada difícil cuando el escenario y el diálogo son tan definitorios. Sólo tenemos que recordar aquellas viejas películas mexicanas para figurarnos el aspecto físico de estos personajes: el color de su piel, de sus ojos, lo lacio de sus cabellos; tal vez los ojos rasgados, la baja estatura y los músculos del cuerpo duros como las piedras del lugar. Así que Rulfo debe de haber pensado que todo el mundo sabe cómo son los campesinos mexicanos: muy similares en apariencia, y que no tenía por qué perder el tiempo describiendo físicamente o encajonando a dos de ellos entre las rejas de una descripción como si el suceso fuera irrepetible, por el contrario, de esta manera, sin descripciones físicas concretas, da la sensación de generalidad, de que esto podría sucederle a cualquier campesino mexicano.

• **De la personalidad.** Son las que más abundan en el cuento. Ya hablamos de evitar en lo posible los calificativos para representar la personalidad de nuestros protagonistas. Ellos, con su sola actuación, nos mostrarán su forma de ser. Recordemos a Henry James: «No lo digas, muéstralo». Sin embargo los calificativos y las palabras abstractas como ya hemos dicho sí nos serán útiles a efectos didácticos o ensayísticos para definir la conducta de un individuo. Entonces, si hablamos del hombre mayor, la impresión que nos da a lo largo del relato es deque es un hombre recio, de carácter, voluntarioso, terco, respetuoso de la memoria de los muertos y de las leyes. Llevará a su hijo a Tonaya a como dé lugar, así sea a rastras, aunque se «derrengue». Esto por un lado, y por el otro no lo hará por él sino por «su difunta madre. Porque usted fue su hijo. Por eso lo hago. Ella me reconvendría si yo lo dejara tirado allí...». Luego le dice: «Porque para mí usted ya no es mi hijo. He maldecido la sangre que usted tiene de mí... He dicho: '¡Que se le pudra en los riñones la sangre que yo le di!' Lo dije desde que supe que usted andaba trajinando por los caminos, viviendo del robo y matando gente... Y gente buena». Ya este corto segmento es una buena muestra descriptiva de la personalidad de nuestro protagonista, que se reafirma a lo largo del relato. Sobre Ignacio no hay mucho que decir: la vida o las circunstancias lo convirtieron en un delincuente. Ahora, herido y acarreado por su padre, parece llorar, ¿por su propio infortunio, por el recuerdo de su madre, por las terribles palabras que le ha dicho su padre?, no se sabe. El narrador dice: «Sobre su cabello sintió (el viejo) que caían gruesas gotas, como de lágrimas». *Como de lágrimas*, es decir, no estamos seguros si eran lágrimas, sudor o gotas de sangre, pero asumamos que lloraba (que, confío, es lo que el narrador nos quiere decir), eso le da un toque de humanidad a la personalidad de Ignacio, un aspecto de su conducta que apenas se roza en el cuento. Observemos que no hay una escena que nos pruebe cuán delincuente es o fue Ignacio, pero lo dice el viejo, en quien creemos ciegamente. Otra cuestión que queda a nuestra interpretación es que, el viejo, ¿verdaderamente odiaba a su hijo, de verdad deseaba «¡que se le pudra en los riñones la sangre que yo le dí!?» ¿De verdad hacía todo ese esfuerzo por miedo a una reprimenda de la difunta esposa si abandonaba al muchacho allí, en medio del monte, para que muriera como un desgraciado? Tal vez no, aunque fuera un delincuente y hubiese matado a gente buena, era su hijo, simplemente, y fuera por lo que fuera, mientras tuviese fuerzas, haría lo posible por salvarlo. Es una mera hipótesis que comparto con ustedes. Mis alumnos, muy calladitos todos, a veces siento que no están frente a mí, que son una ilusión que va y viene a placer.

- **De la naturaleza.** También se hacen referencias a la naturaleza, justificadas obviamente por el escenario al aire libre donde se desarrolla el cuento. Es de noche y ese toque poético, apenas perceptible, que se asoma en casi todos los escritos de Rulfo, destaca lo pueblerino, le da elegancia, invita a vivirlo. «La luna venía saliendo de la tierra, como una llamarada redonda». Luego: «Allí estaba la luna. Enfrente de ellos. Una luna grande y colorada que les llenaba de luz los ojos y que estiraba y oscurecía más su sombra sobre la tierra». E insiste con la luna a medida que el par de hombres avanza y el tiempo les apremia: «La luna iba subiendo, casi azul, sobre un cielo claro». Y ya casi al final: «Vio brillar los tejados bajo la luz de la luna». Ya lo hemos visto, las descripciones de este tipo pueden obviarse, pero no podemos negar que realzan el cuento, lo ponen bonito, lo hacen más creíble... A veces leemos un cuento y nos gusta más que otros, muchas veces no sabemos por qué. Es cuestión de gusto, diría el de barbita antes de hacer este taller o cualquiera de ustedes antes de leer este libro; sí, en parte, diría yo, pero principalmente es cuestión de estructura, de lógica, de sentido común, de aplicar ciertas reglas y de saber cómo romperlas, de maquillaje, de tiempo y paciencia... No son casualidades, los buenos cuentos.

- **De los abalorios narrativos.** «La sombra larga y negra de los hombres», «Era una sola sombra», «Tú que llevas las orejas de fuera, fíjate a ver si no oyes ladrar a los perros», «El viejo se fue reculando hasta encontrarse con el paredón y se recargó allí, sin soltar la carga de sus hombros...». Pudiéramos transcribir una buena parte del cuento haciendo alusión a estos abalorios narrativos, segmentos, pequeñas mostacillas que van ensartando la narrativa misma.

Estructura

Como todos, Rulfo también se vale de la estructura convencional del cuento para desarrollar la historia. No obstante las variables pueden ser infinitas. Veamos cómo el maestro mexicano arma este relato.

Planteamiento. Rulfo nos presenta a un Ignacio que ya va herido y su padre entabla un diálogo con él. La primera frase del viejo: «Tú que vas allá arriba, Ignacio, dime si no oyes alguna señal...», nos crea de inmediato una incertidumbre. «...allá arriba», ¿dónde?, ¿por un camino paralelo más alto en la montaña, sobre un caballo o una mula, sobre una carreta...? El otro le responde que no se ve nada y la incertidumbre continua hasta que el viejo anuncia que se está cansando e Ignacio le dice «Bájame». Es en este momento que el enigma se aclara y nos damos cuenta de que el viejo lleva al hijo sobre los hombros. El planteamiento se produce en plena acción, una mezcla entre planteamiento y nudo, como los eslabones intermedios de una larga cadena. **Punto de giro uno:** ¿Dónde ubicar el primer punto de quiebre entonces, el que nos introduce en el conflicto, si el planteamiento roba elementos del nudo para materializarse? En estos casos lo mejor es dejarse llevar por el texto y buscar aquello que primero despierte nuestra atención... Observo a mis amigos de primera fila y veo que Rulfo ha logrado transmitirles la incertidumbre a ellos también. El de la corbata zafada cruza sus piernas y luego las descruza, se pasa la mano por su cabeza blanca y vuelve a cruzar las piernas. Le pregunto qué opina y me dice que el Punto de giro uno está en la primera línea del cuento, formando parte del planteamiento, como habíamos insinuado. Cuando le pregunto por qué me responde que es un comienzo muy raro, que fue lo primero que despertó su atención tal y como recomendamos. No tuve argumentos para rebatir su punto de vista. Subí las cejas en señal de pregunta y miré a la amiga del *piercing* en el labio (un grueso mechón de pelo verde le tapa la mitad de la cara; para ver de frente prefiere mover la cabeza que apartárselo con la mano: un leve movimiento de cuello que, por gravedad, deja su otro ojo libre. Me gustaría decirle que tiene unos bonitos ojos y que la mayor parte del tiempo ese mechón de pelo no deja ver uno de ellos. Entonces ella podría darme las gracias o enojarse por meterme en lo que no me importa, lo que daría lugar a un cuento donde el personaje principal podría ser ella si se siente acosada por un hombre que pretende que se corte su bello mechón verde... O yo, si me empeño en que una de mis alumnas se corte el horrible mechón de pelo verde que le tapa uno de sus ojos; conflictos graves si así nos lo proponemos, y muy diferentes según quien narre la historia). Se acarició la argolla que lleva en la boca y dijo que para ella el primer Punto de giro surge cuando el viejo le dice al hijo «Pobre de ti, Ignacio», y dibuja unas comillas en el aire. Por segunda vez me siento sin argumentos para rebatir su razonamiento. Sin hacer comentarios fijo mi mirada en el de barba rala y rojiza que meditabundo me observa como si yo fuera una pieza de museo (otra metáfora tópica pero irresistible... He llegado a la conclusión de que nuestro amigo no se deja la barba para verse mayor ni por rebeldía ni por ahorrar en afeitadoras u hojillas, lo hace por el placer de estirarse, alisarse, sobarse los pocos pelos que le cuelgan de las mejillas y mentón. Lo hace con frecuencia, casi todo el tiempo, una y otra vez, durante toda la clase, es un deleite para él, un pasatiempo, el cigarrillo para el fumador o la copa para el bebedor, un vicio que, por fortuna, no le causa ningún daño, por el contrario, lo hace ver más inteligente, reflexivo, intelectual... A diferencia de la chica del *piercing* no le pediría que se cortara la barba, más bien haría votos para que un día se le poblara tal y como él la sueña, un deseo frustrado que él mismo se ocasiona: tema para otro cuento). Alisa su barba una vez más y con el cuento en la mano, todo lleno de tachaduras y notas al margen, nos dice que no está de acuerdo con sus compañeros, que el primer punto de giro de este relato está cuando el narrador dice (y lee): «El viejo se fue reculando hasta encontrarse con el paredón y se recargó allí, sin soltar la carga de sus hombros». Cuando le pregunto por qué piensa que en ese punto comienza el conflicto, el joven responde sin pausa que es el momento donde estamos totalmente seguros de que el padre lleva al hijo sobre los hombros, que por alguna razón no puede caminar, que lo más probable es que esté herido o enfermo y no pueda hacerlo por su propia cuenta; eso nos introduce de lleno en el conflicto, por eso el viejo está apurado por llegar al pueblo lo antes posible... Por tercera vez me siento desarmado. Y aquí podemos ver lo relativo que en algunos relatos puede ser determinar el primer punto de giro, donde muchas veces salta de línea en línea como las pelotitas en una máquina de azar. De algún modo estoy de acuerdo con los tres participantes, pero si alguien me apuntara con un arma y pidiera mi opinión al respecto, diría que concuerdo con la amiga del *piercing*: la frase del viejo: «Pobre de ti, Ignacio», me pone en alerta, me abre las puertas del conflicto, aunque este se haya iniciado mucho antes, en otro momento y lugar no definido en el relato. **Nudo:** Ya sabemos que el conflicto de nuestro protagonista no es otro que llegar a Tonaya con el fin de que un doctor atienda y salve la vida de su hijo. Salvar la vida del muchacho entonces es la esencia del conflicto, lo principal, el motor del cuento como ya mencioné más arriba. Teniendo esto claro hagámonos la pregunta de siempre. En este caso, ¿qué es lo peor que le puede pasar a nuestro protagonista con relación al conflicto planteado?

—Que Ignacio muera —dijo la del *piercing* sin pensarlo dos veces.

—Correcto —dijo nuestro amigo de barba.

El de la corbata me sorprendió con un parco y convincente *sí*.

—De acuerdo con todos —me sumé yo, y pregunté además—: ¿En qué lugar entonces podríamos ubicar el nudo del relato?

—Cuando Ignacio «dejó de apretar las rodillas y comenzó a soltar los pies, balanceándose de un lado para otro» —dijo el de la corbata.

—No —dijo la amiga del piercing—, en ese momento todavía el viejo no sabía si el chamo había muerto. Creo que el nudo está cuando el viejo se recuesta «sobre el pretil de la acera y soltó el cuerpo flojo, como si lo hubieran descoyuntado».

—Tampoco es allí donde está el verdadero nudo —dijo el de barba—. Y por la misma razón que diste antes —volteó a mirar a la del piercing—: Todavía en ese momento no estamos ciento por ciento seguros de que Ignacio estuviese muerto, lo suponemos pero no tenemos la certeza. Cuando sí estamos seguros es cuando el narrador dice: «Destrabó difícilmente los dedos con que su hijo había venido sosteniéndose de su cuello».

Es correcto, al afirmarse que con dificultad el viejo destrabó los dedos con que su hijo había venido sosteniéndose significa que ya estaba duro, tieso, con algunas horas de fallecido, lo que quiere decir también que murió en algún momento de la travesía. Así que, si queremos ser estrictos y rigurosos en este aspecto, el nudo de este relato está en un punto impreciso entre el momento en que Ignacio dejó de apretar las rodillas y comenzó a soltar los pies y cuando el viejo dejó caer el cuerpo sobre la acera, flojo, como si lo hubieran descoyuntado. Es un nudo cuyo pico existe, es alto y muy puntiagudo, pero cierta neblina cubre su vértice. **Punto de giro dos y Desenlace:** Al parecer el viejo no quiere aceptar la muerte de su hijo. Ya sabe que está muerto. Al destrabar los dedos de su cuello tuvo que haberlo notado. Sin embargo, refiriéndose a los perros que ladran por todas partes, le dice: «¿Y tú no los oías, Ignacio?», una pregunta desconcertante que más que un punto de giro nos precipita al desenlace cuando añade: «No me ayudaste ni siquiera con esta esperanza». Final que se presta a muchas conjeturas. Por supuesto que el viejo sabía que su hijo cayó al suelo muerto como si lo hubiesen descoyuntado, flojo el cuerpo, los dedos tiesos y engarrotados, pero tenía esperanzas de llegar a tiempo, de salvarle la vida; no le fue posible, fracasó, luchó por lograr su objetivo, hizo su mejor y mayor esfuerzo, pero la fatalidad se impuso y dio al traste con sus deseos… El viejo quería que su hijo le respondiera si oía ladrar a los perros no sólo para saber que se acercaban a Tonaya sino para comprobar que todavía vivía, que al menos con esa esperanza Ignacio lo podía ayudar.

Cambio del principal: No hay duda de que nuestro protagonista ahora, al final del relato, no es el mismo que el del principio. Su hijo murió, ya no importa que haya llegado a Tonaya ni que los perros estén ladrando. Hizo lo posible por resolver su problema satisfactoriamente pero no lo logró: la gravedad de las heridas de su hijo, el tortuoso acarreo, el tiempo transcurrido, se lo impidieron. En resumen, el viejo era un personaje esperanzado, con una idea fija entre ceja y ceja; este de ahora es un hombre derrotado, entregado, aparentemente resignado por lo que le deparó el destino. ¿Sufre, amaba al muchacho? Creo que sí, aunque no lo demuestra de la forma convencional dadas las penurias y enojos que le hizo pasar... A fin de cuentas el autor deja que cada quien saque sus propias conclusiones. Y, como ya dijimos, quizás todos tengamos un poco de razón.

La verdad detrás del cuento

Si nos empeñamos en buscar un mensaje más allá del texto que hemos leído (como cuentistas debemos hacerlo siempre) encontraríamos muchos: la inseguridad imperante en el campo mexicano de aquellos años, el amor que un padre puede prodigar a su hijo aunque este sea un delincuente y haya matado a su padrino, el esfuerzo que es capaz de hacer para salvarlo, la aparente indiferencia y resignación con que lo acarrea, las diferentes conductas de dos personas, parientes, que viven en el mismo ambiente y época, el respeto a la memoria de los muertos, el odio estancado en las palabras y el amor imponiéndose en los hechos... No se cuenta una historia paralela con el rigor de la palabra, pero se cuenta el inicio de muchas historias alternativas que también proyectan ideas y significados que van mucho más allá del texto leído.

Cambiemos de continente e invitemos a **Franz Kafka (1883-1924)**. Aunque sería aventurado decir que sus cuentos son sencillos, o fáciles de interpretar, el escritor checo de origen judío es considerado hoy por hoy uno de los grandes prosistas de todos los tiempos. De carácter retraído y salud inestable, muchos de sus cuentos son el resultado de las difíciles relaciones que mantuvo con su padre, con las mujeres en general y con el mundo que le rodeaba. Fue un amante del cuento hiperbreve donde figuran *El buitre, Una confusión cotidiana, El trompo, La partida, La verdad sobre Zancho Panza* y otras de mayor extensión como *El cazador Gracchus, Ser infeliz, Informe para una academia, La condena y La metamorfosis.* Ésta última alabada por la crítica y considerada uno de sus mayores logros en su carrera literaria; el ruso Vladimir Nabokov llegó a decir de ella: «Si a alguien le parece *La metamorfosis* de Kafka algo más que una fantasía entomológica, le felicitaré por haberse incorporado a las filas de los buenos y grandes lectores».

Analicemos entonces uno de sus más interesantes cuentos.

Ser infeliz
(1.414 palabras)

Cuando ya eso se había vuelto insoportable —una vez al atardecer, en noviembre—, y yo me deslizaba sobre la estrecha alfombra de mi pieza como en una pista, estremecido por el aspecto de la calle iluminada, me di vuelta otra vez, y en lo hondo de la pieza, en el fondo del espejo, encontré no obstante un nuevo objetivo, y grité, solamente por oír el grito al que nada responde y al que tampoco nada le sustrae la fuerza de grito, que por lo tanto sube sin contrapeso y no puede cesar aunque enmudezca; entonces desde la pared se abrió la puerta hacia afuera así de rápido porque la prisa era, ciertamente, necesaria, e incluso vi los caballos de los coches abajo, en el pavimento, se levantaron como potros que, habiendo expuesto los cuellos al enemigo, se hubiesen enfurecido en la batalla.

Cual pequeño fantasma, corrió una niña desde el pasillo completamente oscuro, en el que todavía no alumbraba la lámpara, y se quedó en puntas de pie sobre una tabla del piso, la cual se balanceaba levemente encandilada en seguida por la penumbra de la pieza, quiso ocultar rápidamente la cara entre las manos, pero de repente se calmó al mirar hacia la ventana, ante cuya cruz el vaho de la calle se inmovilizó por fin bajo la oscuridad. Apoyando el codo en la pared de la pieza, se quedó erguida ante la puerta abierta y dejó que la corriente de aire que venía de afuera se moviese a lo largo de las articulaciones de los pies, también del cuello, también de las sienes. Miré un poco en esa dirección, después dije: «buenas tardes», y tomé mi chaqueta de la pantalla de la estufa, porque no quería estarme allí parado, así, a medio vestir. Durante un ratito mantuve la boca abierta para que la excitación me abandonase por la boca. Tenía la saliva pesada; en la cara me temblaban las pestañas. No me faltaba sino justamente esta visita, esperada por cierto. La niña estaba todavía parada contra la pared en el mismo lugar; apretaba la mano derecha contra aquélla, y, con las mejillas encendidas, no le molestaba que la pared pintada de blanco fuese ásperamente granulada y raspase las puntas de sus dedos. Le dije:

—¿Es a mí realmente a quien quiere ver? ¿No es una equivocación? Nada más fácil que equivocarse en esta enorme casa. Yo me llamo así y asá; vivo en el tercer piso. ¿Soy entonces yo a quien usted desea visitar?

—¡Calma, calma! —dijo la niña por sobre el hombro—; ya todo está bien.

—Entonces entre más en la pieza. Yo querría cerrar la puerta.

—Acabo justamente de cerrar la puerta. No se moleste. Por sobre todo, tranquilícese.

—¡Ni hablar de molestias! Pero en este corredor vive un montón de gente. Naturalmente todos son conocidos míos. La mayoría viene ahora de sus ocupaciones. Si oyen hablar en una pieza creen simplemente tener el derecho de abrir y mirar qué pasa. Ya ocurrió una vez. Esta gente ya ha terminado su trabajo diario; ¿a quién soportarían en su provisoria libertad nocturna? Por lo demás, usted también ya lo sabe. Déjeme cerrar la puerta.

—¿Pero qué ocurre? ¿Qué le pasa? Por mí, puede entrar toda la casa. Y le recuerdo; ya he cerrado la puerta; créalo. ¿Solamente usted puede cerrar las puertas?

—Está bien, entonces. Más no quiero. De ninguna manera tendría que haber cerrado con la llave. Y ahora, ya que está aquí, póngase cómoda; usted es mi huésped. Tenga plena confianza en mí. Lo único importante es que no tema ponerse a sus anchas. No la obligaré a quedarse ni a irse. ¿Es que hace falta decírselo? ¿Tan mal me conoce?

—No. En realidad no tendría que haberlo dicho. Más

todavía: no debería haberlo dicho. Soy una niña; ¿por qué molestarse tanto por mí?

—¡No es para tanto! Naturalmente, una niña. Pero tampoco es usted tan pequeña. Ya está bien crecidita. Si fuese una chica no habría podido encerrarse, así no más, conmigo en una pieza.

—Por eso no tenemos que preocuparnos. Solamente quería decir: no me sirve de mucho conocerle tan bien; sólo le ahorra a usted el esfuerzo de fingir un poco ante mí. De todos modos, no me venga con cumplidos. Dejemos eso, se lo pido, dejémoslo. Y a esto hay que agregar que no lo conozco en cualquier lugar y siempre, y de ninguna manera en esta oscuridad. Sería mucho mejor que encendiese la luz. No. Mejor no. De todos modos, seguiré teniendo en cuenta que ya me ha amenazado.

—¿Cómo? ¿Yo la amenacé? ¡Pero por favor! ¡Estoy tan contento de que por fin esté aquí! Digo «por fin» porque ya es tan tarde. No puedo entender por qué vino tan tarde. Además es posible que por la alegría haya hablado tan incongruentemente, y que usted lo haya interpretado justamente de esa manera. Concedo diez veces que he hablado así. Sí. La amenacé con todo lo que quiera. Una cosa: por el amor de Dios, ¡no discutamos! ¿Pero, cómo pudo creerlo? ¿Cómo pudo ofenderme así? ¿Por qué quiere arruinarme a la fuerza este pequeño momentito de presencia suya aquí? Un extraño sería más complaciente que usted.

—Lo creo. Eso no fue ninguna genialidad. Por naturaleza estoy tan cerca de usted cuanto un extraño pueda complacerle. También usted lo sabe. ¿A qué entonces esa tristeza? Diga mejor que está haciendo teatro y me voy al instante.

—¿Así? ¿También esto se atreve a decirme? Usted es un poco audaz. ¡En definitiva está en mi pieza! Se frota los dedos como loca en mi pared. ¡Mi pieza, mi pared! Además, lo que dice es ridículo, no sólo insolente. Dice que su naturaleza la fuerza a hablarme de esta forma. Su naturaleza es la mía, y si yo por naturaleza me comporto amablemente con usted, tampoco usted tiene derecho a obrar de otra manera.

—¿Es esto amable?

—Hablo de antes.

—¿Sabe usted cómo seré después?

—Nada sé yo.

Y me dirigí a la mesa de luz, en la que encendí una vela. Por aquel entonces no tenía en mi pieza luz eléctrica ni gas. Después me senté un rato a la mesa, hasta que también de eso me cansé. Me puse el sobretodo; tomé el sombrero que estaba en el sofá, y de un soplo apagué la vela. Al salir me tropecé con la pata de un sillón. En la escalera me encontré con un inquilino del mismo piso.

—¿Ya sale usted otra vez, bandido? —preguntó, descansando sobre sus piernas bien abiertas sobre dos escalones.

—¿Qué puedo hacer? —dije—. Acabo de recibir a un fantasma en mi pieza.

—Lo dice con el mismo descontento que si hubiese encontrado un pelo en la sopa.

—Usted bromea. Pero tenga en cuenta que un fantasma es un fantasma.

—Muy cierto: ¿pero cómo, si uno no cree absolutamente en fantasmas?

—¡Ajá! ¿Es que piensa usted que yo creo en fantasmas? ¿Pero de qué me sirve este no creer?

—Muy simple. Lo que debe hacer es no tener más miedo si un fantasma viene realmente a su pieza.

—Sí. Pero es que ése es el miedo secundario. El verdadero miedo es el miedo a la causa de la aparición. Y este miedo permanece, y lo tengo en gran forma dentro de mí.

De pura nerviosidad, empecé a registrar todos mis bolsillos.

—Ya que no tiene miedo de la aparición como tal, habría debido preguntarle tranquilamente por la causa de su venida.

—Evidentemente, usted todavía nunca ha hablado con fantasmas; jamás se puede obtener de ellos una información clara. Eso es un de aquí para allá. Estos fantasmas parecen dudar más que nosotros de su existencia, cosa que por lo demás, dada su fragilidad, no es de extrañar.

—Pero yo he oído decir que se les puede seducir.

—En ese punto está bien informado. Se puede. ¿Pero quién lo va a hacer?

—¿Por qué no? Si es un fantasma femenino, por ejemplo —dijo, y subió otro escalón.

—¡Ah, sí...! —dije—, pero aún así no vale la pena. Recapacité.

Mi vecino estaba ya tan alto que para verme tenía que agacharse por debajo de una arcada de la escalera.

—Pero no obstante —grité—, si usted ahí arriba me quita mi fantasma, rompemos relaciones para siempre.

—¡Pero si fue solamente una broma! —dijo, y retiró la cabeza.

—Entonces está bien —dije.

Y ahora sí que, a decir verdad, podría haber salido tranquilamente a pasear; pero como me sentí tan desolado preferí subir, y me eché a dormir.

Análisis

Punto de vista del narrador. Primera persona del singular (sin nombre).

Personaje principal. El narrador. Un personaje que nos cuenta un momento determinado de su vida.

Personaje secundario. La pequeña fantasma —una niña que corrió desde «el pasillo completamente oscuro»—, uno de los vecinos de piso y otros vecinos «conocidos míos».

Conflicto. El que nos cuenta la historia se siente terriblemente solo y atormentado por el miedo: no está en su cama sino que se «desliza sobre la estrecha alfombra» de su pieza «como una pista, estremecido por el aspecto de la calle iluminada». Al darse vuelta, al «fondo del espejo» se topa con ella, un fantasma que su mente ha creado para encontrar un poco de paz y compañía. De nada le sirve el «montón de gente» que vive en su corredor, lo ignoran, sólo ven por sus ocupaciones, cansados de su «trabajo diario, ¿a quién soportarían en su provisoria libertad nocturna?» No le teme al fantasma. Ese miedo es secundario, reconoce, y declara: «El verdadero miedo es la causa de la aparición. Y este miedo permanece, y lo tengo en gran forma dentro de mí». Él mismo narrador se causa el conflicto. ¿La sociedad, la familia? Sí, podría ser, pero ellos no aparecen en el cuento. Serían parte de las múltiples hipótesis y puntos de vista que podríamos argumentar en una Cata literaria.

Escenario. Un escenario, la «gran casa donde vive». Siendo más específicos: la habitación del narrador, el pasillo y las escaleras de la pensión.

Tiempo interno. Bastante corto, tal vez menos de una hora.

Descripciones

- **Del escenario.** Con pocos elementos el narrador nos describe la pieza donde vive: alfombra, espejo, mesa de luz, velas, la puerta cerrada con llave. Al resto del entorno no le da mayor importancia. El ambiente está creado, la soledad se siente hasta en los huesos.

- **De la apariencia física de los personajes.** El narrador no da ninguna información en este aspecto, aparte de la edad aproximada de la niña cuando le dice: «Pero tampoco es usted tan pequeña. Ya está bien crecidita…». Y por lo que dice a continuación: «Si fuese una chica no habría podido encerrarse, así no más, conmigo en una pieza», suponemos entonces que el narrador es un hombre joven. ¿El mismo Kafka? Es muy posible. Leamos lo que le dice a Felice, una amiga, en una carta escrita en Praga en diciembre de 1912, cuando tenía 29 años: «En el fondo, mi vida consiste y ha consistido desde siempre en intentos de escribir, por lo general malogrados. Pero cuando dejaba de escribir, ya me encontraba tirado en el suelo, digno de ser barrido y echado fuera».

- **De la personalidad.** Está claro que nuestro joven narrador es un personaje solitario, temeroso de la vida, de la gente, del mundo entero tal vez. Se nos presenta inestable, inseguro, triste, con muchas dudas y sentimientos depresivos. La pequeña (o «crecidita») fantasma (él mismo) muestra una faceta un poco más positiva de su personalidad, aunque «haya hablado tan incongruentemente». —Me recuerda un poco a Wilson —dije—, la pelota que sirvió de alivio y compañía a Tom Hank en la película *El náufrago*.

—Sí, en cierta forma —respondió el de barba.

Con respecto al «inquilino del mismo piso», por su pose: «sus piernas bien abiertas sobre dos escalones», y por las palabras que dice: «¿Ya sale usted otra vez, bandido?», podemos imaginarlo un tanto vulgar, confianzudo y ajeno a los problemas de los demás. Y ese «otra vez» no significa otra cosa que las muchas veces que nuestro amigo sale a la calle en busca de compañía. O de aire fresco.

- **De la naturaleza.** Todo sucedió «al atardecer, en noviembre». Y, salvo la «noche», no hay más descripciones en este aspecto.

- **De los abalorios narrativos.** Originales y un tanto filosóficos, con un toque del absurdo kafkiano. Veamos un par de ellos: «... y grité, solamente por oír el grito al que nada responde y al que tampoco nada le sustrae la fuerza de grito, que por lo tanto sube sin contrapeso y no puede cesar aunque enmudezca». O refiriéndose al fantasma: «Apoyado el codo en la pared de la pieza se quedó erguida ante la puerta abierta y dejó que la corriente de aire que venía de afuera se moviese a lo largo de las articulaciones de los pies, también del cuello, también de las sienes». Un buen ejemplo de la fuerza que esconde la narrativa, que segmentada da lugar a los abalorios narrativos.

Estructura

Planteamiento. Podríamos decir que en este relato no existe un planteamiento como tal. O que el planteamiento, el primer punto de giro e inicio del conflicto son la misma cosa. ¿Válido? Claro que sí, este es un buen ejemplo de ello, una variable digna de análisis. Pero tratemos de armar este rompecabezas. **Punto de giro uno:** A diferencia de otros cuentos, en este está muy claro que el Primer punto de giro se presenta o se destaca en la primera línea cuando el narrador dice: «Cuando ya eso se había vuelto insoportable». *Cuando ya eso se había vuelto insoportable*, es una expresión de tal fuerza, involucra tantos posibles conflictos, que no puede ser tomado de otra manera que como el inicio del problema, y el narrador lo hace de una vez, desde el principio y sin preparación previa, y con ello nos muestra su gran desespero, el apuro por desahogar sobre el papel todo aquello que lo atormenta. **Nudo:** Es difícil determinar el nudo de un relato cuando nos encontramos con una trama tan plana, quiero decir, una historia que nos presenta el conflicto desde la primera hasta la última línea del cuento. Pero intentemos hacerlo. Al releerlo con detenimiento nos damos cuenta de que hay dos vértices (que bien podrían llamarse nudos) que sobresalen en el escrito. Uno de ellos es cuando él dice: «¡Estoy tan contento de que por fin esté aquí! Digo 'por fin' porque ya es tan tarde. No puedo entender por qué vino tan tarde». Esta reiteración de que es muy tarde, ¿es el preludio acaso de una situación más grave, donde su miedo lo llevará a extremos fatales? Si es así entonces no tendríamos dudas de que este es el nudo del cuento. Por otro lado, cuando él verdaderamente se percata de que el fantasma es él mismo (o parte de él), y acepta y declara que «Su naturaleza es la mía», es la confirmación de que su miedo prevalecerá, de que nada cambiará en tanto sean la misma persona. En ambos casos, nada peor podría pasarle a nuestro joven protagonista que no superar el terrible miedo que lo agobia. **Punto de giro dos:** Podríamos ubicarlo en el momento en que le dice al vecino: «si usted ahí arriba me quita mi fantasma, rompemos relaciones para siempre». Qué significa esto, ¿una broma? Sí, seguramente es una broma que responde a la del vecino cuando lo tildó de «bandido». Sin embargo el vecino no está muy seguro y ratifica que lo que había dicho era en broma, es decir, sospecha que el joven está atormentado y se hace la ilusión de que en realidad su fantasma no es una niña sino una apetecible chica a quien puede seducir. Todo esto nos precipita hacia un desenlace por demás enigmático. **Desenlace:** Se sentía tan «desolado» que decidió olvidarse del paseo, volver a su pieza y echarse a dormir. ¿Prefería escapar sumiéndose en el olvido forzado que provoca el sueño? ¿Esperaba que «la niña» regresara? ¿Intentaría él seducir a su fantasma? El autor nos deja en este relato un final abierto, reflexivo, de infinitas posibilidades.

Cambio del principal: Por lo que se puede ver, aquí nos encontramos con uno de esos pocos relatos donde, en apariencia, no se experimenta un cambio evidente en el protagonista de la historia. Al parecer, al final del cuento, nuestro amigo sigue siendo el mismo joven atormentado, solitario y temeroso del comienzo. Es cierto que intenta salir a pasear, huir de todo aquello, pero ya sabemos que lo ha hecho con frecuencia y que ello no ha traído ningún cambio a su vida, por el contrario, el vacío parece acompañarlo por calles y plazas y traerlo de vuelta a su habitación sin nada nuevo que lo anime. «...pero como me sentí tan desolado preferí subir, y echarme a dormir». ¿Tan desolado como al principio? Tal vez se echó a dormir sobre la misma «estrecha alfombra» de su pieza y «grité solamente para oír el grito al que nada responde y...». Y luego de esto, ¿pudo haber sucedido algo que trajera cierta paz a su alma?

Si el protagonista de nuestro relato no cambia —lo hemos dicho en muchas ocasiones—, no hay cuento. Lo ratifico ahora aunque suene un tanto sentencioso, y ratifico también que las reglas se pueden violar, pero nada mejor para hacerlo que conociendo a fondo las características básicas del género. Lo que me lleva a afirmar que en este caso sí estamos en presencia de un cuento. ¿Kafka violó esta norma o principio básico? No estoy totalmente seguro de ello. Les diré por qué...

—Pero en *El álbum* —acotó el encorbatado— usted dijo que no era un cuento porque el protagonista no sufría ningún cambio. Incluso lo calificó de anécdota.

Miré al joven de barba, luego a la chica del piercing y en sus ojos se adivinaba la misma pregunta.

—Es cierto —reconocí—, y la razón es muy sencilla: en el escrito de Chéjov no hay cambio del principal pero tampoco hay un conflicto que resolver, lo que es fundamental para que exista un cuento. En cambio en el de Kafka sí hay un conflicto y eso marca la diferencia. Como cuentista puedo ingeniármelas para prescindir (o esconder) el cambio del protagonista (como excepción), pero nunca puedo obviar el conflicto, lo que estrictamente hablando (junto con los personajes) hace que el cuento sea cuento y no una anécdota, ensayo, crónica, noticia, poema... Por otro lado, ¿quién puede decir que ese intento de salir a la calle, esta vez, en esta ocasión, no llevaba la expectativa de una esperanza, de encontrar otra vida o el inicio de otra vida? El personaje desiste de la idea, no sabemos por qué; pero quizás sí hubo esa intención y se dejó vencer por su propio desasosiego. La intención de un cambio, aunque sutil, también puede representar un cambio. A esto me refería cuando dije que no estaba del todo seguro de que no hubiese una transformación en el protagonista, aunque bajo la sombra de una hipótesis. Por otro lado, si hilamos muy fino y recordamos la primera línea: «Cuando ya eso se había vuelto insoportable», podemos deducir que ahora, acompañado del fantasma, ya «eso» que «se había hecho insoportable»; es decir, su soledad, no era tal, o no al menos la misma que en principio sentía, lo que significa un cambio en su actitud frente a su conflicto, un respiro, una forma de ayudarse, de sentirse menos solo. Esto sin duda representa un cambio, ¿de acuerdo?

—Sí —dijo el de la corbata al cabo de unos segundos mientras la del *piercing* asentía con la cabeza y el de barba añadía:

—El famoso absurdo kafkiano.

—Así es —dije—, una lucha interna y permanente, un tanto estéril y sin sentido contra lo que no se entiende y no se puede cambiar. Y esa misma confusión existencial la llevó a sus escritos con la mayor honestidad posible. Tal vez por ello, por vergüenza, por no querer compartir sus intimidades, o por simple orgullo, pidió a su mejor amigo que sus obras fuesen quemadas, cosa que obvia y afortunadamente no ocurrió.

—¿Un escritor maldito? —preguntó la del *piercing*.

—Sí, si tomamos en cuenta sus tormentos, su temprana enfermedad, lo fue. Nada más con leer las últimas líneas de su obra *El proceso* nos damos cuenta de su ¿martirio?: «¿Dónde estaba el juez que nunca había visto? ¿Dónde estaba el Alto Tribunal al que nunca había llegado? (…) uno de los señores cogió la garganta de K. y el otro le clavó el cuchillo a la altura del corazón, repitiendo dos veces más la operación».

—«Pequeño burgués angustiado» —dijo el de la corbata, haciendo referencia a algo que había leído.

—Eso decían sus detractores. Sobre todo los que no llegaron a entender su literatura. Y no lo hicieron porque nunca se preocuparon por conocer al autor, al hombre, por comprender sus circunstancias y entorno… Pero continuemos con nuestro análisis; las interpretaciones sobre la vida y obra de Kafka son tantas y tan disímiles que varios libros no bastarían para llegar a una conclusión que muy probablemente no sería definitiva.

La verdad detrás del cuento

¿Qué otra historia o realidad paralela se puede derivar de este cuento sino una de amargura, miedo y soledad?, las emociones que predominaron en la vida del joven checo… Así era Kafka, a quien admiro por su gran honestidad, como ya mencioné, uno de los pocos escritores que escribía más para sí que para el público lector, algo que implica serios riesgos, es cierto, pero que nos hace originales sin pretender serlo y a dejar una huella que, con un poco de suerte, se mantenga en el tiempo… En este aspecto no comparto el criterio de Umberto Eco en uno de sus ensayos literarios donde afirma que «Lo único que los escritores escriben para sí mismos son las listas de las compras…». Es una verdad a medias que se cumple con muchos escritores, es cierto, pero no con todos. Kafka es una de esas excepciones y seguro que hay muchos más, inéditos, tal vez más de los que podamos imaginar… Algunas almas desoladas crean fantasmas para sobrevivir, para sentirse acompañadas, para justificar el paso de su existencia por este mundo, para entender…

Taller aprende a escribir un cuento

Esa es la verdad detrás de este cuento.

Como yo, los participantes del taller respiran hondo, se acomodan en su silla y pasan la página de los cuentos asignados. El de pelo blanco se plancha la corbata tantas veces como el de barba se alisa los pocos pelos que tiene en la cara. No es viejo —me refiero al de la corbata—, a pesar de su pelo blanco y flux de oficinista. Un botón en la solapa, imagino que por años de servicio, completa la estampa de un ejecutivo bancario o funcionario público. No creo que tenga mucho más de treinta años, ya lo dije. Tiene el cabello tan blanco que quizás ya a los veinte o veinticinco comenzó a blanqueársele. Me pregunto si eso constituyó un conflicto para él y, si así fue, cuándo y cómo lo superó... Hice una pequeña pausa y anoté en mi libreta la idea para un posible cuento. Y es así como surgen los cuentos, de una idea pasajera, de una pregunta con respuesta desconocida. No le haré preguntas al de la corbata, no, eso dañaría el cuento si me dice que nunca le dio importancia, que, por el contrario, le gusta tener el pelo blanco y parecerse mucho a su papá o a su mamá. Como he dicho, eso daría al traste con mis planes. Si ya tengo el personaje y el conflicto sólo me haría falta el escenario, las descripciones e introducirme en el laberinto de los abalorios narrativos para armar un cuento y dilucidar la mejor manera de profundizar en ese conflicto. El relato entonces comenzará a escribirse solo y nos enganchará y nos impedirá pensar en otra cosa hasta que lo hayamos revisado cincuenta veces y puesto el punto final.

Julio Cortázar (1914-1984) es quizás, junto con Jorge Luis Borges, Adolfo Bioy Casares y Roberto Arlt, uno de los más destacados cuentistas argentinos de todas las épocas. Tal vez haber sido traductor de Edgar Allan Poe influyó en su maestría para desplazarse con soltura sobre ese delgado hilo que separa la fantasía de la realidad. En sus historias, hechos cotidianos, comunes y corrientes, de pronto sufren una transformación inesperada, irreal, mágica, fantástica, a veces tan sutil que el lector apenas la nota y a veces tan evidente como el sol de media tarde; transformaciones o sorpresivos puntos de giro que pueden dar lugar a terribles pesadillas o a finales asombrosos. Una vez declaró: «Un cuento, en última instancia, se mueve en ese plano del hombre donde la vida y la expresión escrita de esa vida libran una batalla fraternal… y el resultado de esa batalla es el cuento mismo…» Luego agrega: «Un cuento es significativo cuando quiebra sus propios límites con una explosión de energía». Entre sus relatos más leídos figuran *Casa tomada, Las babas del diablo, La señorita Cora, Cefalea, La noche boca arriba, Ómnibus y Continuidad de los parques*, nuestro próximo relato a estudiar.

Continuidad de los parques
(541 palabras)

Había empezado a leer la novela unos días antes. La abandonó por negocios urgentes, volvió a abrirla cuando regresaba en tren a la finca; se dejaba interesar lentamente por la trama, por el dibujo de los personajes. Esa tarde, después de escribir una carta a su apoderado y discutir con el mayordomo una cuestión de aparcerías, volvió al libro en la tranquilidad del estudio que miraba hacia el parque de los robles. Arrellanado en su sillón favorito, de espaldas a la puerta que lo hubiera molestado como una irritante posibilidad de intrusiones, dejó que su mano izquierda acariciara una y otra vez el terciopelo verde y se puso a leer los últimos capítulos. Su memoria retenía sin esfuerzo los nombres y las imágenes de los protagonistas; la ilusión novelesca lo ganó casi en seguida. Gozaba del placer casi perverso de irse desgajando línea a línea de lo que lo rodeaba, y sentir a la vez que su cabeza descansaba cómodamente en el terciopelo del alto respaldo, que los cigarrillos seguían al alcance de la mano, que más allá de los ventanales danzaba el aire del atardecer bajo los robles. Palabra a palabra, absorbido por la sórdida disyuntiva de los héroes, dejándose ir hacia las imágenes que se concertaban y adquirían color y movimiento, fue testigo del último encuentro en la cabaña del monte. Primero entraba la mujer, recelosa; ahora llegaba el amante, lastimada la cara por el chicotazo de una rama. Admirablemente restañaba ella la sangre con sus besos, pero él rechazaba las caricias, no había venido para repetir las ceremonias de una pasión secreta, protegida por un mundo de hojas secas y senderos furtivos. El puñal se entibiaba contra su pecho, y debajo latía la libertad agazapada. Un diálogo anhelante corría por las páginas como un arroyo de serpientes, y se sentía que todo estaba decidido desde siempre. Hasta esas caricias que enredaban el cuerpo del amante como queriendo retenerlo y disuadirlo, dibujaban abominablemente la figura de otro cuerpo que era necesario destruir. Nada había sido olvidado: coartadas, azares, posibles errores. A partir de esa hora cada instante tenía su empleo minuciosamente atribuido. El doble repaso despiadado se interrumpía apenas para que una mano acariciara una mejilla. Empezaba a anochecer.

Sin mirarse ya, atados rígidamente a la tarea que los esperaba, se separaron en la puerta de la cabaña. Ella debía seguir por la senda que iba al norte. Desde la senda opuesta él se volvió un instante para verla correr con el pelo suelto. Corrió a su vez, parapetándose en los árboles y los setos, hasta distinguir en la bruma malva del crepúsculo la alameda que llevaba a la casa. Los perros no debían ladrar, y no ladraron. El mayordomo no estaría a esa hora, y no estaba. Subió los tres peldaños del porche y entró. Desde la sangre galopando en sus oídos le llegaban las palabras de la mujer: primero una sala azul, después una galería, una escalera alfombrada. En lo alto, dos puertas. Nadie en la primera habitación, nadie en la segunda. La puerta del salón, y entonces el puñal en la mano, la luz de los ventanales, el alto respaldo de un sillón de terciopelo verde, la cabeza del hombre en el sillón leyendo una novela.

Análisis

Veamos este relato de dos formas. La primera como un simple ejercicio o juego mental que me permito compartir con ustedes (como si pensara en voz alta algunas de esas incongruencias que a veces se nos ocurren) y otro más acorde con lo que el escritor estructuró y logró plasmar. En primer lugar, si nos olvidáramos de ciertos indicios que al final definen el relato, podríamos decir que aquí no se cuenta nada de importancia, es decir, un personaje, un hombre, retoma la lectura de una novela que lo había cautivado y que, por asuntos de trabajo, había dejado pendiente. Regresó a su finca, escribió una carta a su apoderado, conversó un rato con su mayordomo y «volvió al libro en la tranquilidad del estudio».

La novela absorbe su atención, la «ilusión novelesca lo ganó casi enseguida». Trata de una pareja de amantes que deciden asesinar al esposo para quedarse con su fortuna. Finalmente lo logran. Tienen todo bien planeado. Sin contratiempos el amante entra en el salón donde se encuentra el esposo que distraído lee el último capítulo de la interesante novela y lo apuñala sin compasión. Quizás después de esta última escena el lector quedó satisfecho o no con el terrible final, miró a lo lejos, cerró el libro y se tomó el té que su mayordomo le pudo haber traído, etc. Desde esta, por demás aventurada perspectiva, no ha pasado nada: no hay conflicto, no hay ningún deseo insatisfecho, no hay nada de qué preocuparse ni asunto que resolver; todo fluye con paz, tranquilidad y armonía, por lo tanto no hay cuento.

Ahora dejemos de jugar, adentrémonos en el mundo mágico de Cortázar y analicemos el relato como si en verdad lo que está leyendo el hombre es la «novela de su vida», que sin duda alguna es la intención del autor, lo relevante del cuento.

Punto de vista del narrador. Tercera persona. Un narrador externo, a todas luces omnisciente, nos narra lo que hace él, ella y a veces ellos; lo que piensan, lo que sienten, lo que sueñan…

Personaje principal. Los amantes: hombre y mujer.

Personaje secundario. El esposo, el mayordomo.

Conflicto. Los amantes quieren deshacerse del esposo.

Escenario. Una cabaña en el campo, el estudio del hombre.

Tiempo interno. Muy corto.

Descripciones

- **Del escenario.** Más que en cualquier otro, en este relato la descripción del escenario es vital para entender y pautar con el lector la magia de la historia. Veamos algunas. «Tranquilidad del estudio». «Ventanales». El esposo esta «arrellanado en su sillón favorito» de «terciopelo verde». «Su cabeza descansaba cómodamente en el terciopelo del alto respaldo...».

- **De la apariencia física de los personajes.** No hay descripciones en este aspecto. Sí queda poco más o menos sugerida la edad de los amantes, a quienes me figuro más jóvenes que al esposo y a ella de cabello largo.

- **De la personalidad.** El esposo, como vemos, parece un hombre tranquilo, empresario, amante de la lectura y del aire libre... (y así debe ser ya que no es él quien tiene el conflicto). Sobre los amantes no hay nada que decir que no podamos imaginar: un par de pillos con ambiciones desmedidas.

- **De la naturaleza.** No se olvida Cortázar de embellecer sus escritos. Así nos habla «del estudio que miraba hacia el parque de los robles», nos dice que «más allá de los ventanales danzaba el aire del atardecer bajo los robles». Más adelante: «un mundo de hojas secas y senderos furtivos». Luego: «Empezaba a anochecer». Y después: «...hasta distinguir en la bruma malva del crepúsculo a la alameda que llevaba a la casa». La poesía prestada al cuento (corta, precisa, oportuna) y al horror: los contrastes de un maestro.

- **De los abalorios narrativos.** Son significativos. Por ejemplo cuando el esposo estaba sentado en su confortable sillón y el narrador dice: «de espaldas a la puerta». Detalles tan sutiles como: «dejó que su mano izquierda acariciara una y otra vez el terciopelo verde y se puso a leer los últimos capítulos», y tan determinantes como: «Absorbido por la sórdida disyuntiva de los héroes», «Ahora llegaba el amante...», «El puñal se entibiaba contra su pecho, y debajo latía la libertad agazapada». Recordemos que Augusto Monterroso recomendaba que «se pusiera mucha atención en ciertos <u>pasajes</u>, los llamados <u>de tránsito</u>, donde el escritor hacía el regalo al lector». Entiendo que son los pasajes donde el escritor tiene la posibilidad de lucirse en su oficio, de escoger los datos adecuados, las diversas descripciones no convencionales, la forma de dosificarlas, los diálogos y monólogos interiores... En fin, en mi concepto, los abalorios narrativos que le darán sentido y calidad literaria a la historia.

Estructura

En vista de que se trata de la lectura de una novela, es imposible establecer en principio una estructura convencional ya que todo es mentira, todo es ficción, hasta que los detalles finales del escenario: «...el puñal en la mano, la luz de los ventanales, el alto respaldo de un sillón de terciopelo verde, la cabeza del hombre en el sillón leyendo una novela» (los mismos de la novela que el esposo lee en el sillón), nos hacen ver lo contrario, nos dicen que de verdad el esposo de la mujer está leyendo la «novela de su vida», sus últimos momentos, y cuando se da cuenta (si es que percibe algún ruido) ya es demasiado tarde... Lo que implica que la estructura completa, es decir, el planteamiento, el nudo y el desenlace —podríamos decirlo así— toman sentido y por lo tanto se agrupan en estas últimas líneas, todo junto como un ramillete de flores, lo que nos permite eventualmente volver atrás y armar y analizar los elementos básicos del cuento como lo hemos hecho con cualquier otro relato. Veamos cómo quedaría entonces la estructura bajo este supuesto.

Planteamiento. Bastante largo en relación a la extensión total del cuento. La verdad es que no pasa nada de trascendencia para la víctima que tranquilamente lee su novela hasta que aparece en el escenario el primer quiebre narrativo que da inicio al conflicto. **Punto de giro uno:** Podemos ubicarlo en dos lugares claves: el primero justamente donde el narrador dice: «fue testigo del último encuentro en la cabaña del monte». En mi opinión es el punto donde comienzan las sospechas, las dudas, donde la novela que lee comienza a tomar un cariz enigmático y sentencioso. Y el segundo y más contundente aparece cuando se nos habla de «la figura de otro cuerpo que era necesario destruir».

De acá en adelante ya no tenemos dudas de que algo grave está por ocurrir. Las acciones entonces se multiplican y crecen a una velocidad y tensión vertiginosas hasta alcanzar al nudo. **Nudo:** Dado que el conflicto de los protagonistas es eliminar al desafortunado esposo, no hay duda de que el momento clímax es cuando lo logran, al final del cuento, cuando los detalles del escenario coinciden con el asesinato: «la luz de los ventanales, el alto respaldo de un sillón de terciopelo verde, la cabeza del hombre en el sillón leyendo una novela». Quiere decir que en estas últimas líneas, además de los otros elementos, se entrelazan también el **Nudo,** el **Punto de giro dos** y el **Desenlace,** como antes señalé. Es en definitiva cuando el genio de Cortázar se manifiesta y deja entrever que el hombre no leía cualquier novela, leía su propia historia, su inminente epitafio; cuando logra convencernos, más allá de cualquier análisis teórico o didáctico, que la magia del cuento reside en que la pareja de amantes, personajes de ficción, logran mezclarse con la realidad y salir de las páginas de una novela para asesinar al lector.

—Uf, no quisiera ser ese lector —dijo la chica del *piercing*.

—Tampoco yo —dijo el de barbita.

—Ni pensarlo —dije yo—. A lo sumo podría ser el mayordomo. Jo.

El de la corbata no hizo comentario alguno. Un extraño brillo apareció en sus ojos.

Cambio del principal: Por supuesto que hubo un cambio en la pareja de amantes. Según lo sugerido lograron su objetivo. Ahora debemos imaginar que son ricos y que viven juntos en algún rincón del mundo y que, probablemente, en algún momento de sus vidas, leerán una interesante novela.

La verdad detrás del cuento

Podemos recrear la verdad detrás del cuento: infinitas historias de infidelidad, ambición desmedida, locura, perversión..., donde no existen valores morales y algunos seres humanos no merecen tal calificación. Por otro lado, ¿es posible que los personajes de un cuento o novela adquieran vida, salten de las páginas y afecten nuestras vidas? Me refiero literalmente hablando. Tal vez sí, en otro mundo, en otra dimensión, y estén esperando la muerte de sus autores para reunirse con ellos, abrazarlos con gran alegría o apuñalarlos sin la más mínima misericordia.

El amigo de la corbata sonríe de cierta forma maquiavélica, como si hubiese disfrutado de este relato en el sentido menos afortunado (no sé por qué pero de pronto lo asocié con el amante asesino). Mientras tanto la chica del *piercing* raspa sus uñas y me observa como desconcertada. El de barba hace un remolino con los cuatro pelos rojos que le sobresalen del mentón. La masa de participantes murmura y algunos mueven la cabeza como androides parlantes. Me alegro de haberlos recordado. Para serles honesto, recurro a ellos como Tom en El náufrago: son mis Wilson, los que me acompañan en estas largas horas de soledad y lectura.

—Pensé que se habían dormido.

—De ninguna manera —responde la chica del *piercing* con su rostro medio cubierto por el mechón verde, lo que me permite ver solo uno de sus hermosos ojos.

—Por supuesto que no —adelanta el de barbita.

—No —dice el de corbata, y casi me traga de un bostezo.

—Bien, viajemos a Brasil —les digo con renovado entusiasmo.

Clarice Lispector (1920-1977). Cuentista y novelista brasileña considerada una de las principales renovadoras de la prosa en su país. Nació en Ucrania, hija de judíos rusos, pero a los pocos meses de edad fue llevada a Brasil donde se radicó gran parte de su vida. Sus escritos son una mezcla de realidad y ficción, donde los sueños, el delirio y la poesía hacen de sus historias sencillas obras maestras expuestas en un lenguaje llano y directo. No se preocupa Lispector de impresionarnos con elocuentes tramas, ella escribe a su manera, con honestidad, como le sale del alma, suficiente razón para que sea comparada con el reconocido Guimaraes Rosa y sus cuentos sean cada vez más buscados y leídos en todo el mundo. Decía: «Donde expira un pensamiento hay una idea, en el último suspiro de la alegría otra alegría, en la punta de la espalda magia: es allí adónde voy». Entre sus cuentos más destacados figuran La mujer más pequeña del mundo, *El búfalo, Mejor que arder y Felicidad clandestina*, un cuento sencillo, cotidiano, en apariencia juvenil, que leeremos a continuación.

Felicidad clandestina
(1.005 palabras)

Ella era gorda, baja, pecosa y de pelo excesivamente crespo, medio amarillento. Tenía un busto enorme, mientras que todas nosotras todavía éramos chatas. Como si no fuese suficiente, por encima del pecho se llenaba de caramelos los dos bolsillos de la blusa. Pero poseía lo que a cualquier niña devoradora de historietas le habría gustado tener: un padre dueño de una librería.

No lo aprovechaba mucho. Y nosotras todavía menos: incluso para los cumpleaños, en vez de un librito barato por lo menos, nos entregaba una postal de la tienda del padre. Encima siempre era un paisaje de Recife, la ciudad donde vivíamos, con sus puentes más que vistos.

Detrás escribía con letra elaboradísima palabras como «fecha natalicio» y «recuerdos».

Pero qué talento tenía para la crueldad. Mientras haciendo barullo chupaba caramelos, toda ella era pura venganza. Cómo nos debía odiar esa niña a nosotras, que éramos imperdonablemente monas, altas, de cabello libre. Conmigo ejerció su sadismo con una serena ferocidad. En mi ansiedad por leer, yo no me daba cuenta de las humillaciones que me imponía: seguía pidiéndole prestados los libros que a ella no le interesaban.

Hasta que le llegó el día magno de empezar a infligirme una tortura china. Como al pasar, me informó que tenía *Las travesuras de Naricita*, de Monteiro Lobato.

Era un libro gordo, válgame Dios, era un libro para quedarse a vivir con él, para comer, para dormir con él. Y totalmente por encima de mis posibilidades. Me dijo que si al día siguiente pasaba por la casa de ella me lo prestaría.

Hasta el día siguiente, de alegría, yo estuve transformada en la misma esperanza: no vivía, flotaba lentamente en un mar suave, las olas me transportaban de un lado a otro.

Literalmente corriendo, al día siguiente fui a su casa. No vivía en un apartamento, como yo, sino en una casa. No me hizo pasar. Con la mirada fija en la mía, me dijo que le había prestado el libro a otra niña y que volviera a buscarlo al día siguiente. Boquiabierta, yo me fui despacio, pero al poco rato la esperanza había vuelto a apoderarse de mí por completo y ya caminaba por la calle a saltos, que era mi manera extraña de caminar por las calles de Recife. Esa vez no me caí: me guiaba la promesa del libro, llegaría el día siguiente, los siguientes serían después mi vida entera, me esperaba el amor por el mundo, y no me caí una sola vez.

Pero las cosas no fueron tan sencillas. El plan secreto de la hija del dueño de la librería era sereno y diabólico. Al día siguiente allí estaba yo en la puerta de su casa, con una sonrisa y el corazón palpitante. Todo para oír la tranquila respuesta: que el libro no se hallaba aún en su poder, que volviese al día siguiente. Poco me imaginaba yo que más tarde, en el curso de la vida, el drama del «día siguiente» iba a repetirse para mi corazón palpitante otras veces como aquélla.

Y así seguimos. ¿Cuánto tiempo? Yo iba a su casa todos los días, sin faltar ni uno. A veces ella decía: Pues el libro estuvo conmigo ayer por la tarde, pero como tú no has venido hasta esta mañana se lo presté a otra niña. Y yo, que era propensa a las ojeras, sentía cómo las ojeras se ahondaban bajo mis ojos sorprendidos.

Hasta que un día, cuando yo estaba en la puerta de la casa de ella oyendo silenciosa, humildemente, su negativa, apareció la madre. Debía de extrañarle la presencia muda y cotidiana de esa niña en la puerta de su casa. Nos pidió explicaciones a las dos. Hubo una confusión silenciosa, entrecortado de palabras poco aclaratorias. A la señora le resultaba cada vez más extraño el hecho de no entender. Hasta que, madre buena, entendió al fin. Se volvió hacia la hija y con enorme sorpresa exclamó: ¡Pero si ese libro no ha salido nunca de casa y tú ni siquiera querías leerlo!

Y lo peor para la mujer no era el descubrimiento de lo que pasaba. Debía de ser el horrorizado descubrimiento de la hija que tenía. Nos espiaba en silencio: la potencia de perversidad de su hija desconocida, la niña rubia de pie ante la puerta, exhausta, al viento de las calles de Recife. Fue entonces cuando, recobrándose al fin, firme y serena, le ordenó a su hija:

—Vas a prestar ahora mismo ese libro.

Y a mí:

—Y tú te quedas con el libro todo el tiempo que quieras. ¿Entendido?

Eso era más valioso que si me hubiesen regalado el libro: «el tiempo que quieras» es todo lo que una persona, grande o pequeña, puede tener la osadía de querer.

¿Cómo contar lo que siguió? Yo estaba atontada y fue así como recibí el libro en la mano. Creo que no dije nada. Cogí el libro. No, no partí saltando como siempre. Me fui caminando muy despacio. Sé que sostenía el grueso libro con las dos manos, apretándolo contra el pecho. Poco importa también cuánto tardé en llegar a casa. Tenía el pecho caliente, el corazón pensativo.

Al llegar a casa no empecé a leer. Simulaba que no lo tenía, únicamente para sentir después el sobresalto de tenerlo. Horas más tarde lo abrí, leí unas líneas maravillosas, volví a cerrarlo, me fui a pasear por la casa, lo postergué más aun yendo a comer pan con mantequilla, fingí no saber dónde había guardado el libro, lo encontraba, lo habría por unos instantes. Creaba los obstáculos más falsos para esa cosa clandestina que era la felicidad. Para mí la felicidad siempre habría de ser clandestina. Era como si yo lo presintiera. ¡Cuánto me demoré! Vivía en el aire... había en mí orgullo y pudor.

Yo era una reina delicada.

A veces me sentaba en la hamaca para balancearme con el libro abierto en el regazo, sin tocarlo, en un éxtasis purísimo. No era más una niña con un libro: era una mujer con su amante.

Análisis

Punto de vista del narrador. Primera persona. En las páginas iniciales dijimos que el narrador en primera persona no lo sabe todo. Se limita a contar su historia y lo comprobable con respecto a los demás. Pero en este caso sucede una simpática y llamativa excepción cuando nuestra protagonista afirma: «El plan secreto de la hija del dueño de la librería era sereno y diabólico». En esta frase y por breves instantes se convierte en una narradora omnisciente: sabe lo que un secundario piensa y lo dice sin tapujos ni dudas. Luego vuelve a ser la inocente chica del relato que narra todo desde su punto de vista muy personal y protagónico.

Personaje principal. Una chica, como ya señalamos (la que narra la historia). Sin nombre.

Personaje secundario. Una vecina (llamémosla así ya que no parece ser su amiga), su madre y el padre, apenas mencionado, al igual que su grupo de amigas (personajes de relleno como ya hemos visto). Todos, incluyendo la protagonista, se nos presentan sin nombre.

Conflicto. La chica desea fervientemente leer *Las travesuras de Naricita*, un libro de Monteiro Lobato en poder de su vecina, que por alguna razón se niega a prestárselo. Recordando un poco los tres elementos que originan el conflicto: la fatalidad, un actor secundario o el mismo protagonista, en este caso está claro que un personaje secundario (la vecina) le genera el conflicto a la que lleva el peso de la historia.

Escenario. Las calles de Recife, la casa de la vecina.

Tiempo interno. Unos pocos días.

Descripciones

• **Del escenario.** En este caso, al contrario de otros cuentos que hemos leído, el escenario tiene muy pocas descripciones. Sobre la casa de la vecina no se da ningún detalle y sobre las calles de la ciudad apenas se mencionan sus puentes, a los que califica como «más que vistos». Y leído el cuento vemos que no es vital para el relato describir el escenario, obviamente no es eso lo que la narradora persigue, pretende sí que centremos nuestra atención en la personalidad de los actores.

• **De la apariencia física.** Son abundantes e indispensables sobre todo en este relato donde el aspecto físico de las chicas juega un papel preponderante. Por la forma de hablar y las acciones que realiza intuimos que nuestra protagonista es una muchacha bastante joven, tal vez adolescente, «chata de busto, mona, alta, de cabello libre». La vecina es más o menos de la edad de nuestra protagonista, «gorda, baja, pecosa y de pelo excesivamente crespo, medio amarillento. Tenía un busto enorme».

• **De la personalidad.** Como siempre, las palabras abstractas nos ayudan a describir este tipo de aspecto. Podemos ver que la narradora es una muchacha alegre, entusiasta, amante de la lectura, persistente, sentimental, algo engreída... En tanto que «la gorda» parece ser todo lo contrario: cruel, vengativa, egoísta y tal vez —por ser la otra más «mona»— sienta envidia de nuestra protagonista.

• **De la naturaleza.** La narradora no consideró relevante comentarnos si era de día o de noche, si la brisa era suave o el viento hacía estremecer las copas de los árboles, si estaba despejado en Recife o por el contrario era un día gris y las nubes comenzaban a descargarse. No obstante estaba tan alegre por la posibilidad de recibir el libro que, como en una ensoñación, «no vivía, flotaba lentamente en un mar suave, las olas me transportaban de un lado a otro». Pero no describe el ambiente o el escenario que la rodea, se describe a sí misma, la euforia que la embarga: personalidad y naturaleza como ecos de la mente. Aparte de este detalle nada le interesa destacar a la narradora desde el punto de vista de la naturaleza o estado del tiempo como en otros casos: quiere concentrar la historia lo más posible, apretarse el cinturón hasta que ya no le quede aire y profundizar en el motivo que la llevó a escribir el cuento… Recordemos que quien narra es una adolescente alegre, vivaz, amante de los libros, no una poeta o una cuentista consagrada que pueda impresionarnos con una prosa más depurada, como sí lo hace inspector en otros cuentos.

• **De los abalorios narrativos.** Veamos algunos ejemplos significativos de estos indispensables datos narrativos: «En mi ansiedad por leer, yo no me daba cuenta de las humillaciones que me imponía…». «Era un libro gordo, válgame Dios, era un libro para quedarse a vivir con él, para comer, para dormir con él». «Cogí el libro. No, no partí saltando como siempre. Me fui caminando muy despacio».

Estructura

Planteamiento. Vemos un planteamiento muy descriptivo donde la narradora da detalles de ciertos aspectos físicos de los personajes y nos anuncia que el padre de la vecina es «dueño de una librería», algo que «a cualquier niña devoradora de libros le habría gustado tener». De entrada nos deja claro su amor por los libros. Luego hace referencia a que la vecina no aprovechaba ese privilegio y tampoco ellas, sus conocidas, por cuanto no tenían acceso a esos libros, ni siquiera en los cumpleaños donde recibían «una postal de la tienda del padre en vez de un librito barato por lo menos». Hasta el momento, si bien es verdad que apreciamos cierta insatisfacción en nuestra protagonista, no hay nada que nos impresione de tal manera que marque un punto de giro. **Punto de giro uno:** Sin embargo, cuando la

narradora dice: «Pero qué talento tenía para la crueldad»; y luego agrega: «toda ella era pura venganza», nos damos cuenta de que, efectivamente, un conflicto está en puertas. No se hacen afirmaciones como estas para que queden en el aire o luego no tengan una justificación; en el cuento todas las palabras son importantes y en especial las que por su peso o significado hacen que la balanza se incline hacia un lado y den lugar a un hecho concreto y único. **Nudo:** Hemos insistido en que la mejor forma de reconocer el nudo de un cuento es preguntándonos qué es lo peor o lo mejor que le puede pasar al protagonista, siempre en relación al conflicto ya definido. En este caso es sencillo establecerlo. Lo indeseable, lo peor que le puede pasar a nuestra joven amiga es que no obtenga el libro que desea; lo contrario sería lo que la haría feliz. Entonces podemos ubicar el nudo en la frase de la madre de la vecina cuando le dice a su hija: «Vas a prestar ahora mismo ese libro». Y luego se refuerza cuando le dice a nuestra protagonista: «Y tú te quedas con el libro todo el tiempo que quieras. ¿Entendido?» Una vez llegados a este vértice (recordemos el triángulo de la estructura de un cuento) se precipitan otras acciones que darán lugar a otro punto de giro y al desenlace del cuento. **Punto de giro dos:** Al releer esta parte del relato notamos que este punto de giro luce fragmentado, es decir, dividido en diferentes partes, sorprendentes e inesperadas, aunque hay una que al final sobresale. Podríamos esperar que nuestra protagonista, al lograr su objetivo, se disponga a leer el libro, disfrutarlo, leerlo por segunda o tercera vez, repetir de memoria algunos de sus párrafos... pero no sucede así. «Cogí el libro. No, no partí saltando como siempre. Me fui caminando muy despacio». Luego, «al llegar a casa no empecé a leer. Simulaba que no lo tenía». Y después reconoce: «Creaba los obstáculos más falsos para esa cosa clandestina que era la felicidad». Esta última declaración engloba lo anterior y lo que está por venir, por lo que sin lugar a dudas sería el segundo punto de giro de nuestro cuento. **Desenlace:** Aunque ya la narradora nos da un adelanto de esta actitud, no dejan de sorprendernos frases como: «el libro abierto en el regazo, sin tocarlo». Ratifica esto su concepto de felicidad, algo clandestino, secreto, «un éxtasis profundo» que reserva para sí. Y luego con la declaración: «No era más una niña con un libro: era una mujer con su amante», la narradora nos lleva a otros espacios, nos saca del simple contexto de una lectura esperada y convierte al libro en una suerte de llave maestra que puede abrir todas las puertas, e incluso satisfacer sus anhelos de mujer.

Cambio del principal: Ya lo dice el relato: «No era más una niña con un libro». Ya no corre ni salta de alegría cuando recibe el libro y cumple su deseo, no, «me fui caminando muy despacio… Tenía el pecho caliente, el corazón pensativo». Algo había cambiado dentro de ella más allá de alimentar su felicidad clandestina: una luz que de pronto se encendió, un puente que no había cruzado, otros libros que no había leído, ahora «era una mujer con su amante».

La verdad detrás del cuento

Felicidad clandestina es uno de esos cuentos cuya historia paralela cumple con sutileza la teoría de que los relatos sólo se realizan —o logran su objetivo en el sentido más amplio de la palabra— cuando llegan a simbolizar o a representar algo más allá de la historia contada. Ya mencioné que no solo estoy de acuerdo con este punto y también anoté que no hay cuento, por básico que sea, que no nos deje algo, sino una historia paralela con todo el rigor, sí al menos una idea, un mensaje, positivo o negativo, que bien podríamos englobar en una o en varias palabras abstractas como ya hemos dicho. Siendo específicos, en este relato tenemos la posibilidad de llegar a algunas conclusiones, tan valederas o no dependiendo de nuestra particular manera de ver las cosas. Una de ellas podría referirse a esos sueños que una vez logrados cambian la perspectiva que de ellos teníamos y se convierten en algo nuevo que nos sorprende. O alguien podría concluir que al obtener lo que deseamos se pierde el interés por ello. O que podemos desear tanto una cosa que al tenerla a nuestra disposición preferimos evitarla, casi hasta ignorarla, para alargar su disfrute y de alguna forma pretender eternizarlo... En este caso nuestra protagonista se topa con una felicidad secreta, muy suya, que se expande y expande hasta que ya no cabe dentro de su pecho: un libro, un amante, una pasión, un sueño, algo nuevo y a la vez clandestino que seguramente su mirada no podrá ocultar.

Horacio Quiroga (1878-1937), cuentista uruguayo considerado uno de los grandes maestros del relato breve. Tuvo una vida llena de sinsabores y calamidades: su padre falleció cuando él apenas tenía dos meses de nacido, dos hermanos murieron de fiebre tifoidea, su padrastro se suicidó; también sufrió el deceso de su mejor amigo, Federico Ferrando, a quien mató por accidente en 1901; el suicidio de Ana María, su joven esposa; el abandono de su segunda mujer junto a su pequeña hija... Adversidades que sin duda influyeron en la concepción de sus cuentos, relatos donde la muerte, la selva, el calor agobiante, las serpientes y la bebida marcan un mundo de amargura y fatalidad, donde el dolor y la desgracia parecen ser el común denominador de todos sus relatos. Entre sus cuentos más leídos se encuentran *La gallina degollada, El almohadón de plumas, El alambre de púas, Anaconda, El hombre muerto, Las moscas, El hijo, A la deriva* y tantos otros. Durante muchos años vivió como un ermitaño en las selvas de Misiones, Argentina. Su narrativa es clara, directa, precisa, inquisidora sin quizás proponérselo, elegante pero con ese aire de fatalidad que se respira desde la primera línea de cada relato. Influenciado por Edgar Allan Poe, Quiroga supo hacer suyo e interpretar el costumbrismo de su territorio como lo pudo hacer Rulfo en México, García Márquez en Colombia, Arturo Uslar Pietri en Venezuela, o Salarrué en El Salvador.

A la deriva
(1.057 palabras)

El hombre pisó algo blancuzco, y en seguida sintió la mordedura en el pie. Saltó adelante, y al volverse con un juramento vio una yaracacusú que, arrollada sobre sí misma, esperaba otro ataque.

El hombre echó una veloz ojeada a su pie, donde dos gotitas de sangre engrosaban dificultosamente, y sacó el machete de la cintura. La víbora vio la amenaza, y hundió más la cabeza en el centro mismo de su espiral; pero el machete cayó de lomo, dislocándole las vértebras.

El hombre se bajó hasta la mordedura, quitó las gotitas de sangre, y durante un instante contempló. Un dolor agudo nacía de los dos puntitos violetas, y comenzaba a invadir todo el pie. Apresuradamente se ligó el tobillo con su pañuelo y siguió por la picada hacia su rancho.

El dolor en el pie aumentaba, con sensación de tirante abultamiento, y de pronto el hombre sintió dos o tres fulgurantes puntadas que, como relámpagos, habían irradiado desde la herida hasta la mitad de la pantorrilla. Movía la pierna con dificultad; una metálica sequedad de garganta, seguida de sed quemante, le arrancó un nuevo juramento.

Llegó por fin al rancho y se echó de brazos sobre la rueda de un trapiche. Los dos puntitos violeta desaparecían ahora en la monstruosa hinchazón del pie entero. La piel parecía adelgazada y a punto de ceder, de tensa. Quiso llamar a su mujer, y la voz se quebró en un ronco arrastre de garganta reseca. La sed lo devoraba.

—¡Dorotea! —alcanzó a lanzar en un estertor—. ¡Dame caña!

Su mujer corrió con un vaso lleno, que el hombre sorbió en tres tragos. Pero no había sentido gusto alguno.

—¡Te pedí caña, no agua! —rugió de nuevo—. ¡Dame caña!

—¡Pero es caña, Paulino! —protestó la mujer, espantada.

—¡No, me diste agua! ¡Quiero caña, te digo!

La mujer corrió otra vez, volviendo con la damajuana. El hombre tragó uno tras otro dos vasos, pero no sintió nada en la garganta.

—Bueno; esto se pone feo —murmuró entonces, mirando su pie lívido y ya con lustre gangrenoso. Sobre la honda ligadura del pañuelo, la carne desbordaba como una monstruosa morcilla.

Los dolores fulgurantes se sucedían en continuos relampagueos y llegaban ahora a la ingle. La atroz sequedad de garganta que el aliento parecía caldear más, aumentaba a la par. Cuando pretendió incorporarse, un fulminante vómito lo mantuvo medio minuto con la frente apoyada en la rueda de palo.

Pero el hombre no quería morir, y descendiendo hasta la costa subió a su canoa. Sentose en la popa y comenzó a palear hasta el centro del Paraná. Allí la corriente del río, que en las inmediaciones del Iguazú corre seis millas, lo llevaría antes de cinco horas a Tacurú-Pucú.

El hombre, con sombría energía, pudo efectivamente llegar hasta el medio del río; pero allí sus manos dormidas dejaron caer la pala en la canoa, y tras un nuevo vómito —de sangre esta vez— dirigió una mirada al sol que ya trasponía el monte.

La pierna entera, hasta medio muslo, era ya un bloque deforme y durísimo que reventaba la ropa. El hombre cortó la ligadura y abrió el pantalón con su cuchillo: el bajo vientre desbordó hinchado, con grandes manchas lívidas y terriblemente doloroso. El hombre pensó que no podría jamás llegar él solo a

Tacurú-Pucú, y se decidió a pedir ayuda a su compadre Alves, aunque hacía mucho tiempo que estaban disgustados.

La corriente del río se precipitaba ahora hacia la costa brasileña, y el hombre pudo fácilmente atracar. Se arrastró por la picada en cuesta arriba, pero a los veinte metros, exhausto, quedó tendido de pecho.

—¡Alves! —gritó con cuanta fuerza pudo; y prestó oído en vano.

—¡Compadre Alves! ¡No me niegue este favor! —clamó de nuevo, alzando la cabeza del suelo. En el silencio de la selva no se oyó un solo rumor. El hombre tuvo aún valor para llegar hasta su canoa, y la corriente, cogiéndola de nuevo, la llevó velozmente a la deriva.

El Paraná corre allí en el fondo de una inmensa hoya, cuyas paredes, altas de cien metros, encajonan fúnebremente el río. Desde las orillas bordeadas de negros bloques de basalto, asciende el bosque, negro también. Adelante, a los costados, detrás, la eterna muralla lúgubre, en cuyo fondo el río arremolinado se precipita en incesantes borbollones de agua fangosa. El paisaje es agresivo, y reina en él un silencio de muerte. Al atardecer, sin embargo, su belleza sombría y calma cobra una majestad única.

El sol había caído ya cuando el hombre, semitendido en el fondo de la canoa, tuvo un violento escalofrío. Y de pronto, con asombro, enderezó pesadamente la cabeza: se sentía mejor. La pierna le dolía apenas, la sed disminuía, y su pecho, libre ya, se abría en lenta inspiración.

El veneno comenzaba a irse, no había duda. Se hallaba casi bien, y aunque no tenía fuerzas para mover la mano, contaba con la caída del rocío para reponerse del todo. Calculó que antes de tres horas estaría en Tacurú-Pucú.

El bienestar avanzaba, y con él una somnolencia llena

de recuerdos. No sentía ya nada ni en la pierna ni en el vientre. ¿Viviría aún su compadre Gaona en Tacurú-Pucú? Acaso viera también a su ex patrón míster Dougald, y al recibidor del obraje.

¿Llegaría pronto? El cielo, al poniente, se abría ahora en pantalla de oro, y el río se había coloreado también. Desde la costa paraguaya, ya entenebrecida, el monte dejaba caer sobre el río su frescura crepuscular, en penetrantes efluvios de azahar y miel silvestre. Una pareja de guacamayos cruzó muy alto y en silencio hacia el Paraguay.

Allá abajo, sobre el río de oro, la canoa derivaba velozmente, girando a ratos sobre sí misma ante el borbollón de un remolino. El hombre que iba en ella se sentía cada vez mejor, y pensaba entretanto en el tiempo justo que había pasado sin ver a su ex patrón Dougald. ¿Tres años? Tal vez no, no tanto. ¿Dos años y nueve meses? Acaso. ¿Ocho meses y medio? Eso sí, seguramente.

De pronto sintió que estaba helado hasta el pecho.

¿Qué sería? Y la respiración...

Al recibidor de maderas de master Dougald, Lorenzo Cubilla, lo había conocido en Puerto Esperanza un viernes santo... ¿viernes? Sí, o jueves...

El hombre estiró lentamente los dedos de la mano.

—Un jueves...

Y cesó de respirar.

Análisis

Punto de vista del narrador. Tercera persona (omnisciente).

Personaje principal. Paulino.

Personaje secundario. Dorotea (su mujer); el compadre Alves y otros personajes de menor importancia pero necesarios para recrear su delirio, como el compadre Gaona, su ex-patrón míster Dougald; y el recibidor del obraje, Lorenzo Cubilla, que los menciona por sus nombres para destacar lo claro que los percibe en su delirio. (Si no fuese así no valdría la pena llamarlos por sus nombres, les daría un peso innecesario).

Conflicto. A nuestro protagonista lo muerde una serpiente. «Pero el hombre no quería morir». Aprovecho esta aclaratoria que hace el narrador para comentarles que si por alguna razón nuestro amigo Paulino quisiera morir, y pisara la serpiente con ese propósito, entonces el conflicto se desvanecería y el cuento perdería todo sentido. Al final moriría como era su deseo, sin resistencia, lucha, esfuerzo, acción, sin una meta difícil de alcanzar, elementos fundamentales para que haya cuento. Por el contrario, este hombre no quiere morir e intenta salvarse, pelea por su vida hasta el último aliento. Hago énfasis en que la muerte no necesariamente representa un conflicto para quien la espera (recordemos al desafortunado esposo en el cuento de Cortázar, quien es la víctima mas no el protagonista del relato) a pesar del gran significado y peso de la palabra «muerte»; tiene que haber una negación o confrontación con este evento para que surja el problema. Ahora bien, preguntémonos quién le ocasionó el conflicto a Paulino, ¿un actor secundario, él mismo? No, ¿verdad?, esta vez fue la fatalidad la que intervino: caminaba por la selva y sin darse cuenta «pisó algo blancuzco».

Escenario. Tres escenarios: el rancho, la selva, el río.

Tiempo interno. Corto, un día cuando mucho.

Descripciones

- **Del escenario.** Sobre el rancho donde vive con su mujer no se dice prácticamente nada, sólo se nos informa sobre la rueda de un trapiche en la que Paulino «se echó de brazos» al llegar malherido y angustiado. Pero de la selva, del río, de la exuberante naturaleza que rodea todo aquello se dice tanto y con tal detalle y hermosura que podríamos considerarlo un personaje más, un actor que compite con el principal en presencia y emoción. Dada su belleza, repasemos este párrafo de cabo a rabo: «El Paraná corre allí en el fondo de una inmensa hoya, cuyas paredes, altas de cien metros, encajonan fúnebremente el río. Desde las orillas bordeadas de negros bloques de basalto asciende el bosque, negro también. Adelante, a los costados, detrás, la eterna muralla lúgubre, en cuyo fondo el río arremolinado se precipita en incesantes borbollones de agua fangosa. El paisaje es agresivo, y reina en él un silencio de muerte. Al atardecer, sin embargo, su belleza sombría y calma cobra una majestad única». Notemos que, a pesar de la bella descripción, no deja de ser fatalista, augurio de un triste final, una descripción totalmente adaptada a la situación que vive nuestro protagonista que se deja llevar por la corriente en una barca por ese gran río en busca de ayuda. Frases como las paredes que «encajonan fúnebremente el río», «orillas bordeadas de negros bloques», «el bosque, negro también», «muralla lúgubre», «paisaje agresivo», «silencio de muerte», así lo demuestran.

- **De la apariencia física de los personajes.** Como en otros cuentos también en este el autor le da poco o ninguna importancia al aspecto físico de sus personajes. Aparte de que se entiende que son relativamente jóvenes, no sabemos nada más de su apariencia corporal, por lo que somos libres de imaginarlos como queramos. A Paulino lo imagino de contextura fuerte, de piernas cortas, gruesas y ojos de culebra, con el ceño siempre fruncido y la cabeza gacha. A su mujer la imagino joven, morena, de pelo largo, negro, vestida con una de esas batas de flores ideales para los días calurosos.

- **De la personalidad.** Dorotea es una típica mujer del

campo de aquella época (aunque todavía existen): sumisa y obediente. Ve llegar al hombre herido y corre en busca de un vaso de caña. Apenas participa en el relato. Paulino por el contrario es un hombre de carácter, recio, de machete en cinto y mujer a sus órdenes. Albergaba la esperanza de combatir el veneno con unos cuantos vasos de caña, pero al ver que «no sintió nada en la garganta», se dio cuenta de la gravedad de la picadura y mirando su «pie lívido», «ya gangrenoso», murmuró: «Bueno, esto se pone feo». Sin embargo, a pesar de tener «la carne desbordada como una monstruosa morcilla», el hombre no se queja, no pide a Dios, no se consuela con su mujer... Es un tipo duro, decidido, y busca resolver su problema a su manera; intuye que dejarse llevar por el río en busca de ayuda es su única alternativa. Del resto de los personajes no hay mucho que decir. El compadre Alves tal vez no estaba en casa o simplemente no le quiso abrir la puerta porque seguía disgustado. En este caso podríamos calificarlo como un tipo rencoroso, orgulloso... Los demás no actúan en el relato, por lo que no se les puede atribuir conducta o comportamiento alguno. Como ya hemos dicho son parte de esa masa o personajes de relleno que de cierta forma contribuyen a dar credibilidad al relato.

- **De la naturaleza.** Siendo el escenario la naturaleza misma, podemos continuar con otros aspectos de la descripción.

- **De los abalorios narrativos.** De principio a fin estas informaciones complementarias se concentran en las consecuencias de la mordedura de la yaracasusú, primero sobre el pie de Paulino y luego en el efecto que causa sobre todo su cuerpo, incluyendo su delirio final. Veamos algunos ejemplos: «El hombre echó una veloz ojeada a su pie, donde dos gotitas de sangre engrosaban dificultosamente, y sacó el machete de la cintura», «la sed lo devoraba», «Y se decidió a pedir ayuda al compadre Alves», «semitendido en el fondo de la canoa, tuvo un violento escalofrío», «llegaría pronto a la población de Tacurú-Pucú...». Como ya hemos dicho de mil maneras son datos descriptivos extras cuya contundencia, eficacia, asertividad, oportunidad y cantidad dependerán de nuestro sentido común; algo que afortunadamente no es estático, que se agudiza, crece y se fortalece en la medida en que sea mayor el tiempo que dediquemos a la lectura y a la escritura de cuentos.

Estructura

Planteamiento. El planteamiento es muy breve, apenas: «el hombre pisó algo blancuzco»; hasta aquí no ha pasado nada de relevancia, «algo blancuzco» pudo haber sido cualquier cosa: un pedazo de papel o de plástico, el cuerpo de un ave, alguna fruta o raíz lechosa... **Punto de giro uno:** «Y enseguida sintió la mordedura en el pie». No hay duda de que este hecho nos introduce en el conflicto: una mordedura. ¿Qué animal lo mordió, qué tan grave es esa mordedura, qué consecuencias le traerá? Por eso se llama punto de giro, porque a partir de ese evento se comienza a dar respuesta a todas estas incógnitas. **Nudo, Punto de giro dos y Desenlace:** Este hombre fue mordido por una serpiente venenosa y lucha por salvar su vida. No hay ninguna duda de que lo peor que puede pasarle es que muera, que no encuentre quien lo auxilie. No hay otro lugar entonces donde pueda ubicarse el nudo de este relato que al final. Justo donde dice: «Y cesó de respirar». Podríamos muy bien discutir durante largo rato sobre este asunto. La chica del *piercing* pudiera alegar que el nudo aparece cuando Paulino comienza a sentirse mejor, argumentando que es el momento en el que comienza a morir. El participante de corbata quizás preferiría ubicar el nudo cuando ya el hombre delira y desvaría en su inconsciencia; otro buen punto de vista. Y nuestro amigo de barba podría suponer que el nudo está en el momento en que Paulino «sintió que estaba helado hasta el pecho», o cuando «estiró lentamente los dedos de la mano». Otra observación interesante. Lo cierto es que cualquiera de estos puntos podría servirnos como nudos si no existiese la declaración: «Y cesó de respirar». Prueba contundente de que el hombre murió. Ya no se sugiere, ya no le queda ninguna posibilidad de salvación. En consecuencia el Nudo, el Punto de giro dos y el Desenlace están —como en algún otro cuento que ya hemos analizado— en esta última sentencia.

Cambio del principal: Paulino es ahora hombre muerto. Una vez más muere el protagonista —desenlace desaconsejado como ya hemos dicho—, pero en este caso es diferente: la muerte no llegó por sorpresa, no fue la solución de otros conflictos, ella es el conflicto mismo desde que se produjo la mordedura, es el enemigo a vencer. Nuestro protagonista luchó contra ella con todas sus fuerzas, agotó las alternativas dentro de las escasas posibilidades que le ofrecía la selva, pero se impuso la adversidad y fracasó en su empeño.

La verdad detrás del cuento

De nuevo estamos ante un relato cuyas raíces no pueden estar más profundas en la tierra. A simple vista Quiroga no nos cuenta una historia paralela, no nos refiere a una realidad hipotética que subyace en el mundo de la imaginación, no, Quiroga nos cuenta algo que sale de las entrañas mismas de la selva... Pero una vez más les digo, no hay cuento del que no podamos derivar mensajes y sacar conclusiones (que pueden ser muy diversas dependiendo de los intérpretes) que satisfagan nuestro interés por el relato. En este caso bien podríamos pensar en la gran soledad en la que vivía Paulino, aislado con su mujer en una selva inhóspita, y preguntarnos: ¿qué provocó tal aislamiento, qué hizo que se alejaran tanto de la civilización que ni siquiera un dispensario con suero antiofídico se podía encontrar? Por otro lado tal aislamiento pudo haber sido algo natural, no buscado, la condición natural del campesino y su entorno de carencias donde a su manera son felices. Y nosotros, ¿qué hay de nosotros?, cuántas veces no hemos vivido o sentido esa sensación de huir, de escapar, de dejar todo y refugiarnos en lugares donde podamos estar solos y dejarnos llevar, aunque sepamos que en cualquier momento algo con forma de serpiente pueda truncar nuestros planes, un riesgo en el que no pensamos hasta que la pisada de algo blancuzco nos marca el destino.

Eduardo Liendo (1941), es un novelista y cuentista venezolano cuyas obras son una referencia en la literatura de nuestro país y lo sitúan entre uno de los más destacados narradores contemporáneos en Latinoamérica. *El mago de la cara de vidrio*, una de sus novelas más reconocidas, junto con el cuento *La valla*, pequeña obra maestra que analizaremos a continuación, forman parte de una cadena de trabajos donde figuran *Los Topos, Los Platos del diablo, El cocodrilo rojo (cuentos), Las kuitas del hombre mosca y El último fantasma*, entre otros. Hace mucho tuve el gusto de conocer (digo conocer, aunque nunca llegamos a entablar una conversación) a Eduardo Liendo en una biblioteca de Caracas. Años después, a finales de 2011, cuando leí *El último fantasma*, escribí una reseña en mi blog de la que me permito compartir unas pocas líneas con ustedes, advirtiéndoles de antemano que el escritor habla ruso. «Creo que fue alrededor de 1970 cuando conocí a Eduardo Liendo. Ahora que lo pienso bien, y he leído este libro, tal vez no era él sino su fantasma. Y, siendo así, qué diferencia hay: fantasma o realidad lo que importa es el efecto, la huella que se deja en el recuerdo. De lo que sí estoy seguro es de que nunca me dijo algo parecido a *Dobry vecher, tavarich*. Pero un saludo es un saludo y, aunque no se entienda el idioma en que se otorga, siempre se reconoce por el gesto y por la expresión en la mirada, aunque no se dé con palabras. Y en esto Eduardo era un caballero. Lo cierto es que nunca nos estrechamos las manos ni nos dijimos los nombres, pero durante meses, años quizás, compartimos la misma biblioteca».

La valla
(754 palabras)

Desde la tarde que me suspendieron la incomunicación y salí del calabozo para recibir en el patio un poco de sol y de brisa salobre, la valla adquirió su dimensión de reto. Cuando regresé al calabozo ya me había penetrado la obsesión de la fuga. Mi corazón no estaba resignado a soportar la servidumbre del tiempo detenido. Por eso, el reto de la vida tenía la forma de esa cerca metálica, de no más de cinco metros de altura, enclavada en el patio de la prisión. Del otro lado se encontraba la continuidad del tiempo y la promesa de una libertad azarosa y mezquina. Era mi deber intentarlo. Cada vez que salía al patio durante esa hora vespertina, mi intención se fijaba en tratar de precisar cuál podía ser el punto más vulnerable de la valla, según la colocación del guardia (el puma) y el momento más propicio para saltarla. Era una jugada que requería de tres elementos para ser perfecta: ingenio, velocidad y testículos. Para no considerar la acción descabellada, debía descartar también la mala suerte. Por ese motivo escogí, para intentarla, el día más beneficioso de mi calendario: el 17.

Entre mi propósito de fugarme (y seguramente el de otros compañeros que caminaban pensativos por el patio) y su feliz consumación, se interponía la dura y atenta mirada del puma que siempre mantenía la subametralladora sin asegurador. Era un hombre en el que fácilmente se podían apreciar la fiereza y la rapidez de decisión. Por su aspecto físico resultaba un llamativo híbrido racial: una piel parda, curtida por el mucho sol, ojos grises de brillo metálico y el pelo marrón ensortijado.

La única ocasión que me aproximé con temeridad hasta la línea límite, marcada a unos dos metros antes de la valla, se escuchó un seco y amenazador grito del puma: ¡alto! (supe por otros prisioneros más antiguos que alguien al intentar saltarla recibió una ráfaga en las piernas). Después del incidente hice algunos esfuerzos por cordializar con el guardián, tratando, de este modo, de ablandar su atención, pero el puma no permitía el diálogo ni siquiera a distancia. Estaba hecho para ese oficio, sin remordimientos. Lo máximo que obtuve de él fue que en un día de navidad me lanzara un cigarrillo a los pies desde su puesto.

Durante cinco años mi plan de fuga se quedó en la audacia de lo imaginado. Por mi buena conducta fui transferido del calabozo a una celda colectiva, hasta que el almanaque puso fin a la espera y obtuve la costosa libertad de forma legal y burocrática. Regresé así a la normalidad calumniada que tanto despreciamos.

De nuevo el tiempo había recuperado su perdido sentido y mis reflejos comenzaron a adaptarse nuevamente a la prisa de la ciudad. La memoria de los días inmóviles se fue desdibujando. Pero una noche, durante un sueño intranquilo, reapareció la valla con su reto. Al principio logré asimilarlo como uno de esos indeseables recuerdos que con mucho empeño logramos finalmente desgrabar. Pero la misma visión comenzó a repetirse cada vez más intensa, hasta transformarse en un signo alarmante que surgía en cualquier situación. Eso me hizo detestar mi suerte: la libertad no era más que una simulación, porque yo había quedado prisionero de la valla y del miedo a saltarla.

Una mañana decidí visitar la prisión y solicité hablar con el puma (Plutarco Contreras, era su nombre). Me recibió cordialmente y hasta mostró agrado cuando le dije que tenía buena readaptación a la nueva vida, que me desempeñaba como vendedor de enciclopedias y estaba a punto de casarme. También a mí me sorprendió favorablemente no encontrar en sus ojos la antigua dureza. Volví a verlo en varias ocasiones y se estableció entre nosotros una relación amistosa. Una vez lo esperé hasta que terminó sus obligaciones, conversamos un rato y yo le ofrecí como regalo un llavero de plata con la cara de un puma. Antes de irme, con recelo le pedí un favor, él estuvo de acuerdo y comprensivo con mi solicitud.

Cuando entramos al patio, su mano descansaba con afecto en mi hombro. Después él se colocó en su sitio habitual de vigilancia, mientras yo (exactamente como lo había pensado durante años) me trepé por la valla metálica y salté hacia el otro lado del tiempo. Al caer, sentí una súbita liberación. Me di vuelta para despedirme, y apenas tuve tiempo de ver la terrible mirada del puma que me apuntaba con el arma.

—Lo siento —dijo antes de disparar— yo también esperé mucho tiempo esta oportunidad.

Análisis

Punto de vista del narrador. Primera persona. Alguien nos cuenta su experiencia carcelaria.

Personaje principal. El hombre que estuvo preso, quien narra la historia (sin nombre).

Personaje secundario. El guardia de la prisión (el puma o Plutarco Contreras).

Conflicto. Nuestro personaje principal y narrador de la historia desea ardientemente saltar la valla de la prisión y fugarse. Lo dice muy claro: «el reto de la vida tenía la forma de esa cerca metálica, de no más de cinco metros de altura, enclavada en el patio de la prisión», «mi intención se fijaba en tratar de precisar cuál podía ser el punto más vulnerable de la valla…». Insiste en ello a lo largo de todo el relato. Por supuesto que quiere ser libre, pero más allá de eso desea hacerlo saltando la valla y burlando al guardia que permanentemente lo amedrenta con su actitud de hombre duro y arma de reglamento. La prueba está en que no obstante obtenida la libertad por la vía legal, el hombre sigue preso, pero esta vez de un anhelo no realizado, de un sueño no cumplido, de una valla transformada en obsesión de fuga y a la vez de libertad. Y la pregunta de siempre: ¿quién le causa el conflicto a nuestro protagonista, quien le impide saltar la valla? Plutarco Contreras, por supuesto, un actor secundario.

Escenario. La prisión, la ciudad, su casa.

Tiempo interno. Muy corto: el tiempo que puede durar contarnos su historia.

Descripciones

- **Del escenario.** El narrador no consideró necesario describir las distintas locaciones donde se desarrolla el relato: ni el calabozo, ni el patio de la prisión, ni la casa donde se repite ese «sueño intranquilo». Lo deja todo a nuestra imaginación. Como podemos notar en la mayoría de los cuentos que hemos analizado, los escritores se concentran en lo que más les interesa, en el meollo de la historia e ignora o intenta ignorar cualquier tipo de distracción; reducir las descripciones es una forma de hacerlo.

- **De la apariencia física.** El narrador evita hablar de su aspecto físico. Tiene cierta lógica siendo él quien cuenta su propia historia. Tal vez pudo haberlo hecho a través de otro personaje o del mismo Plutarco Contreras en algún momento de la narración, pero en definitiva el autor no lo consideró necesario. Sin embargo sí se nos da una detallada descripción del puma, un «llamativo híbrido racial: una piel parda, curtida por el mucho sol, ojos grises de brillo metálico y el pelo marrón ensortijado». Y con una «dura y atenta mirada».

- **De la personalidad.** Sabemos que nuestro narrador estuvo preso, pero no los motivos. Se asume un antecedente delincuencial o una injusta detención política, lo cierto es que por algo estuvo tras las rejas e incomunicado por una temporada, lo que quizás delata cierta rebeldía en su comportamiento. Finalmente, por su buena conducta, «fue transferido del calabozo a una celda colectiva», por lo que inferimos que de alguna forma se había adaptado al medio. Por otro lado, a pesar de su cautiverio, sabemos que se hace ilusiones, que tiene sueños por realizar, pero que no daría la vida por ellos (no de manera consciente: no se arriesgaría a saltar la valla con Plutarco Contreras apuntándolo con su subametralladora). Por otro lado da la sensación de ser un tipo de esos a los que se tilda de buena gente. Obtiene la libertad de forma legal, consigue un trabajo, piensa casarse y entabla una relación de amistad con el guardia. Hasta le regala un «llavero de plata con la cara de un puma». En definitiva, aparte de las razones por las que estuvo preso, aparenta ser un tipo tranquilo, paciente y con expectativas de un futuro mejor. Sobre Plutarco Contreras sabemos que «Era un hombre en el que fácilmente se podían apreciar la fiereza y la rapidez de decisión», que no le temblaría el pulso en el cumplimiento de sus obligaciones como vigilante de la prisión y adicionalmente, como una jugada del destino, coincide con nuestro protagonista en aquello de cumplir los sueños.

• **De la naturaleza.** El narrador nos dice que en el patio de la prisión, en las tardes, se podía recibir «un poco de sol y de brisa salobre», de resto no se describe ningún otro aspecto de la naturaleza o del estado del tiempo. Sin embargo este detalle nos hace pensar que, sea cual sea el país, la cárcel está cerca del mar; un detalle de poca relevancia pero que amplía el espacio de nuestro escenario.

• **De los abalorios narrativos.** Destaquemos algunos: «Era una jugada que requería de tres elementos para ser perfecta: ingenio, velocidad y testículos», «se escuchó un seco y amenazador grito del puma: ¡alto!», «alguien al intentar saltarla recibió una ráfaga en las piernas», «Durante cinco años mi plan de fuga se quedó en la audacia de lo imaginado», «Pero la misma visión comenzó a repetirse cada vez más intensa», «porque yo había quedado prisionero de la valla y del miedo a saltarla…».

Estructura

Planteamiento. Como en el cuento de Quiroga, Liendo funde el planteamiento con el primer punto de giro y en consecuencia con el inicio del conflicto. Nos sorprende y nos amarra desde la primera línea, no nos da tiempo de saborear el café y de ponernos los zapatos para salir al parque a correr cuando ya el cuento ha salido disparado delante de nosotros como una liebre. **Punto de giro uno:** No hay duda de que está en la primera línea. Justamente cuando el protagonista dice: «Desde la tarde que me suspendieron la incomunicación y salí del calabozo…». Que un prisionero salga de un calabozo de castigo, sin darle muchas vueltas, es el anticipo de algo serio, el inicio de un problema. **Nudo:** (Ya anticipo que este análisis va a traernos algún «conflicto»). Si una vez más nos preguntamos qué es lo peor (o lo mejor) que le puede pasar a nuestro amigo con respecto al conflicto planteado, ¿qué responderemos? Hago una pausa en mi exposición y la chica del *piercing* contesta que maten al pobre hombre, el de la corbata y el de barba están de acuerdo y asienten con tímida convicción. Piénsenlo bien, les digo. Seguro que sí, responde uno. Claro, dice el otro. Sin lugar a dudas, el tercero...

—A ver, recordemos, ¿cuál es el conflicto? —le pregunto al de la corbata.

—Escapar.

—Saltar la valla para escapar —completó la amiga del mechón verde.

—De acuerdo, pero no lo logró —dijo el de barba.

—Es cierto —intervine—. No lo logró porque cumplió su sentencia y obtuvo la libertad «de forma legal y burocrática» (dibujo unas comillas en el aire). Si específicamente saltar la valla no hubiese sido el conflicto, entonces el cuento terminaría al cumplir la condena y quedar libre; y ya, el cuento hubiese tenido un final algo *chucuto*. Pero no fue así sin embargo, él quedó prendado del recuerdo de la valla: «Durante un sueño intranquilo, reapareció la valla con su reto...», «la misma visión comenzó a repetirse cada vez más intensa, hasta transformarse en un signo alarmante que surgía en cualquier situación». Luego reafirma: «la libertad no era más que una simulación, porque yo había quedado prisionero de la valla y del miedo a saltarla». Es más que evidente, no necesitamos otra información para concluir lo que ya concluimos, que saltar la valla, más allá de la fuga misma, era su principal aspiración, su deseo no realizado, el conflicto que prevalece a lo largo del relato. Ahora bien, dado lo anterior, no tengo dudas en sugerir que el nudo de este cuento está en el instante en que nuestro protagonista se trepa a la valla y salta «hacia el otro lado del tiempo», y de inmediato siente una «súbita liberación». Es lo mejor que le pudo haber pasado a nuestro protagonista según, claro está, el conflicto planteado —lo peor hubiese sido no saltarla (es bueno aclararlo)—. Tenía un sueño, un deseo; el puma le impedía realizarlo mientras estuvo en cautiverio, así que salió de la cárcel por la vía legal, se hizo su amigo, le pidió un favor y, finalmente, logró su objetivo: saltó la valla y, por un instante, fue un hombre feliz, libre, realizado.

Las expresiones de mis participantes al taller son como si todos, los tres, más la «masa» que hace parecer que este salón estuviese lleno de gente, se encontraran en una encrucijada sin saber qué camino tomar. No los obligo a estar de acuerdo con mis razonamientos, sólo me limito a presentarles los hechos que están en el cuento con la mayor honestidad posible.

—¡Pero, pero, hay un muerto! —dice la amiga del *piercing* con cierta alarma.

—Es verdad —le respondo, y continúo—: Les invito a hacer un ejercicio interesante. Asumamos que Plutarco Contreras es el personaje principal del relato, por lo que nuestro preso sería entonces un actor secundario. Dadas estas premisas, ¿cuál sería el conflicto del puma?

—Matar al preso —dijo el de barba casi de inmediato.

—De acuerdo —dijo el de la corbata.

Un síííííí largo y pensativo salió de los labios acorazados de la chica del *piercing*.

—También de acuerdo —dije con entusiasmo—, matar al preso, pero no en cualquier lugar y circunstancia; soñaba hacerlo allí, en la prisión, mientras el preso intentara saltar la valla y escapar. Seguramente había perdido las esperanzas (y tal vez con muchos otros) al verlo salir por la 'puerta grande', pero tales esperanzas revivieron cuando el preso, ahora libre, como amigo, le pide un favor. Es cuando Plutarco Contreras, un tanto sorprendido, imagino, ve la posibilidad de cumplir su deseo. Su actitud coincide con la descripción del narrador: la de un hombre fiero y de decisiones rápidas. Y antes de disparar, con su mirada «dura y atenta» le confiesa que él también tiene sueños, y le demuestra que es de las personas que los hacen realidad... Como vemos, ambos personajes logran su objetivo, ambos triunfan en su propósito, con la mala suerte para el preso que nunca imaginó que dentro de la cabeza de Plutarco Contreras se estuviese fraguando, desde hacía mucho tiempo, el deseo de dispararle al primero que se atreviese a saltar la valla.

Dos cuentos en uno, podría decirse, visto desde otro ángulo. Y para ambos cuentos se mantienen los mismos elementos del género breve; lo único que hemos hecho es cambiar de protagonista y en consecuencia también de conflicto: un interesante ejercicio como dije al principio, una interpretación secundaria que no invalida ni pone en tela de juicio el análisis original del relato. En conclusión, no queda duda de que el nudo de este cuento está en ese preciso momento en que nuestro protagonista logra saltar la valla, esa valla de la que había «quedado prisionero». **Punto de giro dos:** Ya sabemos que por lo general este punto de giro se presenta después del nudo, así lo hemos visto en nuestro triángulo de la estructura, pero en este cuento en especial se presenta una variable que hace que este punto de giro se divida en dos y una parte de él se anticipe al nudo ya descrito. Lo ubicamos cuando el preso, ya libre, readaptado «a la prisa de la ciudad», con trabajo y planes de matrimonio, en medio de un «sueño intranquilo», ve reaparecer «la valla con su reto». Se supone que era un asunto olvidado, parte de un evento oscuro que no deseaba recordar; pero no, la imagen de la valla, el deseo de saltarla, se había convertido en una obsesión para él. Sin duda que este hecho es un punto de quiebre importante que le da un vuelco vital a la historia, anticipado al nudo. Y la otra parte de este punto de quiebre, inmediatamente después del nudo, que vendrá a ser, en rigor, el punto de giro dos del relato, se presenta cuando el hombre ya libre declara: «Me di vuelta para despedirme, y apenas tuve tiempo de ver la terrible mirada del puma que me apuntaba con el arma». Es la gran sorpresa para nuestro protagonista y para nosotros los lectores. Un punto de quiebre realmente lapidario. **Desenlace:** Más que sorprendente. Es un final cerrado, comprensible, impactante, que no deja dudas ni espacios para las conclusiones ilógicas. El puma hace realidad su sueño después de haber ayudado a su amigo al realizar el suyo.

Cambio del principal: Por supuesto que nuestro protagonista cambia. En primer término cambia con respecto a su conflicto que, salvo muy contadas excepciones, es la base de todo cuento: logró saltar la valla, saltar «hacia el otro lado del tiempo», y al caer sintió una «súbita liberación». Por breves segundos ese actor secundario, que en principio se opuso a sus deseos, le proporcionó unos instantes de felicidad, le ayudó a resolver su conflicto. Asimismo cambia el puma, claro, quien también logra su objetivo.

—¿Y el muerto? —insiste la chica del *piercing*.

—Lo lamento mucho —le dije—. Pero no hay nada que hacer. Nuestro protagonista tuvo muy mala suerte al toparse con un tipo como Plutarco Contreras. Esa es la verdad. Habría que escribir otro cuento, o pedirle al autor que nos haga una segunda parte de esta pequeña joya literaria. Por otro lado, sabemos que el puma le disparó, pero no sabemos si realmente lo mató. Recordemos que entre los prisioneros más antiguos se rumoraba que uno de los presos, al intentar escapar, «recibió una ráfaga en las piernas». Así que no suframos mucho por nuestro apreciado amigo y supongamos que superó sus heridas, le va bien en su matrimonio y con la venta de sus enciclopedias. Y que nunca más pensó en saltar de nuevo la valla. Conclusión que considero acertada ya que vivió para contarnos la historia.

La verdad detrás del cuento

Es un relato que se presta para variadas interpretaciones que podrían darnos indicios de ese mensaje o historia verdadera que buscamos detrás del cuento. Una de ellas podría ser que no siempre se obtiene la libertad aunque salgamos de una cárcel, como el adolescente ansioso que no ve el día de abandonar el hogar y cuando finalmente lo logra comienza a extrañar la avena de mamá y la comida caliente en la noche cuando llega de la universidad. Detalles que para algunos podrían ser insignificantes pero que para otros podrían convertirse en una obsesión y costarles la vida… Otro aspecto a considerar es que a veces nuestros sueños pueden estar entreverados con los de otra persona, es decir, cumplir el nuestro puede significar que el otro cumpla el suyo, por lo que es importante y debemos tener cuidado con lo que soñamos y con las personas que esos sueños involucran; tal vez una de ellas sea un Plutarco Contreras.

Crucemos la frontera y vayamos a un país vecino. **Gabriel García Márquez (1928-2014)**, escritor colombiano que ganó el premio Nobel de literatura en 1982, es considerado hoy por hoy uno de los grandes narradores latinoamericanos de todos los tiempos. Se dice que alcanzó la fama no tanto por los temas de sus cuentos o novelas sino por su forma de narrar: elegante, clara, descriptiva, poética, acogedora, a veces realista a veces fantasiosa; obra que lo llevó a convertirse en uno de los precursores del llamado realismo mágico. Con respecto al cuento decía: «El esfuerzo de escribir un cuento corto es tan intenso como empezar una novela. Pues en el primer párrafo de una novela hay que definir todo. El cuento no tiene principio ni fin… fragua o no fragua». Sus cuentos: El rastro de sangre en la nieve, La siesta del martes, La increíble y triste historia de la Cándida Eréndira y de su abuela desalmada, El verano feliz de la señora Forbes y Un día de estos, entre otros, se consideran relatos ya clásicos del género breve.

Su reciente desaparición física nos narra una historia de profunda tristeza. Ojalá fuera un cuento.

Un día de estos
(878 palabras)

El lunes amaneció tibio y sin lluvia. Don Aurelio Escovar, dentista sin título y buen madrugador, abrió su gabinete a las seis. Sacó de la vidriera una dentadura postiza montada aún en el molde de yeso y puso sobre la mesa un puñado de instrumentos que ordenó de mayor a menor, como en una exposición. Llevaba una camisa a rayas, sin cuello, cerrada arriba con un botón dorado, y los pantalones sostenidos con cargadores elásticos. Era rígido, enjuto, con una mirada que raras veces correspondía a la situación, como la mirada de los sordos.

Cuando tuvo las cosas dispuestas sobre la mesa rodó la fresa hacia el sillón de resortes y se sentó a pulir la dentadura postiza. Parecía no pensar en lo que hacía, pero trabajaba con obstinación, pedaleando en la fresa incluso cuando no se servía de ella.

Después de las ocho hizo una pausa para mirar el cielo por la ventana y vio dos gallinazos pensativos que se secaban al sol en el caballete de la casa vecina. Siguió trabajando con la idea de que antes del almuerzo volvería a llover. La voz destemplada de su hijo de once años lo sacó de su abstracción.

—Papá.

—Qué.

—Dice el alcalde que si le sacas una muela.

—Dile que no estoy aquí.

Estaba puliendo un diente de oro. Lo retiró a la distancia del brazo y lo examinó con los ojos a medio cerrar. En la salita de espera volvió a gritar su hijo.

—Dice que sí estás porque te está oyendo.

El dentista siguió examinando el diente. Sólo cuando lo puso en la mesa con los trabajos terminados, dijo:

—Mejor.

Volvió a operar la fresa. De una cajita de cartón donde guardaba las cosas por hacer, sacó un puente de varias piezas y empezó a pulir el oro.

—Papá.

—Qué.

Aún no había cambiado de expresión.

—Dice que si no le sacas la muela te pega un tiro.

Sin apresurarse, con un movimiento extremadamente tranquilo, dejó de pedalear en la fresa, la retiró del sillón y abrió por completo la gaveta inferior de la mesa. Allí estaba el revólver.

—Bueno —dijo—. Dile que venga a pegármelo.

Hizo girar el sillón hasta quedar de frente a la puerta, la mano apoyada en el borde de la gaveta. El alcalde apareció en el umbral. Se había afeitado la mejilla izquierda, pero en la otra, hinchada y dolorida, tenía una barba de cinco días. El dentista vio en sus ojos marchitos muchas noches de desesperación. Cerró la gaveta con la punta de los dedos y dijo suavemente:

—Siéntese.

—Buenos días —dijo el alcalde.

—Buenos —dijo el dentista.

Mientras hervían los instrumentos, el alcalde apoyó el

cráneo en el cabezal de la silla y se sintió mejor. Respiraba un olor glacial. Era un gabinete pobre: una vieja silla de madera, la fresa de pedal, y una vidriera con pomos de loza. Frente a la silla, una ventana con un cancel de tela hasta la altura de un hombre. Cuando sintió que el dentista se acercaba, el alcalde afirmó los talones y abrió la boca.

Don Aurelio Escovar le movió la cara hacia la luz. Después de observar la muela dañada, ajustó la mandíbula con una cautelosa presión de los dedos.

—Tiene que ser sin anestesia —dijo.

—¿Por qué?

—Porque tiene un absceso.

El alcalde lo miró en los ojos.

—Está bien —dijo, y trató de sonreír.

El dentista no le correspondió. Llevó a la mesa de trabajo la cacerola con los instrumentos hervidos y los sacó del agua con unas pinzas frías, todavía sin apresurarse. Después rodó la escupidera con la punta del zapato y fue a lavarse las manos en el aguamanil. Hizo todo sin mirar al alcalde. Pero el alcalde no lo perdió de vista.

Era una cordal inferior. El dentista abrió las piernas y apretó la muela con el gatillo caliente. El alcalde se aferró a las barras de la silla, descargó toda su fuerza en los pies y sintió un vacío helado en los riñones, pero no soltó un suspiro. El dentista sólo movió la muñeca. Sin rencor, más bien con una amarga ternura, dijo:

—Aquí nos paga veinte muertos, teniente.

El alcalde sintió un crujido de huesos en la mandíbula y sus ojos se llenaron de lágrimas. Pero no suspiró hasta que no sintió salir la muela. Entonces la vio a través de las lágrimas. Le pareció tan extraña a su dolor, que no pudo entender la tortura de sus cinco noches anteriores. Inclinado sobre la escupidera, sudoroso, jadeante, se desabotonó la guerrera y buscó a tientas el pañuelo en el bolsillo del pantalón. El dentista le dio un trapo limpio.

—Séquese las lágrimas —dijo.

El alcalde lo hizo. Estaba temblando. Mientras el dentista se lavaba las manos, vio el cielorraso desfondado y una telaraña polvorienta con huevos de araña e insectos muertos. El dentista regresó secándose las manos. «Acuéstese —dijo— y haga buches de agua de sal». El alcalde se puso de pie, se despidió con un displicente saludo militar, y se dirigió a la puerta estirando las piernas, sin abotonarse la guerrera.

—Me pasa la cuenta —dijo.

—¿A usted o al municipio?

El alcalde no lo miró. Cerró la puerta, y dijo, a través de la red metálica.

—Es la misma vaina.

Análisis

Punto de vista del narrador. Tercera persona. Un narrador externo (omnisciente), nos cuenta todo lo que ve, oye y sienten los actores de un evento particular.

Personaje principal. Don Aurelio Escovar (el dentista).

Personaje secundario. El alcalde, el hijo de don Aurelio y veinte muertos que se mencionan apenas como una referencia o personajes de relleno.

Conflicto. Por alguna razón don Aurelio no quiere, se resiste —preferiría no hacerlo (parafraseando el cuento de Melville)— a sacarle la muela al alcalde del pueblo. ¿Quién causa el conflicto en este caso? Bueno, aquí podríamos combinar dos factores de los tres que ya conocemos. Por un lado el mismo protagonista porque es un hombre de carácter y con ciertos valores y se niega a traerle algún alivio a un funcionario del que no tiene buenos antecedentes. Y por otro lado el alcalde es también responsable del conflicto que se le presenta al dentista por lo corrupto y asesino que es (o se dice que es), algo de lo que nuestro protagonista está convencido.

El amigo de barba pregunta por qué don Aurelio es el protagonista si el alcalde es a quien le duele una muela desde hace varios días y necesita sacársela a como dé lugar. Le hago una seña a la chica del *piercing* y ella le responde que don Aurelio es el que lleva el peso de la historia, y que debe tener razones poderosas (mucho más que un dolor de muela) para no querer sacarle la muela al tipo... El de la corbata se encoge de hombros y yo ratifico el análisis de la jovencita.

Escenario. Un escenario: el gabinete o consultorio del dentista. Podríamos ubicar dicho gabinete en cualquiera de esos pueblitos del interior de Colombia o de Argentina o de México o de Chile o de Venezuela...

Tiempo interno. Muy corto: el tiempo que duró la consulta.

Descripciones

- **Del escenario.** Tal vez porque la historia se desarrolla en un solo escenario principal —o simplemente porque es su estilo y lo hace con maestría— el autor se esmera en describirlo con lujo de detalles. Nos informa que en el gabinete hay una vidriera con dentaduras postizas, pomos de losa, una mesa con «un puñado de instrumentos» que ordena de mayor a menor, una fresa de pedal, un sillón de resortes, «una ventana con un cancel de tela hasta la altura de un hombre», dientes de oro, puentes de varias piezas, escupidera, cacerola para hervir los instrumentos y una pistola dentro de una de las gavetas de la mesa… «Era un gabinete pobre», reafirma el narrador, de «un olor glacial», lo que se confirma cuando más adelante el alcalde ve «el cielorraso desfondado y una telaraña polvorienta con huevos de araña e insectos muertos».

• **De la apariencia física de los personajes.** «Era rígido, enjuto, con una mirada que raras veces correspondía a la situación». Aparte de esta no encontramos más descripción del aspecto físico de don Aurelio, pero por la forma de vestir: «camisa a rayas, sin cuello, cerrada arriba con un botón dorado, y los pantalones sostenidos con cargadores elásticos», nos hace pensar que es un hombre sobre los cincuenta, o poco menos, y tan fuerte como para sacar una muela de un solo tajo. Con respecto al alcalde no se nos informa nada de su apariencia física más allá de que tiene una de sus mejillas «hinchada y dolorida», y una «barba de cinco días» en la otra mitad de su cara; también que tiene los ojos marchitos debido a las «muchas noches de desesperación». Del hijo de don Aurelio sabemos apenas que tiene once años y la «voz destemplada».

• **De la personalidad.** Como ya sabemos, está sugerida en el cuento por la sola actuación de los personajes. Don Aurelio, aunque parece un hombre de pueblo, pacífico, ordenado, tranquilo y trabajador, también es capaz de enfrentarse a tiros con cualquiera, así sea con un aprendiz de dictador. Por su parte el alcalde, que según se dice ha matado por lo menos a veinte, que amenaza con pegarle un tiro, que es el hombre fuerte del pueblo y hace lo que se le antoja, llora y tiembla cuando le sacan la muela, y acepta el pañuelo que el dentista le ofrece, como un niño malcriado que su madre regaña. Es usual en los caudillos: acobardarse cuando se sienten perdidos. (Y esto es una típica digresión). Sobre el tercer personaje en escena, el niño de once años, se aprecia que le sirve de asistente a su padre y que transmite los mensajes de los pacientes con absoluta fidelidad. Su voz «destemplada» nos dice que toma la amenaza más como un asunto cotidiano que como algo real.

- **De la naturaleza.** Apenas unas pocas pinceladas en este aspecto: «El lunes amaneció tibio y sin lluvia», «hizo una pausa para mirar el cielo por la ventana y vio dos gallinazos pensativos que se secaban al sol...», «volvería a llover».

- **De los abalorios narrativos.** Dónde ubicar detalles como: «dentista sin título y buen madrugador», «Estaba puliendo un diente de oro. Lo retiró a la distancia del brazo y lo examinó con los ojos a medio cerrar», «Allí estaba el revólver», «tiene que ser sin anestesia», «Era una cordal inferior. El dentista abrió las piernas y apretó la muela con el gatillo caliente. El alcalde se aferró a las barras de la silla...» Entonces, ¿dónde ubicar detalles que no caben dentro de la descripción del escenario, de la personalidad de los actores, de su apariencia física o de la naturaleza, medio ambiente o estado del tiempo? Si pensamos en ellos como parte de un gran rompecabezas, serían esas piezas que llenan la imagen que pretendemos armar, las que completan el juego.

Estructura

En este relato el premio Nobel colombiano no presenta la estructura clásica del cuento de una forma clara, llana, simétrica y bien definida. Veamos.

Planteamiento. Comienza con una breve descripción del tiempo, de don Aurelio, de la forma en que va vestido y nos da detalles del gabinete o consultorio donde trabaja. Luego —con gran naturalidad—, se nos muestra la actividad que desempeña, la forma en que dispone las cosas sobre su mesa de trabajo, la pequeña pausa que hace para «mirar el cielo por la ventana», etc., hasta que escucha la voz de su hijo que le anuncia que el alcalde quiere que le saquen una muela. Todo muy tranquilo hasta este punto. Un planteamiento detallado y rico en imágenes, donde abundan las palabras concretas como ya hemos recomendado. **Punto de giro uno:** Está bastante claro. La frase que nos pone alerta, la que nos hace pensar que se inicia un conflicto, se produce cuando nuestro protagonista le responde al hijo: «Dile que no estoy aquí». ¡Cómo, ¿se niega a recibir al alcalde del pueblo?! ¡¿Qué razones tiene para ello?! **Nudo:** Preferiría no hacerlo, repito, diría Bartleby el escribiente, pero nuestro protagonista se siente obligado a sacarle la muela al alcalde. Ante todo actúa —a pesar de la pobreza y humildad que reina en el lugar— como su oficio se lo exige. Por otro lado, al sentirse amenazado (aunque tal amenaza no parece ser algo serio), al ver que el hombre viene con la mejilla «hinchada y dolorida», ver en «sus ojos marchitos muchas noches de desesperación» y sin el arma en la mano, no le queda otro remedio que extraer la muela. Fracasa entonces don Aurelio en su empeño de no practicar la extracción, lo que hace que ahora vea las cosas diferentes, que su conflicto se haya transformado en una oportunidad para otras situaciones, por lo que no podemos pasar por alto las palabras de don Aurelio cuando dice: «Tiene que ser sin anestesia». A la pregunta de por qué, le responde: «porque tiene un absceso». ¿Es cierto esto, o una forma de vengar sus delitos? La verdad es que es un preámbulo al nudo que podemos ubicar en el momento en que don Aurelio le dice: «Aquí nos paga veinte muertos, teniente» y de inmediato se «sintió un crujido de huesos». Es el clímax, el vértice del relato, lo mejor que le puede pasar a don Aurelio dados los cambios que hicieron replantear su conflicto original.

—¿Podría repetir esa parte, *please*? —me pide la del *piercing*.

—Con gusto —le digo— y me acerco unos pasos hacia ella. La pregunta que seguramente te haces es si en este nudo está reflejado el mejor o el peor momento vivido por nuestro protagonista de acuerdo al conflicto inicial. Partiendo de que no deseaba hacer el trabajo, lo más desagradable (adjetivo más conveniente en este caso) para él es tener que hacerlo. Sin embargo se resigna a la idea, lo hace «sin rencor» (y sin anestesia), aunque fuese previamente amenazado de muerte y estuviese convencido de que el hombre se había cargado a unos cuantos. El conflicto de don Aurelio pierde fuerza para concentrarse en el dolor que podría infligirle al caudillo. 'Bien hecho', dirán algunos de ustedes —la chica sonrió, también el de barba, el de la corbata está como congelado, y yo continuo con mi explicación como si nadie me hubiera escuchado—. El escenario que se dibuja después de la intervención: «El cielorraso desfondado y una telaraña polvorienta con huevos de araña e insectos muertos», va más allá de la casual descripción del techo del consultorio, es también la situación del pueblo donde viven, de la corrupción imperante, de su gente empobrecida, del abuso de autoridad, una razón más para no haber usado anestesia en la operación.

—¿Satisfecha? —le pregunto a la chica que inclina su cabeza para verme con ambos ojos.

—Sí —dice—. Eso creo —murmura después.

—Sigamos entonces. **Punto de giro dos:** La historia da un giro sorprendente en el momento en que el alcalde le dice que le pase la cuenta y el dentista le pregunta: «¿A usted o al municipio?» Es cuando nos convencemos de que a los muertos que se le atribuyen al alcalde se le suman también los actos de corrupción. ¿Fue una pregunta irónica? Por supuesto, todo nos hace pensar eso. **Desenlace:** «Es la misma vaina». Ya en este punto estamos totalmente seguros de que sí, el alcalde es un corrupto que utiliza los fondos públicos en su propio beneficio. Y no le importa que la gente lo sepa. Es un final cerrado que no deja dudas ni interpretaciones secundarias.

Cambio del principal: Don Aurelio no sólo se sintió obligado a sacarle la muela al hombre sino que también ratificó el descaro del caudillo, su desfachatez y falta de vergüenza cuando, una vez extraída la muela y logrado su propósito, volvió a ser la misma sabandija de siempre. Este hecho, aunque sutil porque ya estaba en cuenta de ello, debe haberle provocado al dentista una visión más amplia de su propia realidad, una ratificación más certera de las penurias que vive y por lo visto seguirá viviendo el pequeño pueblo donde le tocó vivir.

La verdad detrás del cuento

Ciertamente este relato se presta para ver mucho más clara la historia entre líneas, la que subyace, la verdad detrás del cuento, que no es otra que la corrupción, el abuso de poder, organismos de estado administrados como propiedades personales, el uso de la fuerza pública (también corrompida) a favor de los intereses de un caudillo. Por otro lado está la gente sumisa, que no actúa, que prefiere esperar a que la vida traiga los cambios… En fin, algo que puede suceder en un pequeño caserío, en una ciudad o en un país entero; también en un hogar donde prive la voluntad de un padre intolerante, por ejemplo, o en una empresa donde el patrón sólo le interese el dinero y deshumanice a sus empleados...

El cuento entonces, una simple extracción de muela, se convierte en una denuncia social, política y económica de gran valor, pero, ya sabemos, de muy poca trascendencia o repercusión. Hasta que la gente se canse y «Un día de estos» se decida a cambiar las cosas.

(Antes de cerrar este análisis les comento aquella vieja regla de las obras de teatro que dice que si en el primer acto hay una pistola en la repisa, en el tercero tiene que dispararse. También ocurre en cuentos y novelas; también en películas. En este relato de García Márquez aparecen dos: la del alcalde y la del dentista, pero ninguna se dispara. Sin duda una magistral excepción a la regla. Pero el autor no la olvidó del todo, de ahí el título del cuento).

Viajemos ahora a la madre Patria.

Max Aub (1903-1972). Escritor y dramaturgo español cuya obra se caracteriza por los cuentos cortos, nació en París, de padre alemán y madre francesa. Desde que tenía ocho años de edad vivió en Valencia. Tuvo una vida bastante errática: a los treinta y seis fue detenido e internado en un campo francés por el sólo hecho de ser republicano, luego fue deportado a Argelia, de donde escapó para refugiarse en México hasta su muerte. Decía: «Me forjaron a fuerza de golpes, como crecen todos los hombres». Su trabajo literario se puede dividir en dos vertientes: una en el realismo y otra como precursora del postmodernismo, es decir, ese período de la cultura occidental surgido en el último tercio del siglo pasado en la que se pierden los valores racionalistas de la modernidad. La mayoría de sus cuentos, de apenas una página o poco menos, pueden clasificarse como experimentales, donde la creatividad y el sarcasmo juegan un papel fundamental. El poeta estadounidense Robert Lee Frost decía: «A nosotros, los amantes de la narración en prosa, nos hacen disfrutar estos cuentos en miniatura —tanto leerlos como escribirlos— por su finitud, por lo sumamente comprimidos y cargados que están». Los cuentos de Aub *La uña* y *Muerte* son ya considerados clásicos entre los relatos hiperbreves. Luego *La gran serpiente, Trampa, La verruga, La verdadera historia de los peces blancos de Pátzcuaro, Crimen ejemplar*…, se pasean entre la magia y la fantasía, la realidad y la inocencia, dejándonos siempre con una reflexión profunda y una estela de alternativas. Analicemos *Crimen ejemplar*, uno de sus cuentos cortos más realistas.

Crimen ejemplar
(357 palabras)

Hacía un frío de mil demonios. Me había citado a las siete y cuarto en la esquina de Venustiano Carranza y San Juan de Letrán. No soy de esos hombres absurdos que adoran el reloj reverenciándolo como una deidad inalterable. Comprendo que el tiempo es elástico y que cuando le dicen a uno a las siete y cuarto, lo mismo da que sean las siete y media. Tengo un criterio amplio para todas las cosas. Siempre he sido un hombre muy tolerante: un liberal de la buena escuela. Pero hay cosas que no se pueden aguantar por muy liberal que uno sea. Que yo sea puntual a las citas no obliga a los demás sino hasta cierto punto; pero ustedes reconocerán conmigo que ese punto existe. Ya dije que hacía un frío espantoso. Y aquella condenada esquina abierta a todos los vientos. Las siete y media, las ocho menos veinte, las ocho menos diez. Las ocho. Es natural que ustedes se pregunten que por qué no lo dejé plantado. La cosa es muy sencilla: yo soy un hombre respetuoso de mi palabra, un poco chapado a la antigua, si ustedes quieren, pero cuando digo una cosa, la cumplo.

Héctor me había citado a las siete y cuarto y no me cabe en la cabeza el faltar a una cita. Las ocho y cuarto, las ocho y veinte, las ocho y veinticinco, las ocho y media, y Héctor sin venir. Yo estaba positivamente helado: me dolían los pies, me dolían las manos, me dolía el pecho, me dolía el pelo. La verdad es que si hubiese llevado mi abrigo café, lo más probable es que no hubiera sucedido nada. Pero esas son cosas del destino y les aseguro que a las tres de la tarde, hora en que salí de casa, nadie podía suponer que se levantara aquel viento. Las nueve menos veinticinco, las nueve menos veinte, las nueve menos cuarto. Transido, amoratado... Llegó a las nueve menos diez: tranquilo, sonriente y satisfecho. Con su grueso abrigo gris y sus guantes forrados:

—¡Hola, mano!

Así, sin más. No lo pude remediar: lo empujé bajo el tren que pasaba.

Análisis

Punto de vista del narrador. Primera persona del singular que —como Chéjov en *La muerte de un funcionario público*— a veces busca la aprobación o incluye al lector.

Personaje principal. El hombre que espera (quien narra la historia, sin nombre).

Personaje secundario. Héctor.

Conflicto. Está muy claro: el hombre que espera detesta la impuntualidad cuando esta excede de «cierto punto». Es decir, tiene una cita, espera a Héctor, quedaron de verse a las siete y cuarto, y está dispuesto a esperar un rato más, pero cuánto más, ¿media hora, una, dos, tres horas? En definitiva su mayor deseo es encontrarse con Héctor, pero este todavía no llega, lo que le genera molestia y desesperación, el conflicto mismo del cuento.

Escenario. Una esquina de la ciudad colindante a la vía del tren.

Tiempo interno. Desde las siete y cuarto hasta las nueve menos diez (Creo que este es el único cuento entre los que hemos analizado donde el tiempo está perfectamente delimitado).

Descripciones

- **Del escenario.** Nos encontramos en la esquina de Venustiano Carranza y San Juan de Letrán «abierta a todos los vientos».

- **De la apariencia física de los personajes.** No se nos

informa de la apariencia física de nuestro protagonista, pero sí de cómo se sentía en aquella esquina huracanada: «Yo estaba positivamente helado: me dolían los pies, me dolían las manos, me dolía el pecho, me dolía el pelo» (esto no deja de ser gracioso). «Transido, amoratado». Sobre Héctor, en este aspecto, no se dice absolutamente nada. Recordemos que a medida que la extensión del relato es menor también se reduce, por supuesto, la información que el autor considere menos relevante. Es como si nos pidieran que redujésemos cualquiera de nuestros cuentos a una página, luego a un párrafo, luego a unas pocas líneas, sin duda tendríamos que hacer lo mismo y obviar lo menos importante y quedarnos con el jugo ya exprimido y colado, lo que concentraría y magnificaría su sabor.

• **De la personalidad.** Está más que dicho en el cuento. Aunque por lo general el narrador no acostumbra a hablar de sí mismo hay formas de hacerlo, claro, sin que suene pedante o vanidoso. Por ejemplo: «no soy de esos hombre absurdos que adoran el reloj», «Comprendo que el tiempo es elástico», «tengo un criterio amplio para todas las cosas», «Siempre he sido un hombre muy tolerante…». Y así sucesivamente el narrador nos va informando sobre aspectos de su personalidad, indispensables para darle sentido y cierta lógica (aunque nos parezca desproporcionada, pero la ficción a veces nos sorprende con sus verdades) al trágico final del relato. Pero no deja de advertirnos que existe un punto en el que ya la impuntualidad no se puede aceptar y nos lo dice de forma directa: «pero ustedes reconocerán conmigo que ese punto existe». Así que nos encontramos frente a un hombre educado, aparentemente calmo, sereno y en control de sus reacciones… Héctor, por su parte, aparece de pronto, más tarde de lo aceptable por el narrador, «tranquilo, sonriente y satisfecho». Un hombre a todas luces poco responsable, sin un gesto de preocupación en su rostro ni una disculpa en sus labios; uno de esos tranquilazos que no se hace la vida difícil por nada ni por nadie y se ríe de todo.

- **De la naturaleza.** Forma parte vital del cuento. Por supuesto que todo aquel desastre climático influyó en la decisión final de nuestro narrador, así que había que insistir en él con cierta crudeza. «Hacía un frío de mil demonios» «Y aquella condenada esquina abierta a todos los vientos». Dado que el relato se desarrolla al aire libre, es de suponer que algunas descripciones de naturaleza y escenario se entrelacen y den lugar a una única y válida descripción para ambos elementos.

- **De los abalorios narrativos.** «Me había citado a las siete y cuarto en la esquina de Venustiano…», sabemos que esta frase es parte del planteamiento pero, si queremos ponerle nombre y guardarlo en nuestro archivo mental, codificarlo como «parte del planteamiento» sería muy general y ambiguo; en cambio con la etiqueta de Abalorio narrativo podemos conceptualizar y visualizar mejor este dato lanzado sobre la mesa. «Comprendo que el tiempo es elástico y que cuando le dicen a uno a las siete y cuarto, lo mismo da que sean las siete y media». «Es natural que ustedes se pregunten que por qué no lo dejé plantado».

Estructura

Planteamiento. Luego de una corta descripción del estado del tiempo el narrador nos habla de su forma de pensar, de su forma de ser en general, haciendo énfasis en la posición que tiene con respecto a la puntualidad específicamente. **Punto de giro uno:** Se presenta cuando a las ocho de la noche, luego de cuarenta y cinco minutos de espera, el narrador nos dice (a nosotros los lectores): «Es natural que ustedes se pregunten por qué no lo dejé plantado». Es el punto donde ya damos por sentado la creciente molestia que vive el narrador (y nos invita a compartirla), la seguridad de que su paciencia se está agotando y el inicio de un conflicto cuyas consecuencias en este momento ignoramos. **Nudo:** Por supuesto que si lo que más desea nuestro narrador es encontrarse con Héctor, el nudo del relato entonces se produce cuando este «Llegó a las nueve menos diez», no cuando de forma impulsiva decidió arrojarlo a la vía del tren —si así fuera otro sería el cuento—. Es en ese momento, «a las nueve menos diez», cuando nuestro narrador ve saciado su deseo, cuando logra su objetivo, la razón por la que había esperado hasta esa hora. **Punto de giro dos:** Vistos los acontecimientos el punto de giro dos aparece muy cerca, a continuación de la hora de llegada de Héctor, cuando nuestro protagonista lo describe «tranquilo, sonriente y satisfecho». Tiene que haber estado a punta de infarto cuando después de tal retraso vio esa cara tranquila, sonriente y satisfecha, y para colmo bien abrigado y enguantado, él, que por «esas cosas del destino» había dejado en casa su abrigo color café. Tal punto de quiebre provocó el terrible final del relato. **Desenlace:** El narrador lo reconoce y lo dice con mucha honestidad: «No lo pude remediar». Más que algo premeditado fue una reacción involuntaria, no planificada, de la que un instante después pudo haberse arrepentido... Un mensaje muy claro para los que acostumbran a ser impuntuales. En conclusión, cierta jocosidad se nota a lo largo de este cuento, cierto humor negro que nos recuerda al inolvidable director de cine Alfred Hitchcock.

Cambio del protagonista: Es obvio, ahora nuestro narrador es un asesino. ¿Un juez disminuirá su pena cuando se entere de las razones que tuvo para tal acción? Tal vez no. O sí, en otro cuento de Max Aub.

La verdad detrás del cuento

—A ver, ¿qué otras historias paralelas o mensajes se desprenden de este relato? —le pregunto a la concurrencia... Primero las damas.

La chica del *piercing* se lame su brillante arito, mueve la melena y responde:

—Que no debemos ser impuntuales.

—Bien —le respondo—, a ver, tú qué dices.

El de barba (al que ya se le ve un largo y grueso pelo bajo su barbilla de tantas vueltas que le ha dado), descruza las piernas y dice:

—Qué hay gente un poco loca.

El encorbatado no espera que le pregunte.

—Bueno, sí, yo creo que el mensaje es ese: hay personas que no están bien de la cabeza y que en un momento de tensión pueden obedecer a un impulso criminal.

—Muy bien, muy bien —les dije al tiempo que le mostraba mi pulgar—. Todos tienen razón. Y no encuentro nada que añadir a los comentarios que han hecho.

Miro mi reloj y recuerdo que tengo una cita a las siete y cuarto.

Sesión 4
Decálogos

Decálogo de un cuentista. Es una especie de guía en diez pasos (como los mandamientos), que nos pueden ayudar a escribir mejor; consejos de escritores reconocidos producto de una vida de trabajo y conclusiones literarias. Aunque no hay que ser tan estrictos en su aplicación, es cierto que en ellos hay más verdad que mentira.

Horacio Quiroga

1. Cree en el maestro (Poe, Maupassant, Kipling, Chéjov) como en Dios mismo.

2. Cree que tu arte es una cima inaccesible. No sueñes con dominarla. Cuando puedas hacerlo lo conseguirás sin saberlo tú mismo.

3. Resiste cuanto puedas a la imitación; pero imita si el influjo es demasiado fuerte. Más que cualquier otra cosa, el desarrollo de la personalidad es una ciencia.

4. Ten fe ciega no en tu capacidad para el triunfo, sino en el ardor con que lo deseas. Ama a tu arte como a tu novia, dándole todo tu corazón.

5. No empieces a escribir sin saber desde la primera palabra adónde vas. En un cuerpo bien logrado, las tres primeras líneas tienen casi la misma importancia que las tres últimas.

6. Si quieres expresar con exactitud esta circunstancia: «desde el río soplaba un viento frío», no hay en lengua humana más palabras que las apuntadas para expresarla. Una vez dueño de las palabras, no te preocupes de observar si son consonantes o asonantes.

7. No adjetives sin necesidad. Inútiles serán cuantas colas adhieras a un sustantivo débil. Si hallas el que es preciso, él solo tendrá un color incomparable. Pero hay que hallarlo.

8. Toma los personajes de la mano y llévalos firmemente hasta el final, sin ver otra cosa que el camino que les trazaste. No te distraigas viendo tú lo que ellos no pueden o no les importa ver. No abuses del lector. Un cuento es una novela depurada en ripios. Ten esto como una verdad absoluta, aunque no lo sea.

9. No escribas bajo el imperio de la emoción. Déjala morir, y evócala luego. Si eres capaz entonces de revivirla tal cual fue, has llegado en arte a la mitad del camino.

10. No pienses en los amigos al escribir, ni en la impresión que hará tu historia. Cuenta como si el relato no tuviera interés más que para el pequeño ambiente de tus personajes, de los que pudiste haber sido uno. No de otro modo se obtiene la vida en el cuento.

Juan Carlos Onetti

1. No busquen ser originales, el ser distinto es inevitable cuando uno no se preocupa de serlo.

2. No intenten deslumbrar al burgués. Ya no resulta. Este sólo se asusta cuando le amenazan el bolsillo.

3. No traten de complicar al lector, ni buscar ni reclamar su ayuda.

4. No escriban jamás pensando en la crítica, en los amigos o parientes, en la dulce novia o esposa. Ni siquiera en el lector hipotético.

5. No sacrifiquen la sinceridad literaria a nada. Ni a la política ni al triunfo. Escribir siempre es para ese otro, silencioso e implacable, que llevamos dentro y no es posible engañar.

6. No sigan modas, abjuren del maestro sagrado antes del tercer canto del gallo.

7. No se limiten a leer los libros ya consagrados. Proust y Joyce fueron despreciados cuando asomaron la nariz, hoy son genios.

8. No olviden la frase, justamente famosa: «Dos más dos son cuatro»; pero, ¿y si fueran cinco?

9. No desdeñen temas con extrañas narrativas, cualquiera sea su origen. Roben, si es necesario.

10. Mientan siempre.

Antón Chéjov (extraído de una carta que le envió a su hermano Alexánder en 1886)

1. Ausencia de palabrería prolongada de naturaleza socio-político-económica.

2. Objetividad total.

3. Veracidad en las descripciones de los personajes y de los objetos.

4. Brevedad extrema.

5. Osadía y originalidad (huye de los lugares comunes).

6. Sinceridad.

7. Las descripciones de la naturaleza deben ser muy breves y tener un carácter intencionado.

8. Evita describir el estado de ánimo de los héroes; hay que tratar de que se entienda por sus acciones.

9. No hace falta perseguir abundantes personajes. El centro de gravedad debe ser dos: él y ella.

10. Escribe lo máximo que puedas. Escribe, escribe, escribe hasta que los dedos no aguanten más.

Freiedrich Nietzsche

Nietzsche no era cuentista, pero sus consejos son más que saludables para el escritor de cualquier género literario:

1. Lo que importa más es la vida: el estilo debe vivir.

2. El estilo debe ser apropiado a tu persona, en función de una persona determinada a la que quieres comunicar tu pensamiento.

3. Antes de tomar la pluma, hay que saber exactamente cómo se expresaría de viva voz lo que se tiene que decir. Escribir debe ser sólo una imitación.

4. El escritor está lejos de poseer todos los medios del orador. Debe, pues, inspirarse en una forma de discurso muy expresiva. Su reflejo escrito parecerá de todos modos mucho más apagado que su modelo.

5. La riqueza de la vida se traduce por la riqueza de los gestos. Hay que aprender a considerar todo como un gesto: la longitud y la censura de las frases, la puntuación, las respiraciones, también la elección de las palabras y la sucesión de los argumentos.

6. Cuidado con el período. Sólo tienen derecho a él aquellos que tienen la respiración muy larga hablando. Para la mayor parte, el período es tan sólo una afectación.

7. El estilo debe mostrar que uno cree en sus pensamientos, no sólo los que piensa, sino que los siente.

8. Cuanto más abstracta es la verdad que se quiere enseñar, más importante es hacer converger hacia ella todos los sentidos del lector.

9. El tacto del buen prosista en la elección de sus medios consiste en aproximarse a la poesía hasta rozarla, pero sin franquear jamás el límite que la separa.

10. No es sensato ni hábil privar al lector de sus refutaciones más fáciles; es muy sensato y muy hábil, por el contrario, dejarle el cuidado de formular él mismo la última palabra de nuestras sabiduría.

Augusto Monterroso

1. Cuando tengas algo que decir, dilo; cuando no, también. Escribe siempre.

2. No escribas nunca para tus contemporáneos, ni mucho menos, como hacen tantos, para tus antepasados. Hazlo para la posteridad, en la cual sin duda serás famoso, pues es bien sabido que la posteridad siempre hace justicia.

3. En ninguna circunstancia olvides el célebre *díctum*: «En literatura no hay nada escrito».

4. Lo que puedas decir con cien palabras dilo con cien palabras; lo que con una, con una. No emplees nunca el término medio; así, jamás escribas nada con cincuenta palabras.

5. Aunque no lo parezca, escribir es un arte; ser escritor es ser un artista, como el artista del trapecio, o el luchador por antonomasia, que es el que lucha con el lenguaje; para esta lucha ejercítate de día y de noche.

6. Aprovecha todas las desventajas, como el insomnio, la prisión, o la pobreza; el primero hizo a Baudelaire, la segunda a Pellico y la tercera a todos tus amigos escritores; evita pues, dormir como Homero, la vida tranquila de un Byron, o ganar tanto como Bloy.

7. No persigas el éxito. El éxito acabó con Cervantes, tan buen novelista hasta el Quijote. Aunque el éxito es siempre inevitable, procúrate un buen fracaso de vez en cuando para que tus amigos se entristezcan.

8. Fórmate un público inteligente, que se consigue más entre los ricos y los poderosos. De esta manera no te faltarán ni la comprensión ni el estímulo, que emana de estas dos únicas fuentes.

9. Cree en ti, pero no tanto; duda de ti, pero no tanto. Cuando sientas duda, cree; cuando creas, duda. En esto estriba la única verdadera sabiduría que puede acompañar a un escritor.

10. Trata de decir las cosas de manera que el lector sienta siempre que en el fondo es tanto o más inteligente que tú. De vez en cuando procura que efectivamente lo sea; pero para lograr eso tendrás que ser más inteligente que él.

11. No olvides los sentimientos de los lectores. Por lo general es lo mejor que tienen; no como tú, que careces de ellos, pues de otro modo no intentarías meterte en este oficio.

12. Otra vez el lector. Entre mejor escribas más lectores tendrás; mientras les des obras cada vez más refinadas,

un número cada vez mayor apetecerá tus creaciones; si escribes cosas para el montón nunca serás popular y nadie tratará de tocarte el saco en la calle, ni te señalará con el dedo en el supermercado.

(El autor da la opción al escritor de descartar dos de estos enunciados, y quedarse con los restantes diez).

Mi decálogo. Tratando de ser lo más práctico posible comparto con ustedes los consejos que suelo darles a mis alumnos; algunos de ellos no son más que un resumen de otros ya enunciados.

1. Duerme ocho horas, haz un poco de ejercicio, desayuna nutritivamente, lee un párrafo del libro que más te guste o escucha un poco de esa música que te transporta a otros mundos, suena tus dedos y siéntate a trabajar.

2. Haz un bosquejo de la historia, tratando de ajustarte a la estructura tradicional de planteamiento, nudo y desenlace; luego considérate libre de violarla. Tres elementos serán de imprescindible definición en este bosquejo: personaje, conflicto y escenario. Una vez hecho esto, las acciones y otros abalorios narrativos se contarán solos.

3. Comienza a escribir teniendo en cuenta que tu relato será una escultura perfecta, pequeña y precisa. Escribe de ella tanto como puedas y finalmente pódala como un experto jardinero.

4. Un solo personaje principal te ayudará a concentrar la historia —si son dos o más deberán enfrentar el mismo conflicto—. Cuida de que este evolucione, cambie, que al final del relato no sea el mismo que el de las primeras líneas.

5. Ten en cuenta que tu protagonista padecerá un único,

específico y detallado conflicto principal, aunque pequeños conflictos merodeen cerca de sus predios. ¿Cuánto decir, cuánto callar o esconder? Dependerá de tu sentido común, que mejorará cada día en la medida en que leas, analices y escribas cuentos.

6. Muestra escenarios, descripciones y personalidades brevemente, siempre en apoyo a tu obra, sin abusar de los calificativos y huyendo de los lugares comunes.

7. Narra tan claro como puedas, evitando las palabras rebuscadas, las ideas abstractas y las aburridas digresiones (salvo que quieras cultivar el poco visible mundo del experimentalismo o ser parte de los llamados «escritores raros». Y aún así, en todo caso, siempre es recomendable comenzar por lo básico).

8. Permite que el personaje viva, sea independiente, tenga su propia personalidad.

9. Sé honesto al contar tu historia. Déjala fluir sin pensar en la forma de escribir de tal o cual escritor, o lo que pensará tu mamá, tus amigos o el profesor de literatura. ¿Quieres contar un evento de tu propia vida? Bienvenido, pero mezclado con una buena porción de creatividad, pues ten presente que el cuento debe estar siempre a favor de la ficción, nunca a favor de la verdad: lo sacrificarías lastimosamente.

10. Escribe hasta el cansancio y lee hasta que te venza el sueño.

Remataría estos decálogos con unas últimas recomendaciones hechas por Gustave Flaubert a su amiga Louise Colet el 26 de julio de 1851 y el 22 del mismo mes del año siguiente.

«Lea y no sueñe. Sumérjase en largos estudios. No hay nada tan bueno como un hábito de trabajo obstinado.

De él se desprende un opio que adormece el alma. He pasado por enormes hastíos y he dado vueltas en el vacío, muerto de *aburrimiento*. Uno se salva a fuerza de constancia y de orgullo. Inténtelo».

«Medita mucho antes de escribir y aférrate a la *palabra*. El talento para la escritura no consiste, después de todo, sino en la elección de las palabras. La precisión constituye su fuerza. Sucede en el estilo como en la música: la pureza del sonido es lo más hermoso y lo más raro».

Y le añadiría una recomendación más, ya dicha con otras palabras, esta vez de nuestro amigo Ray Bradbury, refiriéndose a la constancia en el trabajo: «…Acuérdense del pianista que dijo que si no practicaba un día, lo advertiría *él*; si no practicaba durante dos, lo advertirían los críticos, y que al cabo de tres días se percataría la audiencia… En mis viajes he aprendido que si dejo de escribir un solo día me pongo inquieto. Dos días y empiezo a temblar. Tres y hay sospechas de locura. Cuatro y bien podría ser un cerdo varado en un lodazal. Una hora de escritura es un tónico… una pizca de arsénico cada mañana para sobrevivir hasta el atardecer. Y otra pizca al atardecer para sobrevivir y algo más hasta el alba».

Cuando comencemos a sentir sensaciones como estas, entonces estaremos en camino de convertirnos en verdaderos escritores. Tal vez no para ganar mucho dinero con la venta de nuestros libros pero, en cualquier caso, sí para ganar.

Para terminar quiero decirles que la Fundación Aprende a Escribir un Cuento (FAEC) no se despide de sus alumnos como suele ocurrir cuando nos mudamos de casa o cuando firmamos la venta de nuestro coche; FAEC, una vez al mes, ofrece una *Cata de cuentos* donde nos reencontramos con nuestros alumnos, ya amigos, y compartimos un par de gratas horas leyendo cuentos de los grandes maestros del relato breve y nos paseamos con entusiasmo entre personajes, conflictos, escenarios, descripciones, nudos y desenlaces inesperados.

Les invito a hacer lo mismo, a formar grupos en las ciudades donde vivan, a seleccionar cuentos de reconocidos escritores y analizarlos a fondo, siempre haciendo uso de nuestra milagrosa y flexible cartilla, clave también de nuestras futuras experimentaciones.

Les digo adiós entonces a los que me han acompañado en este taller con la ilusión de encontrarme con alguno de ustedes en cualquier librería del mundo, esperando mi turno para la firma de uno de sus libros de cuentos.

La chica del *piercing* inclina su cabeza (las mechas verdes se apartan un poco de su cara), me deja ver su par de bellas aceitunas y me da un beso en la mejilla; el de barba se despide con un repetido apretón de manos y el de la corbata se ajusta el nudo al cuello de su camisa, se pone su paltó de oficinista y me dice Hasta la vista... Caminan hacia la salida y se confunden con el abundante público de relleno que nos acompañó en el taller. Uno de ellos: alto, delgado, ya en los sesenta, ojos pequeños, un tanto calvo, que suele usar chaquetas deportivas y es aficionado a los cuentos, se dio la vuelta, se acercó, tomó mi maletín, mi pelota marca *Wilson* y se marchó sin despedirse.

Para los más curiosos

Todo comenzó cuando mi cuento, Los zapatos de mi hermano, obtuvo el premio del 63º Concurso de Cuentos de El Nacional en 2008, el más prestigioso de mi país. Lo había escrito en enero de ese año y durante varios meses, hasta que finalmente mi esposa lo llevó a las oficinas del periódico, lo estuve revisando, recortándolo por aquí y por allá, depurándolo en ripios como recomienda el maestro Horacio Quiroga. Tal vez fue en junio de ese mismo año cuando le puse el punto final, lo metí en un sobre junto con un puñado de bendiciones y lo entregamos al diario. Pocas semanas después nos dieron la gran noticia.

Recuerdo que estaba en la sala de espera de un consultorio por una gripe mal curada y no pude expresar la emoción que sentía sino hasta un rato después, cuando me metí al coche y con los vidrios arriba grité un ¡Sí! que hizo temblar los cristales. Un milagro, me dije, y de inmediato sentí la imperiosa necesidad de agradecer esa fortuna. No resultaba fácil. Podía hacer algún donativo a los viejitos del Asilo de San Antonio, regalar mis libros ya leídos a una biblioteca, comprar unos pantalones en la fábrica donde trabajo y dárselos a quien los necesitase... Pero no, no era suficiente. Me parecía una solución fácil y poco honesta para conmigo mismo y para con Aquel que no vemos pero cuyas manifestaciones a veces nos abruman con su magnificencia. Fuere lo que fuere debía ser algo más profundo, más comprometido, que involucrara un verdadero esfuerzo y se relacionara con el sentido de realización que me había dado la escritura. La solución llegó al día siguiente, muy temprano, al asomarme a la ventana: colgaba de un rayo de luz que irrumpía por el Este de la cuidad: "¡Taller de Cuento!", decía el aviso luminoso que brillaba frente a la montaña que decora nuestra capital. Pero, ¿cómo se crea un taller de cuento sin haber participado en uno, sin libros técnicos donde investigar, sin experiencia pedagógica, sin un lugar donde hacerlo posible? En verdad no lo sabía, no conocía cómo llevar a cabo aquella idea. Pero me gustaba, flirteaba con ella como con mi primera novia. Poco después, a finales de 2008, teníamos un viaje programado a España. "Una buena oportunidad para comprar libros sobre cómo escribir cuentos", dijo mi esposa. Claro, le respondí, y pasamos buena parte de aquel viaje, entre tapas y copas de vino, museos y obras de teatro, en las librerías mejor surtidas de Madrid buscando y comprando libros sobre técnicas para escribir cuentos. Al final de las vacaciones ya teníamos más de una docena de estos libros y muchos otros, siempre de cuentos: clásicos, modernos, de diferentes países, y algunas antologías comentadas que me podrían dar ideas sobre lo que pretendía hacer. Ya me sentía en el camino.

De regreso a casa, con nuestras maletas cargadas de libros, el sueño de armar un taller de cuento iba tomando forma en mi cabeza. En enero de 2009, apenas llegué a Caracas, comencé a revisar a fondo los libros que había traído, las diversas técnicas planteadas, a destacar los puntos coincidentes de cada consejo o enseñanza, a consultar otros libros de producción local, a ordenar mis propias experiencias, a revisar las opiniones de los expertos, a analizar a fondo cuentos de autores ya consagrados como Carver, Hemingway, Chéjov, Quiroga, Cortázar, Benedetti, Monterroso, Uslar, Ribeyro… y, por decirlo de una forma visual, metí todo aquello dentro de una licuadora, le di vueltas durante largo rato y lo vertí dentro de un colador por el que sólo podía pasar un delgado y sustancioso hilo de técnicas literarias sobre el género breve. Así nació Aprende a escribir un cuento, un taller intensivo, concentrado, teórico y práctico, que con mucha disciplina y una buena dosis de entusiasmo —como sugiere Ray Bradbury—, brindará al lector la posibilidad de iniciarse con buen pie en este maravilloso mundo del género breve.

Una vez concebido el taller sólo restaba ponerlo en práctica. ¡Qué nervios! Gracias a los amigos del Círculo de Escritores de Venezuela y al apoyo de la sección cultural del Municipio Chacao pude disponer de cuatro sábados en la prestigiosa Sala Cabrujas de Caracas. Así, en febrero de ese mismo año, se llevó a cabo el primer taller. Fue todo un acontecimiento, una fiesta literaria para los que estábamos allí. Una vez analizadas las características fundamentales del género, y a lo largo de cuatro sesiones, leímos cuentos considerados obras maestras, los participantes elaboraron sus propios relatos y los analizamos hasta verles las costuras; una explosión de personajes, conflictos, escenarios, descripciones y puntos de giro parecía inundar la sala en cada encuentro; los ojos de los participantes se hacían más y más grandes cada vez que en la pizarra saltaba un error o destacaba un acierto. Yo me emocionaba tanto como ellos: veía el resultado de mi empeño, aprendía de mi propio trabajo y del de los participantes; nos divertíamos en grande.

Muy pronto decidimos darle un carácter institucional al taller y creamos la Fundación Aprende a Escribir un Cuento (FAEC), mediante la cual hemos logrado llevarlo a personas de diferentes edades y estratos sociales, sobre todo a jóvenes estudiantes de escasos recursos que han encontrado en la literatura una alternativa, una ampliación de los espacios que limitan su vida cotidiana. Son muchas las experiencias vividas en estos cuatro años en los que (con la colaboración de cuatro talentosas instructoras) hemos impartido decenas de talleres, sembrando en cientos de personas la gigante semilla literaria. Una de esas experiencias, quizás una de las que más satisfacción me ha traído, fue el comentario de una exalumna que reconoció que el taller, además de darle las herramientas para escribir mejores cuentos, la ha convertido en una fanática de la lectura de cuentos, que los entiende mejor, que los disfruta intensamente y que está muy satisfecha de haber tomado el curso. Me siento realmente reconfortado al saber que objetivos como este también se pueden alcanzar con nuestro taller. Otros me han dicho que quieren escribir cuentos para obsequiárselos a sus hijos, a sus padres, a su pareja, a sus nietos, o simplemente como catarsis después de un día de trabajo, cornetas y humo. Hubo un jovencito greñudo, de lentes y tan delgado como un lápiz que llamó especialmente mi atención cuando me dijo que quería aprender a escribir cuentos porque las veces en que se sentaba a escribir su diario se sentía diferente, libre, el humor le mejoraba y veía sus problemas con más optimismo; en fin, algo que se le parecía mucho a la felicidad. Le felicité por describir de forma tan exacta y resumida lo que yo mismo siento cuando la pantalla alumbra mi rostro y mis dedos bailan sobre el teclado: la entrada a otro mundo, el comienzo de algo nuevo y diferente, la sensación de estar haciendo algo verdaderamente importante y enriquecedor, algo que también lo puede llegar a sentir todo el que se sumerja en este libro.

Es cierto que todavía no he encontrado al primero que me diga que espera ganarse el Premio Nobel de Literatura o el Cervantes de las letras, pero no pierdo las esperanzas de que ello ocurra…algún día.

Otras obras del autor publicadas en Amazon

MINIBIOGRAFÍAS ILEGALES SOBRE ESCRITORES MALDITOS

¿Qué pasaba por la cabeza de Juan Rulfo cuando, siendo agente viajero, manejaba por la interminables carreteras de México?

¿Qué le dijo Hemingway al italiano que llevaba a cuestas antes de entregarlo a los aliados y con ello salvarle la vida?

¿Cuál fue la reacción de un admirador ante la negativa de la academia sueca de otorgarle el premio Nobel a Jorge Luis Borges?

¿Quién llevó rosas rojas a la tumba de Oscar Wilde?

¿Cómo fueron los últimos momentos de Horacio Quiroga o de Stefan Zweig?

Nabokov, ¿alguna vez soñó con regresar a Rusia?

Sesenta relatos únicos y reveladores sobre algunos de los escritores más famosos de la historia.

MINIBIOGRAFÍAS ILEGALES SOBRE PINTORES MALDITOS

¿Podría *Campos de trigo con cuervos* convertirse en el símbolo de un terrible delirio; símbolo de la esquizofrenia, demencia sifilítica, epilepsia, alcoholismo y todas las demás enfermedades que se le atribuían a Vincent van Gogh?

¿Podría Salvador Dalí haber sido la reencarnación del propio Van Gogh?

¿Podría Leonardo da Vinci, siendo apenas un aprendiz, superar a su maestro Andrea Verrocchio cuando éste le encargó pintar una sección de *El bautismo de Cristo*? ¿Cómo reaccionó Verrocchio ante tal sorpresa?

¿Podría un grupo de escritores sostener una larga discusión acerca de qué escribir sobre Pablo Picasso? ¿A qué conclusión llegarían?

¿Podría un ser humano, un genial artista como Francisco de Goya, soportar la muerte de cuatro de sus hijos y seguir pintando como en sus inicios?

¿Podría Paul Gauguin encontrar lo que buscaba echando raíces en un solo lugar, en los cinco hijos que tuvo, en la originalidad de su pintura, en la polinesia francesa o en las jovencitas de Tahití?

Relatos biográficos sobre cuarenta geniales pintores, cuyas obras los han convertido en seres inmortales.

MINIBIOGRAFÍAS ILEGALES SOBRE MÚSICOS MALDITOS

¿Sabe usted que Johann Sebastian Bach, en su juventud, caminó cuatrocientos kilómetros (desde Arnstadt hasta Lübeck) sólo para conocer al famoso compositor alemán Dietrich Buxtehude?

¿Sabe usted que Mozart, cuando apenas comenzaba a caminar, al escuchar el chillido de un cerdo giró hacia la ventana y gritó con todas sus fuerzas: "sol sostenido"?

¿Sabe usted que Antonio Vivaldi desde muy joven estudió en el clero de la parroquia de San Geminiano, en Venecia, y luego de tomar los hábitos menores, en 1703, fue ordenado sacerdote?

¿Sabe usted que Ludwig van Beethoven, lejos de considerarse un genio, engreído y arrogante, se aisló de sus relacionados y amigos para no sufrir la humillación de tener que gritarles: "¡Habla más fuerte, grita!, porque estoy sordo"?

¿Sabe usted que el *Primer concierto para violín* de Tchaikovsky (uno de los más aplaudidos de todos los tiempos), fue calificado por un importante crítico musical de la época como carente de criterio y gusto?

¿Sabe usted que la más grande obra de Maurice Ravel no es su bolero?

¿Sabe usted de las "schubertiadas" de Schubert?

Relatos nunca escritos acerca de algunos de los músicos más notables de todos los tiempos.

LOS ZAPATOS DE MI HERMANO

Se sabe que en literatura la verdad resta interés al cuento que, por definición, es ficción. Lo que lleva a concluir que hay que sacrificar la verdad en aras del cuento y no lo contrario. Mientan siempre, aconseja Juan Carlos Onetti. Concluimos así que hay que mentir a toda costa para que el relato atrape al lector, para que se divierta, llore o pierda el sueño. Pero, ¿qué sucede cuando esa mentira no suena como tal, sino que se erige como una gran verdad? *Los zapatos de mi hermano*, cuento que le da título a este libro, nos hace reflexionar al respecto: hasta qué punto la mentira favorece a un cuento o la verdad lo ensombrece... En *Oficios*, segunda parte de este libro, se presume que miente la secretaria, miente el abogado, miente el taxista, miente el pintor, miente el fotógrafo, miente el poeta... Y más adelante, en una tercera serie de relatos, continúan las mentiras, pero con otros matices y otros niveles de engaño. A final de cuentas quién cree en estas mentiras: ¿el escritor que confía ciegamente en lo que le dicen sus personajes y se deja llevar por ellos, o el lector que se convierte (como dice Cortázar) en su cómplice? O tal vez ambos se dejen engañar por la inexorable verdad que subyace detrás de cada historia.

CUENTOS DE PAREJA Y OTROS RELATOS

Los temas son siempre los mismos: la mujer que se hace la vista gorda ante la infidelidad de su esposo, el marido que monta en cólera porque su almuerzo no está listo, el extranjero que encuentra el amor en una isla del Caribe, la prostituta que no puede abandonar su profesión, el playboy que fracasa en una conquista que consideraba segura, la pareja cuya rutina los harta, el hombre que habla solo mientras camina por la playa… La diferencia está en la forma, sólo en la forma.

LA MARCA

Un buen día, al verificar que mi empresa comenzaba a dar resultados positivos —varios años después de iniciar operaciones—, me pregunté por qué no compartir mis experiencias con otras personas, sobre todo con aquellos jóvenes que sueñan con iniciarse en el mundo de los negocios y que por falta de dinero —como fue mi caso— no encuentran la forma, o temen hacerse independientes y construir su propio camino.

CARACAS-USHUAIA (Un viaje en cuatro ruedas)

¿Quiere ahorrarse 30.000 dólares? Entonces le invitamos a leer este libro. "Es como si hubiese viajado con ustedes en el asiento trasero de su camioneta", nos dijo una emocionada lectora.

DOS REGALOS

Dos regalos, cuento que titula este libro, es un homenaje a Gabriel García Márquez inserto en una aventura metatextual que sirve de antesala a los otros catorce que conforman esta serie. Historias como El ventanal, La carga, Mi amigo invisible, Oportunidad no negociada, entre otras, son relatos donde los personajes establecen una suerte de pacto que profundiza el contraste entre la belleza y la crueldad, la miseria y la opulencia, la lógica y el sinsentido, ofreciendo diversas interpretaciones de la fragilidad de la vida y de la incertidumbre del amor. El autor aborda igualmente el aspecto social como una realidad inevitable en la que los actores dejan ver el abrumador peso de sus pasiones.

LA VERDADERA HISTORIA DE LOS CRÍMENES DE LA CALLE MORGUE

Siempre, hasta la confesión que hoy llega a nuestras manos, se pensó que el terrible asesinato de madame L'Espanaye y de su hija Camille, residentes en la calle Morgue de un acomodado barrio de París, había sido cometido por un fiero animal que no medía las consecuencias de sus actos. Pues bien, ciento sesenta y cinco años después, de la voz del propio autor de los sangrientos acontecimientos, y luego de hacernos un detallado resumen de lo que fue su gran farsa, nos enteramos de toda la verdad.

Tu comentario será visto en:

hebertgam@gmail.com
www.hebertogamero.info
@hebertogamero

Bibliografía

AYUSO, Ana (2002). *Selección.* Colección El oficio de escritor.Madrid: Ediciones y Talleres de Escritura Creativa Fuentetaja.

BENEDETTI, Mario (2000). *Cuentos completos.* México: Editorial Alfaguara.

BENEDETTI, Mario (1995). *El ejercicio del criterio.* Obra crítica 1950-1994. Argentina: Editorial Seix Barral.

BRADBURY, Ray (2007). *Zen en el arte de escribir.* España: Ediciones Minotauro.

CHEJÓV, Antón P. (2002). *Primeros relatos. Grandes Clásicos de la literatura.* Biblioteca El Nacional. Venezuela: Editorial Planeta.

CORTÁZAR, Julio (2013). Clases de Literatura. Berkeley, 1980. Madrid: Ediciones Alfaguara.

CORTÁZAR, Julio (1994). *Cuentos completos* /1. Madrid: Editorial Alfaguara.

DURAS, Marquerite (2009). *Escribir. Biblioteca.* Barcelona: Fábula Tusquets Editores.

ECO, Umberto (2011). Confesiones de un joven novelista. Barcelona: Editorial Lumen.

FLAUBERT, Gustav(2007). Sobre la creación literaria: correspondencia escogida. Edición de Cecilia Yepes. *El oficio de escritor.* Madrid: Ediciones y Talleres de Escritura Creativa Fuentetaja.

GARDNER, John (2001). Prólogo de Miguel Martinez-Lage. *El arte de la ficción*. Apuntes sobre el oficio para jóvenes escritores. Colección Creativa Escritura. Madrid: Ediciones y Talleres de Escritura Creativa Fuentetaja.

GOLDBERG, Natalie (2004). *El gozo de escribir. El arte de la escritura creativa*. Barcelona: Editorial La Liebre de Marzo.

HEMINGWAY, Ernest (2007). *Cuentos*. Con una evocación de Gabriel García Márquez. Colombia: Editorial Lumen.

KAFKA, Franz (2003). *Escritos sobre el arte de escribir*. Madrid: Ediciones y Talleres de Escritura Creativa Fuentetaja. El oficio de escritor.

KING, Stephen (2001). *Mientras escribo*. España: Editorial Plaza Janés Editores.

KOHAN, Silvia Adela (2002). *Así se escribe un buen cuento. Claves de la ficción narrativa*. Colección Escritura Creativa. España: Grafein Ediciones.

LODGE, David (2011). *El arte de la ficción*. Prólogo de Eloy Tizón. Barcelona: Ediciones Península.

MARINA, José Antonio y POMBO, Álvaro (2013). La creatividad literaria. Generación creativa. Barcelona: Editorial Planeta.

Obras Maestras del relato breve. Con orientaciones didáctica. Barcelona: MMIV Editorial Océano.

QUIROGA, Horacio (2008). *Cuentos escogidos*. Buenos Aires: Editorial Alfaguara.

SABATO, Ernesto (1998). *El escritor y sus fantasmas*. Argentina: Editorial Seix Barral, Biblioteca Breve.

SAMPERIO, Guillermo (2005). *Después apareció una nave.* Manual para nuevos cuentistas. España: Editorial Páginas de Espuma.

www.ciudadseva.com/ Ciudad Seva. Hogar electrónico del escritor Luis López Nieves.

Made in the USA
Lexington, KY
03 August 2017